融资性票据法律研究

Legal Research on Financial Notes and Bills

赵意奋 著

北京大学出版社
PEKING UNIVERSITY PRESS

图书在版编目(CIP)数据

融资性票据法律研究/赵意奋著. —北京:北京大学出版社,2022.12
ISBN 978-7-301-33746-2

Ⅰ.①融… Ⅱ.①赵… Ⅲ.①票据法—研究—中国 Ⅳ.①D922.287.4

中国国家版本馆CIP数据核字(2023)第025081号

书　　　名	融资性票据法律研究 RONGZIXING PIAOJU FALÜ YANJIU
著作责任者	赵意奋　著
责 任 编 辑	刘秀芹
标 准 书 号	ISBN 978-7-301-33746-2
出 版 发 行	北京大学出版社
地　　　址	北京市海淀区成府路205号　100871
网　　　址	http://www.pup.cn　新浪微博:@北京大学出版社
电 子 信 箱	zpup@pup.cn
电　　　话	邮购部 010-62752015　发行部 010-62750672　编辑部 021-62071998
印 刷 者	北京溢漾印刷有限公司
经 销 者	新华书店 730毫米×1020毫米　16开本　17.75印张　291千字 2022年12月第1版　2022年12月第1次印刷
定　　　价	68.00元

未经许可,不得以任何方式复制或抄袭本书之部分或全部内容。
版权所有,侵权必究
举报电话: 010-62752024　电子信箱: fd@pup.cn
图书如有印装质量问题,请与出版部联系,电话: 010-62756370

目 录

第一章 融资性票据法律研究缘起   001
  第一节 强金融监管之前融资性票据案例思考   001
  第二节 "穿透式"金融监管背景下融资性票据典型案例   007
  第三节 融资性票据法律研究的必要性   020

第二章 融资性票据之厘定   029
  第一节 票据及融资性票据   029
  第二节 融资性票据与《票据法》上的票据   034
  第三节 《票据法》对融资性票据的态度   040

第三章 融资性票据入法的市场基础   049
  第一节 票据在融资领域的新运用   049
  第二节 融资性票据入法的交易市场基础   067

第四章 融资性票据入法的理论论证   087
  第一节 票据融资原因之正当性   087
  第二节 票据无因性原则对融资性票据的支持   110
  第三节 域外融资性票据的法律地位及其借鉴意义   134

第五章　融资性票据之发行制度　　153
  第一节　融资性票据发行对金融管理的影响　　153
  第二节　融资性票据的一般发行制度　　164
  第三节　融资性票据的特殊发行制度　　185

第六章　融资性票据之流转制度　　207
  第一节　票据流通和流转方式　　207
  第二节　无记名票据及流转制度　　223
  第三节　空白背书票据及流转制度　　238
  第四节　以融资为目的的票据贴现制度　　250

后　记　　278

第一章 融资性票据法律研究缘起

融资性票据的法律研究始于与融资相关的票据纠纷。法院的司法态度不断发展变化,以适应发展的票据实务,而不同金融监管背景对司法审判必然带来影响。那么我们从司法实务中可以发现融资性票据的效力、票据权利是否得到支持,进而从制度层面思考融资性票据制度。

第一节 强金融监管之前融资性票据案例思考

从 2017 年最高人民法院(以下简称"最高法")发布《关于进一步加强金融审判工作的若干意见》(法发〔2017〕22 号)(以下简称"2017 年最高法《意见》")开始,司法审判中对金融案件明显更加谨慎。2017 年以前总体环境较为宽松,融资性票据相关的案例较多,选择以下两个案例,分别从以融资为目的的票据签发和票据流转引起的票据纠纷着手,关注衍生的相关问题,并以此作为本书的司法实务背景。

一、案例一:以融资为目的的票据签发

(一)案例介绍

宁波某轮胎经销公司(以下简称"经销公司")和山东某集团(生产轮胎)订有轮胎销售的长期合作协议,即山东某集团的轮胎由经销公司负责在宁波地区总销售。经销公司、山东某集团、某银行签订三方《票据承兑回赎授信协议》,约定银行在协议期限内为经销公司签发的总额度 3000 万元的汇票进行承兑,经销公司签发的汇票以山东某集团为收款人,主要用于轮胎销售的结算。如果签发的票据金额大于轮胎代销的实际金额,则收款人山东某集团应该将承兑汇票

返还给某银行。协议还约定,票据承兑时,经销公司应该支付40%保证金至其在银行的指定账户,并在票据到期日前必须将票面剩余金额支付至账户,否则作为逾期贷款处理。山东某集团为该份授信协议作担保。

协议签订后,经销公司签发票据并支付保证金,银行依约承兑,并由银行将票据寄给收款人山东某集团。山东某集团收到票据之后,将金额与轮胎经销交易数额相当的票据继续流转出去,总金额仅为400万元。剩余的236张总金额为2600万元的承兑汇票按照约定应该还给银行,但山东某集团却没有寄给银行,反而寄还给了经销公司。

经销公司取得返还的票据之后,以私刻的山东某集团的印章进行背书,将票据以民间贴现形式分别卖给了其他商事组织。据经销公司称,它是获得了山东某集团的同意,除了这236张票据之外,以前也是以这种方式获得银行承兑汇票,并作相同处理,山东某集团无任何异议,票据到期后经销公司均向承兑银行完成付款。(整个交易流程见图1-1)

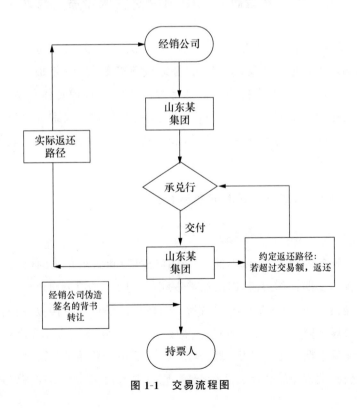

图1-1 交易流程图

但是,这 236 张总金额为 2600 万元的票据快要到期前,经销公司发生财务危机,法定代表人跑路。2011 年,山东某集团以票据丢失为由,向原宁波市江东区人民法院(目前该法院已经并入宁波市鄞州区人民法院)申请票据公示催告,并要求法院向银行发出停止票据付款的请求。公示催告期间,票据到期,山东某集团作为承兑协议担保人向银行支付了票据余款;同时票据持票人(票据几经流转,持票人均为善意取得,且根据票面记载与收款人并非直接前后手关系)向法院申报票据权利。公示催告程序终结后,山东某集团认为其背书签章系伪造,故又对持票人提起返还票据的诉讼,并对票据上记载的收款人的直接后手提起侵权之诉。

(二)引发的思考

由于山东某集团坚称自己丢失票据,法院无相反证据证明山东某集团的公示催告为恶意。本案中山东某集团的公示催告程序明显具有恶意的成分,上述案情是在公示催告程序结束后山东某集团诉持票人以及票据上直接后手的庭审中证实的。但笔者不想讨论公示催告是否为恶意,而是关注山东某集团、经销公司和银行的三方协议引起的票据承兑问题。

非常明显,三方协议的目的在于通过银行对经销公司的汇票的承兑,使经销公司获得 3000 万元的授信。经销公司一旦签发票据并经承兑,即可以通过转让票据获得融资,或者以此作为对山东某集团的结算,融资的时间是从承兑之日起至票据到期日前。这点可以从银行授信的 3000 万元总额度中证明。山东某集团与经销公司建立的是轮胎销售的长期合作关系,其没有理由估算不出一定时期内交易的大致数额。事实上 3000 万元票据金额,实际上用于结算的仅 400 万元,所以推断山东某集团有意帮助经销公司融资。同时,根据协议约定,差额票据应该由山东某集团还给银行而非出票人经销公司。只要票据返还给银行,除非银行恶意,否则票据应该退出流通。但山东某集团的实际举动证明其根本无意让票据退出流通,并默许经销公司私刻印章,证明其实际上同意经销公司用这些票据进行融资。

银行为什么与经销公司签订差额赎回授信协议?根据我国《支付结算办法》的规定,银行唯有在承兑申请人与收款人有真实交易的前提下方可承兑汇票,且申请人需要提供销售合同等证明交易的书面文件。银行与承兑申请人即出票人签订的协议一般称为承兑协议,而本案中用《差额赎回授信协议》,显然银行明知出票人签发的票据金额大于实际的交易额,且该协议结合了授信和承兑的双重特点。银行这样做应该是因为我国对银行承兑进行严格监管。银行为大于实际交易额的一批票据承兑,虽约定差额部分应该返还银行,但银行以什么方式约束收款人按约返还票据,协议中未有任何约定。收款人不返还票据的风险,银行是完全可以预知的,但银行依然授信经销公司,可见银行并没有期待票据能够返还。在经销公司正常运转时,一直这样操作票据,从未返还,银行也未过问,是对票据融资的默许。这些票据的实际意义在于为经销公司进行融资,无论是收款人还是承兑银行均表示认可。后来发生的公示催告以及诉讼,主因在于经销公司财务发生困难。

我国法律要求票据的签发和取得有真实的交易关系和债权债务关系,即票据原因关系。但应该注意的是,本案争议的焦点和是否有原因关系无关。山东某集团的损失和票据无关,主要是因为其为授信协议作了担保。从票据原理来看,山东某集团虽然被记载为收款人,但是它从来就不是 236 张总金额为 2600 万元的票据的持票人。因为它取得票据没有支付任何对价,即使票据后来被出票人以私刻印章的方式伪造背书,收款人的票据利益未受损。收款人以票据被背书伪造为由起诉持票人和票据上的直接后手,要求它们返还票据和赔偿损失并无根据。收款人根据票据关系亦无损失,其诉讼请求显然很难得到支持。因此,山东某集团应该根据担保协议起诉被担保人,即票据出票人。

至此,我们提出的最核心问题便是:作为承兑人,其承兑票据,是为了出票人和收款人之间的买卖,还是为了出票人进行融资而作承兑行为?银行承兑汇票以银行之信用作担保,为最可靠、最有信用之汇票,承兑本身就是融资之一种,其以真实交易为背景,却与交易非同一行为。故,票据之签发,若为融资,有何不可?

二、案例二:以融资为目的的票据流转

(一)案例介绍[①]

2011 年 10 月 8 日,出票人宁波赛冠车业有限公司开具了慈溪市永新带钢

[①] 参见浙江省慈溪市人民法院民事判决书,(2012)甬慈商外初字第 34 号;浙江省宁波市中级人民法院民事判决书,(2012)浙甬商外终字第 41 号。

有限公司(以下简称"永新公司")为收款人、上海银行慈溪支行为承兑人的银行承兑汇票,金额为500万元,汇票到期日为2012年4月8日。收款人取得票据后,在票据上作背书签章,但未填写被背书人名称,即空白背书。后收款人不慎将已经空白背书的票据丢失,并于2011年11月23日向慈溪市人民法院申请公示催告。在公示催告期间,江苏雷盛仪表有限公司(以下简称"江苏雷盛")申报票据权利,公示催告程序终结。永新公司对江苏雷盛提起诉讼。

根据江苏雷盛提供的票据原件发现,原告永新公司背书栏的被背书人是江苏雷盛的名称,江苏雷盛将票据质押给了某银行。显然,从票据上可看出江苏雷盛是最后持票人,永新公司则为江苏雷盛的直接前手。一审中,被告江苏雷盛出示证据证明该汇票系由宁波雷盛铜业有限公司(以下简称"宁波雷盛",江苏雷盛和宁波雷盛系关联企业)转让,作为江苏雷盛向宁波雷盛的借款。同时,被告还提供了宁波雷盛从案外人处获得票据的基础交易合同、资金往来等证据,涉及人数较多,但没有提供是何人从永新公司处获得票据,即永新公司之后第一个接收票据的人。中国银行奉化支行营业部提供证据证明宁波雷盛曾经占有涉案票据。

一审法院认为原告永新公司曾经持有票据,但不能借此证明其是票据的最后权利人;原告的背书签章构成空白背书,具有法律效力;对于被告提供的案外人转让证据法院仅认可宁波雷盛曾经占有票据,其他案外人转让票据的证据法院均未予认可,又基于宁波雷盛和江苏雷盛为关联企业,因此认可其以票据作为借款。据此,法院最后认定被告为合法持票人,享有票据权利,驳回了原告的所有诉讼请求。永新公司提起上诉,二审法院宁波市中级人民法院维持原判。

(二) 引发的思考

1. 根据《中华人民共和国票据法》(以下简称《票据法》)规定,原告是否享有票据权利?被告是否和原告存在票据关系?

从票据形式上看,原告并不享有票据权利,因为其已经作了票据背书,且目前票据由被告持有,从形式上看,被告为持票人。原告和被告之间是票据债务人和债权人之间的关系。

相反,案外人宁波雷盛将票据作为借款方式借给被告,但由于其名字未出现在票据上,从形式上看,两者之间不构成票据关系。

尽管如此,由于原告和被告之间不是实际上的直接前后手,仅在票据记载上显示为直接前后手,那么它们之间的票据关系是否存在?同时,由于原告已经在票据上背书,虽未交付,但一旦背书签章,其是否依然为票据权利人?

2. 如何看待《票据法》第十条在本案中的作用和地位?如果前后手之间无真实的交易关系或债权债务关系,损害了谁的利益,或者说在保护谁的利益?

《票据法》第十条在本案中没有被单独适用,即直接认定原告和被告之间的前后手票据关系成立。这样的认定,到底损害了谁的利益?直接地讲,原告不能根据《票据法》第十条保护自己的权利。假设原告没有背书签章,那么可以确定无疑,原告永新公司的票据权利应该得到保护。原告背书签章的事实导致其应该承担法律后果,它不仅不再是票据权利人,相反是票据债务人,应对被告承担票据责任。所以,由于原告空白签章和丢失票据的过失导致了票据纠纷的现实局面,只要原告足够重视自己的票据权利,就不会有被告的权利享有。那么法律为什么要保护一个本可以自己保护自己却由于过失未尽善管或注意义务之人的权利?

3. 对转让票据占有的案外人来说,争议票据起到什么作用?

票据并非由原告处转让给被告,也不是案外人背书转让给被告江苏雷盛,却是以转移占有的方式一个个直接交付下来。对案外人来说,其名字从未出现在票据上,争议票据不过是一张普通的有价证券。诉讼中宁波雷盛虽然出具了和被告江苏雷盛之间的借款合同,但因为宁波雷盛的名字并没有出现在票据上,宁波雷盛从来都不是票据权利人,因此其和被告的交易合同事实上与票据无关。收款人和其他案外人之间、案外人之间是如何交易的,票据的移转到底经过了哪些主体,不得而知。案外人只不过利用争议票据获得了收益,若是仅因为案外人均未在票据上背书签章,因此否定被告的票据权利,理论上似乎不妥。因为我们可以假设甲捡到票据,并将自己的名字填写在被背书人一栏,同时将票据背书给乙,乙再背书给丙,丙背书给宁波雷盛,最后宁波雷盛背书转让给被告。所有背书在形式上都符合法律规定,那么原告永新公司就不可以对被告江苏雷盛提出抗辩。因为原告与被告不是直接前后手关系,原告唯有因为票据本身才对被告享有绝对的抗辩权,即物的抗辩。本案中关于票据形式并无争论,上述假设若成立,被告当然享有票据权利。

因此,对原告来说,甲、乙、丙的名字是否写在票据上,成为票据是否归其所有的根据,这是否妥当?以原告意志以外的原因作为支持原告权利主张的根据,明显缺乏法理依据。所以,法院认定被告享有票据权利似乎非常合理。但同时认定被告为持票人,又有什么合法依据?二审法院认为江苏雷盛为善意第三人,从票据善意取得的角度,对江苏雷盛的票据权利应该予以支持。对票据善意取得的承认,就是从另一个角度对记名背书的直接交付效力的肯定。二审法院作出的判决遵循了什么原则?

4. 票据买卖、票据作为借款方式流转是否可行?

根据我国法律的规定,票据不可以作为交易的标的,即票据买卖是非法的。但是本案的判决,却有一个更深入的问题:虽然案外人无法证明,但法院对被告提供的关于票据移转的证据予以否定。在江苏雷盛无法证明宁波雷盛为合法占有票据之人的情况下,仅以宁波雷盛将票据借给江苏雷盛,宁波雷盛曾经是票据占有人,就判决江苏雷盛为善意的合法持票人。说明法院在司法裁判中并不在意票据转移占有的原因是什么,也不愿深究,即使转移占有不是因为交易,而是因为票据买卖、票据出借,法院亦不否认受让人的票据权利。即使案外人之间以及宁波雷盛与被告之间存在一连串的票据买卖、票据出借行为,被告的票据权利依然不受影响。这是否从另一个层面肯定了票据以融资方式获得、以融资为目的流转的合法性?换言之,票据买卖是合法有效的票据融资的直接方式。

第二节 "穿透式"金融监管背景下融资性票据典型案例

2017年最高法《意见》提出"对以金融创新为名掩盖金融风险、规避金融监管、进行制度套利的金融违规行为,要以其实际构成的法律关系确定其效力和各方的权利义务"的司法政策,具有重要的实务指导价值。"穿透式"监管从资产管理领域延伸到大部分金融领域,票据纠纷中涉及原因关系的争议,仍然没有发生变化,但是审判中法官的态度却发生了变化。

一、通谋虚伪表示第一案:融资性票据之否定

为了规避真实交易关系背景的监管要求,银行票据承兑时常常默许企业虚构交易事实,票据交易各方对此心照不宣,各取所需。在以往的司法实践中,法院往往基于鼓励金融创新和尊重金融监管的政策考量,按照意思自治和合同自

由原则,对上述交易行为并不轻易认定为"通谋虚伪表示"或"以合法形式掩盖非法目的"。

(一)案情与判决

中国民生银行股份有限公司南昌分行(以下简称"民生银行南昌分行")、上海红鹭国际贸易有限公司(以下简称"红鹭公司")与江西省地方有色金属材料有限公司(以下简称"有色金属公司")等上诉案①中,最高法直接适用《中华人民共和国民法总则》(以下简称《民法总则》)第一百四十六条规定的通谋虚伪表示制度,认定当事人的整个票据交易活动"名为票据转让,实为借贷",构成通谋虚伪行为,应以实际借贷关系确认双方的权利、义务,而表面合法的票据贴现、票据背书属于虚伪行为,应归于无效。这直接将基于非真实交易关系的票据关系否定了,即否定了融资性票据的效力。

经法院认定的事实如下:正拓公司对民生银行南昌分行负有 7000 余万元的逾期贷款未还,因此该公司的实际控制人(同时也是有色金属公司实际控制人)罗某便向民生银行南昌分行金融市场部副总经理严某提出:由有色金属公司向红鹭公司购买阴极铜,有色金属公司以商业承兑汇票形式支付货款,再由红鹭公司持该票据向民生银行南昌分行申请贴现,罗某承诺所得贴现款项将用于归还正拓公司的逾期贷款。为此,民生银行南昌分行向有色金属公司单笔授信 1.1 亿元的商业承兑汇票贴现额度。2012 年 12 月 28 日,有色金属公司开具了一张以自己为出票人和付款人、红鹭公司为收款人、票面金额为 1.1 亿元的商业承兑汇票,票据记载到期日为 2013 年 6 月 28 日。同日,红鹭公司(贴现申请人)与民生银行南昌分行(贴现银行)、有色金属公司(出票人)签署《贴现宝合作协议》一份,就案涉商业承兑汇票进行贴现,并进行了背书转让;同时,罗某与民生银行南昌分行签订《担保合同》,为案涉《贴现宝合作协议》项下的民生银行南昌分行全部债权承担连带担保责任。上述协议签订后,民生银行南昌分行依约办理了商业承兑汇票贴现业务,向红鹭公司支付了贴现款。红鹭公司获得贴现款后,部分由正拓公司用于归还民生银行南昌分行逾期贷款,部分用于有色金属公司经营。

该商业承兑汇票到期后,有色金属公司未能如期支付票据款项。民生银

---

① 参见(2017)最高法民终 41 号。

南昌分行遂向江西省高级人民法院提起诉讼,请求法院判令有色金属公司、红鹭公司立即支付票款并承担迟延还款利息、罚息;判令罗某对有色金属公司、红鹭公司的前述债务承担连带清偿责任。

最高法认为:民生银行南昌分行与有色金属公司在本案中的真实意思表示是借款;案涉票据活动是各方通谋虚伪行为,所涉相关民事行为应属无效,民生银行南昌分行依法不享有票据权利;本案应按虚假意思表示所隐藏的真实法律关系处理。法院从票据原因关系和票据活动两个层面阐述了相关主体实际的法律关系,并基于此否定了民生银行南昌分行的票据权利。

1. 民生银行南昌分行与有色金属公司在本案中的真实意思表示是借款

最高法根据与本案相关已生效的另案刑事判决[①]认定事实,案涉商业承兑汇票开立、贴现源于案外人正拓公司对民生银行南昌分行负有7000余万元的逾期贷款未还。有色金属公司与红鹭公司之间阴极铜的交易并不真实存在,双方约定所借款项必须保证归还正拓公司所欠民生银行南昌分行逾期贷款,票据贴现只是双方商定的具体融资方式。

一审中,民生银行南昌分行系依《中华人民共和国民法通则》(以下简称《民法通则》)及《中华人民共和国合同法》(以下简称《合同法》)规定,以借款合同纠纷案由提起本案诉讼,请求有色金属公司和红鹭公司支付民生银行南昌分行垫付的资金。该事实也充分表明民生银行南昌分行亦认为其与有色金属公司之间实为借款关系。

有色金属公司的法定代表人罗某不论是在案涉刑事案件中,还是在本案诉讼中,一直主张本案是先有逾期贷款再有票据贴现,其与民生银行南昌分行之间是"借新还旧"的借款关系,而且双方之前的借贷都是以与本案相同的票据贴现方式进行。

生效的刑事判决亦认定有色金属公司及罗某在本案中的行为属于以欺骗手段骗取银行贷款,给银行造成特别重大损失,其行为已构成骗取贷款罪。

2. 案涉票据原因关系不存在,票据活动是各方通谋虚伪行为,所涉民事行为无效

本案中,有色金属公司的法定代表人罗某为达到向民生银行南昌分行借款

---

① 上海黄浦区法院(2015)黄浦刑初字第828号。

之目的,在与该行协商以票据贴现形式借款并保证以所借款项归还正拓公司逾期贷款的同时,亦与红鹭公司总经理房某协商,由正拓公司、有色金属公司分别与红鹭公司签订无实物交割的阴极铜连环贸易合同,红鹭公司将钱款转手并从中赚取差价。

参与本案《贴现宝合作协议》及《担保合同》的各方主体,包括红鹭公司,都明知《阴极铜购销合同》没有真实交易内容,票据的签发、取得和转让不具有真实的交易关系,且红鹭公司账户收到的票据贴现款亦并非用于向正拓公司支付票据项下《阴极铜购销合同》的货款。

三方虽然明知本案票据项下无真实交易关系,但出于不同目的,合谋实施了该票据行为,属于通谋虚伪行为。因此,本案票据活动是各方伪装行为,所掩盖、隐藏的真实行为实际是借款。

根据《民法总则》第一百四十六条,民事法律行为应当意思表示真实,行为人与相对人以虚假的意思表示实施的民事法律行为无效,以虚假的意思表示隐藏的民事法律行为的效力,依照相关法律规定处理。据此,最高法对本案通谋虚伪的票据活动所订立的《阴极铜购销合同》及其《补充协议》、《贴现宝合作协议》《贴现申请书》《担保合同》,均确认无效。

3. 案涉票据形式上有效,但民生银行南昌分行不享有票据权利

最高法认为,案涉票据活动所涉合同均因属各方伪装行为而应认定为无效,但是,本案票据在形式上符合《票据法》第二十二条规定的票据出票形式要件,应属有效票据。但是,民生银行南昌分行依法仍不得享有票据权利,主要是因为:民生银行南昌分行取得该票据,是在明知该票据的签发、转让均无真实交易关系的情况下,与有色金属公司及其法定代表人罗某以通谋虚伪行为取得,属于《票据法》第十二条第一款及 2000 年《最高人民法院关于审理票据纠纷案件若干问题的规定》(以下简称《票据法司法解释》)第十五条第二项规定的以非法手段取得的情形①。

最高法支持了红鹭公司对民生银行南昌分行不承担票据债务的抗辩。最高法认为,即便民生银行南昌分行享有票据权利,但因其在取得票据时明知票据债务人红鹭公司与出票人有色金属公司之间并无真实的交易关系,红鹭公司

---

① 2020 年最高法对该司法解释作出修正,该条款变为第十四条第二项。

以此抗辩其不应承担本案票据义务,亦符合《票据法》第十三条第一款"票据债务人不得以自己与出票人或者与持票人的前手之间的抗辩事由,对抗持票人。但是,持票人明知存在抗辩事由而取得票据的除外"的规定,故依据2000年《票据法司法解释》第十五条第三项规定,对于红鹭公司的抗辩,予以支持。

4. 本案按虚假意思表示所隐藏的真实法律关系即借款关系处理

最高法认为,民生银行南昌分行与有色金属公司之间通谋虚伪行为隐藏的真实意思表示是借款,因此双方之间形成的真实法律关系应是借款关系。由于双方之间的借款为其真实意思表示,且不违反法律和行政法规的禁止性规定,该借款行为应属有效。

(二)案件评析

我国《民法总则》2017年10月1日起正式实施。该案为《民法总则》正式施行后最高法在金融纠纷中直接适用《民法总则》"通谋虚伪表示"制度的首个判例。它与"穿透式"金融监管改革的时代背景相契合,充分体现了最高法《意见》的精神。

1. 对票据原因关系以"通谋虚伪表示"确定为无效对金融纠纷解决具有重要意义

我国《民法总则》第一百四十六条明文确立了通谋虚伪表示制度,即"行为人与相对人以虚假的意思表示实施的民事法律行为无效。以虚假的意思表示隐藏的民事法律行为的效力,依照有关法律规定处理"。在商事、金融纠纷实务中,为了逃避监管、违规融资,通谋虚伪表示的现象较为常见。当事人,包括金融机构,故意订立"阴阳合同"或虚构交易等等,这些行为不仅破坏了国家的金融秩序,还严重违反了金融监管制度。

《民法总则》颁布之前,司法审判实务常适用《民法通则》第五十八条第一款第四、七项和《合同法》第五十二条第二、三项,以"恶意串通""以合法形式掩盖非法目的"为由否决法律行为或合同效力。

《民法总则》第一百四十六条确定的通谋虚伪表示制度,具有重大的理论和实践意义。通谋虚伪表示制度在审判实践中逐渐取代"恶意串通""以合法形式掩盖非法目的"规定,法院按照意思与表示故意不一致的法律思维,对虚伪意思表示作出解释认定。这种"伪装行为无效,隐藏行为依法判定其效力"的司法立场,有助于排除金融活动中的虚假和欺骗行为。

2017年最高法《意见》强调并确立了"以金融服务实体经济为价值本源,依法审理各类金融案件"的指导思想,充分体现了全国金融工作会议精神,为金融纠纷的司法裁判处理指明了方向。基于"对以金融创新为名掩盖金融风险、规避金融监管、进行制度套利的金融违规行为,要以其实际构成的法律关系确定其效力和各方的权利义务"的表述,金融纠纷中对"阴阳合同""抽屉协议"或名实不符的合同,法院可不必局限于交易合同条款,而是更加注重从全局出发,考察整体交易的目的和探究当事人真实的意思表示,进一步适用《民法总则》通谋虚伪表示制度,区分表面的虚假行为和内在的隐藏行为,以隐藏行为来确定交易的效力和当事人的权利义务关系。在这个意义上讲,本案对票据原因关系的虚伪通谋的意思表示的认定,具有深远的意义。

2. 从票据追索权纠纷到借款关系缺乏法律依据

本案中,原告以票据签发的原因关系即借款关系作为案由,一审法院和二审法院皆认定本案性质为票据纠纷,即以票据追索权纠纷为案由。由于票据关系的当事人和原因关系的当事人具有重合性,法院认为票据形式上虽为有效,但票据债务人以原因关系抗辩持票人,根据《票据法》确定该关系在直接前后手之间抗辩有效,法院最后认定民生银行不享有票据权利完全正确。

但法院最终将票据关系认定为实质上的借款关系,说理不够充分,难以让人信服:

其一,若是论票据关系,因直接当事人之间的原因关系不符合真实交易关系的法律规定,仅可以得出直接前后手之间票据关系不成立,无票据权利。

其二,票据关系不成立,难以得出当事人之间的关系为借贷关系。《票据法》第十三条第一款规定了持票人无票据权利的情形,但却无法从一个权利不存在,推导出另一个法律关系。更为重要的是,本案中利用票据的一系列虚伪行为,源于正拓公司欠银行7000余万元贷款,且利用票据获得款项之后,也主要用于还贷。那么真实的关系也不应该是有色金属公司、正拓公司和银行的借款关系,而是有色金属公司和银行的借款关系。虽然银行以贴现形式授信有色金属公司1.1亿元,该授信协议也应该被穿透,还原为包括对正拓公司的授信。

其三,若当事人不享有票据权利,则持票人仍可以原因关系追究前手的法律责任。而原因关系已经被法院认定为无效,既然无效,按照法律就该恢复原状,即民生银行南昌分行有权要求有色金属公司和红鹭公司返还所贴现的款项。因为参与《贴现宝合作协议》的是三方主体,红鹭公司也在其内,且因此获利。

3. 以借贷关系取代票据关系并未达到金融监管目的,且对实务影响不良

《票据法》要求票据的签发具有真实交易关系,是希望票据能够作为支持经济发展的金融工具。且在《票据法》颁布的时代,票据的承兑和贴现主要是与银行相关,若以真实性交易为背景,银行会把贷款主要用于实体经济;同时避免企业虚构交易关系骗取银行的贷款,防止民间票据买卖。因原因关系无效,则直接后手或明知前手获得票据无对价的恶意之人的票据权利可能落空,对票据关系人有一定的威慑力。为了保护票据流通的安全,确定了票据行为的独立性,以票据无因性为基本原则,保障了支付对价的票据持票人的票据权利。但本案判决最终按原因关系的实际构成法律关系让借贷双方承担法律责任,说明该实质的法律关系仍然是有效的,那么所谓无效的原因关系,也仅仅是否定了以借贷关系为原因关系,或者是固执地认定原因必须是真实性交易关系;至于虚构的行为本身,仍然以另一种行为性质认定为有效,这样的逻辑不通。且本案中法院最后认定借贷关系,不但使得票据签发、承兑、贴现的监管目的落空,还对票据实务带来了以下几个不良后果:

第一,认定为借贷关系还是票据关系,对借款人有色金属公司并无太大区别,故无威慑力。在票据关系中,有色金属公司作为出票人和付款人,是票据的最后债务人,理应在票据到期日最后支付票据款项;作为法院最后认定的借款关系的借款人,它必须在最后偿还银行所有借款。从结果来看,无论是票据关系还是借款关系,对它来说,并无太大区别。作为企业,有色金属公司无论通过何种工具,其主要目的是借钱,法院将案涉票据活动认定为借款,不过是达成了它的真实目的而已。

第二,对银行来说,认定为借贷关系反而更为有利,未起到惩罚的作用,也未让其为自己的行为承担不利后果。银行不享有票据权利,贴现行为无效,则理应恢复原状。那么此时,银行仅可以要求相关主体返还贴现款项。关于该笔贴现款在此期间的利息损失,在相关主体之间根据缔约过失责任分担,银行也要根据其过错程度承担部分责任。但是,当合同最终被认定为借款合同后,银行当然可以要求借款人根据借款时间长短支付利息。即银行的利益丝毫未受影响,换言之,银行不需要为自己的过错承担任何责任。

第三，对一起参与并获取了利益的红鹭公司而言，它从法院否定票据关系而认定为借款关系中逃脱了责任。民生银行南昌分行是否享有票据权利，决定了红鹭公司是否为票据债务人，即红鹭公司是否需要对票涉金额承担法律责任。当红鹭公司以贴现行为无效抗辩银行票据追索权被支持，其不需要承担票据责任，这是无疑的。但当本案中法律关系最后被定性为借款关系时，红鹭公司就与本案毫无关系了，因为它不是借款人。但红鹭公司是虚假交易中的虚假卖方，且是签订《贴现宝合作协议》的主体之一，其明知交易为虚构，仍参与了该不法行为，却无须承担法律责任。

最后的结果是，《贴现宝合作协议》这类合同仍然会存在，因为即使最后被否定，仍然可以认定为借款关系，对任何一方都没有影响。而票据却变得如此不严肃，票据权利有无变得不再要紧，反正有穿透之后的法律关系兜底。票据之上签字的一众债务人的债务也被免除。

（三）本案对融资性票据的否定与肯定

显然本案坚持票据的签发需要真实的原因关系，故法院认为票据签发的交易关系为虚构，则票据签发无效，仅在形式上符合票据要件，为形式上有效要件。作为收款人，因没有支付对价、原因关系为虚构而不享有票据权利，贴现的银行明知前手无票据权利仍接收票据，根据票据法规定同样判定其不享有票据权利。到这里为止，最高法表明了其对为了融资目的签发票据的否定，从我国现有票据法原理来看，并无不妥。

但是，当法院继续穿透通谋虚伪的意思表示而认定银行与有色金属公司之间构成借款关系的时候，便是对融资性票据实质的肯定。理由如下：

1. 借款关系的确定是用票据原因关系取代票据关系，但却是对借款关系能够作为票据原因关系的肯定

融资性票据区别于真实性票据，其主要目的就是融资，即借款；当前我国票据法规定，票据在签发时不得以借款关系作为原因关系。有色金属公司和红鹭公司的交易为虚构，出票行为无效，红鹭公司不是票据债务人；关于贴现，监管文件要求贴现银行查明贴现申请人获得票据的原因关系为真实，但银行明知申请人无真实交易关系仍然贴现，故贴现行为无效，不得享有票据权利。如前文所述，如果本案中票据出票和贴现的行为因为虚构无效，从而否定票据关系的有效性；那么，无效行为的后果是恢复原状。但法院转而拨开虚伪的迷雾，还原

事实真相,认为出票人的目的就是借款,才利用了票据这一工具,应该从票据关系回到真实的法律关系中来。所以,借款关系才是真实的票据原因关系,法院也用实际判决支持了此借款关系的有效性。对于出票人来说,其始终是票据关系的最后债务人;作为借款人,其始终是借款关系的债务人。当出票人和借款人为同一人时,无论是哪种关系,所还款项大体上相同,虽然本金、贴现率、利息等计算不同,金额会有差别。对于融资的人来说,认定何种关系影响不大。那么,实务中大可以虚构交易签发票据,最坏的结果是还原为真实的借款关系。银行对有色金属公司有授信,虽贴现行为无效,授信转为借贷的方式,当事人之间用原因关系解决纠纷,又有何妨?

2. 法院对不享有票据权利的持票人支持其用借款关系实现权利,即已经将借款关系视作票据原因关系了

法院在判决书中指出,票据在形式上有效,即银行是形式上的持票人,其仅是因为违反了票据行为的有效性要件,认定为不享有实质上的票据权利。票据法上,若是持票人的票据权利不被承认,其仍然有以原因关系实现其权利的正当途径。本案中,红鹭公司是形式上的前手,因贴现行为的虚伪,银行对其追索权被否定。根据《贴现宝合作协议》,银行给予出票人以授信,即对出票人开具的票据予以贴现。法院既然认为有色金属公司与银行存在借款关系,便是肯定了该贴现宝协议中关于授信的法律效力——法院将贴现的形式改为借贷而已,所以无论如何已经承认了该无效票据的签发原因是借款,原因关系有效。法院最终支持银行请求出票人归还借款本金和利息的诉请。当票据关系和借款关系当事人重合的时候,对借款关系的贷款人来说,以何种关系实现权利又有何妨?且我国法律至今未解决一个理论问题:当票据关系和原因关系均有效时,当直接前手为第一债务人时,持票人选择原因关系还是票据关系解决纠纷,是否存在先后顺序,或持票人是否有选择的自由?

3. 本案中借款关系和票据关系当事人的重合,是对融资作为票据出票原因关系的认可

笔者在前面已经提到,本案事实上是为了解决正拓公司的债务,基于资金的实际使用,即使是认定为借款关系,也应该以有色金属公司和正拓公司作为共同的借款人,与银行构成借款关系。但是,法院却把正拓公司排除在借款关系之外。当然这可能是因为本案中原告未将正拓公司列为被告,从诉讼程序来

讲,若非原告要求,法院无权将正拓公司追加为被告。但从最后的判决看,法院将银行所有借出未归还的款项全部作为有色金属公司应还之债。依此逻辑,法院认定正拓公司不是借款人,主要是根据贴现宝协议中的授信,进一步确定了法院把借款关系作为票据关系的原因关系。

4. 法院认定票据形式上有效,承认了作为原因关系之借款关系不能否定票据效力

票据出票行为是为融资,即借款,为规避监管规则故意虚构交易关系。但是票据一旦在形式上有效,票据关系便脱离原因关系而存在。法院承认票据形式上有效。案涉票据仍然由贴现银行持有,故因为违反《票据法》第十三条而否定其票据权利。若是该票据已经流转,或用于转贴现,或再贴现,或在上海票据交易所的票据市场流通,当已经支付对价的票据持票人在到期日行使付款请求权,有色金属公司无力履行票据付款义务时,其是否有权向红鹭公司行使票据追索权?答案不言而喻。所以,无论出票的原因关系是否为融资抑或是真实交易,只要票据关系形式上有效,均不影响票据的流通,也不影响善意持票人票据权利的行使。借款关系,或是虚伪无效的票据行为,均因为票据无因性和票据行为独立性,对票据本身毫无影响。

综上,本案虽为通谋虚伪的票据纠纷案件,却为融资性票据留下了无限空间。

二、《九民纪要》关于票据融资的意见

2019年9月11日,最高人民法院审判委员会民事行政专业委员会第319次会议原则通过《全国法院民商事审判工作会议纪要》(以下简称《九民纪要》),其中对票据审判中关于票据融资等问题表明了态度,旨在统一裁判思路,规范法官自由裁量权,增强民商事审判的公开性、透明度以及可预期性,对提高司法公信力具有重要意义。《九民纪要》中继续保持了对《票据法》第十条票据签发的真实交易关系和债权债务关系的支持,但却承认了实务中利用票据进行融资的效力。

(一)《九民纪要》对票据灵活性融资的不轻易否定

《九民纪要》对实务中的票据相关的融资交易模式给予法律层面的概念界定,总体上对于票据灵活性融资予以肯定,主要是不轻易否定行为效力。

1. 对保兑仓交易模式的厘清及肯定

《九民纪要》将保兑仓交易放在担保纠纷案件的非典型担保的类别阐述,说明将其视作新类型的融资担保方式。《九民纪要》第68条第1款用法律的语言明确了保兑仓交易的性质和基本模式框架:"保兑仓交易作为一种新类型融资担保方式,其基本交易模式是,以银行信用为载体、以银行承兑汇票为结算工具、由银行控制货权、卖方(或者仓储方)受托保管货物并以承兑汇票与保证金之间的差额作为担保。其基本的交易流程是:卖方、买方和银行订立三方合作协议,其中买方向银行缴存一定比例的承兑保证金,银行向买方签发以卖方为收款人的银行承兑汇票,买方将银行承兑汇票交付卖方作为货款,银行根据买方缴纳的保证金的一定比例向卖方签发提货单,卖方根据提货单向买方交付对应金额的货物,买方销售货物后,将货款再缴存为保证金。"显然,从这一描述可以明确,银行承兑汇票不仅作为一种支付结算工具,同时,作为票据债务人的承兑银行参与了出票人和收款人的交易流程,表现在提货单的签发和货物的动态担保上。此时的票据关系已经和传统意义上的票据关系有所区别,承兑银行不是无条件向收款人付款,相反,收款人为银行承兑提供担保。票据原因关系和票据关系以三方重合的方式存在,传统上,票据关系和原因关系重合主要是在直接前后手之间。这说明票据签发和承兑,完全可以以综合性合同关系为原因关系,而该原因关系不是交易关系。

作为原因关系的三方协议,关系复杂,包含交易、担保、回赎、质押等条款,只要符合民事法律行为要件,合同效力基本得到承认。《九民纪要》第68条第2款表明:"在三方协议中,一般来说,银行的主要义务是及时签发承兑汇票并按约定方式将其交给卖方,卖方的主要义务是根据银行签发的提货单发货,并在买方未及时销售或者回赎货物时,就保证金与承兑汇票之间的差额部分承担责任。银行为保障自身利益,往往还会约定卖方要将货物交给由其指定的当事人监管,并设定质押,从而涉及监管协议以及流动质押等问题。实践中,当事人还可能在前述基本交易模式基础上另行作出其他约定,只要不违反法律、行政法规的效力性强制性规定,这些约定应当认定有效。"

保兑仓交易并非法律中的有名合同,但因其是实务交易习惯形成的交易模式,最高法也认同将其归类,按照其特殊的习惯予以纠纷审理,故在《九民纪要》第68条第3款提出:"一方当事人因保兑仓交易纠纷提起诉讼的,人民法院应当以保兑仓交易合同作为审理案件的基本依据,但买卖双方没有真实买卖关系的除外。"

2. 明确票据纠纷审理中对票据无因性和票据行为效力的谨慎态度

会议专门对票据纠纷案件的审理形成了一致意见,认为:"人民法院在审理票据纠纷案件时,应当注意区分票据的种类和功能,正确理解票据行为无因性的立法目的,在维护票据流通性功能的同时,依法认定票据行为的效力,依法确认当事人之间的权利义务关系以及保护合法持票人的权益,防范和化解票据融资市场风险,维护票据市场的交易安全。"由此可以看出,票据用于各种功能实现,不轻易否定票据行为效力,不否定票据权利。

会议认为,对以票据贴现为手段的多链条融资模式引发的案件应当予以重视,对于实务中出现的票据清单交易、封包交易模式不予以绝对否定,对这些案件中票据权利行使以及票据债务人的抗辩,均以实事求是、合法谨慎为基本原则。会议对票据清单交易、封包交易进行了界定,将以票据贴现为手段的多链条融资模式交易称为票据清单交易、封包交易,是指商业银行之间就案涉票据订立转贴现或者回购协议,附以票据清单,或者将票据封包作为质押,双方约定按照票据清单中列明的基本信息进行票据转贴现或者回购,但往往并不进行票据交付和背书。实务中,双方还往往再订立一份代保管协议,约定由原票据持有人代对方继续持有票据,从而实现合法、合规的形式要求。出资银行仅以参与交易的单个或者部分银行为被告提起诉讼,行使票据追索权,被告能够举证证明票据交易存在诸如不符合正常转贴现交易顺序的倒打款、未进行背书转让、票据未实际交付等相关证据,并据此主张相关金融机构之间并无转贴现的真实意思表示,抗辩出资银行不享有票据权利的,人民法院依法予以支持。出资银行在取得商业承兑汇票后又将票据转贴现给其他商业银行,持票人向其前手主张票据权利的,人民法院依法予以支持。

会议虽反对票据买卖,但票据已经流转的,对于真实交易获得票据的持票人的票据权利予以支持,肯定票据无因性。根据票据行为无因性原理,在合法持票人向不具有贴现资质的主体进行"贴现",该"贴现"人给付贴现款后直接将票据交付其后手,其后手支付对价并记载自己为被背书人后,又基于真实的交易关系和债权债务关系将票据进行背书转让的情形下,应当认定最后持票人为合法持票人。

(二)《九民纪要》仍坚持票据关系应以真实买卖关系为原因关系

1. 无真实交易关系的融资票据行为无效

《九民纪要》第 69 条规定,"保兑仓交易以买卖双方有真实买卖关系为前提。双方无真实买卖关系的,该交易属于名为保兑仓交易实为借款合同,保兑仓交易因构成虚伪意思表示而无效"。

《九民纪要》第 100 条明确了合谋伪造贴现申请材料的后果,即"贴现行的负责人或者有权从事该业务的工作人员与贴现申请人合谋,伪造贴现申请人与其前手之间具有真实的商品交易关系的合同、增值税专用发票等材料申请贴现,贴现行主张其享有票据权利的,人民法院不予支持"。而对于民间贴现予以否定,坚决不支持票据买卖,《九民纪要》第 101 条规定,"票据贴现属于国家特许经营业务,合法持票人向不具有法定贴现资质的当事人进行'贴现'的,该行为应当认定无效"。

2. 票据原因关系无效后以真实意思解决法律纠纷

会议在否定了非真实交易的票据原因关系无效后,虽否定了当事人的票据权利,但仍主张对于无效的原因关系以真实意思构成的法律关系解决纠纷。

比如在保兑仓业务中,《九民纪要》第 69 条规定:"被隐藏的借款合同是当事人的真实意思表示,如不存在其他合同无效情形,应当认定有效。保兑仓交易认定为借款合同关系的,不影响卖方和银行之间担保关系的效力,卖方仍应当承担担保责任。"

合谋伪造贴现的,对贴现行因支付资金而产生的损失,按照基础关系处理。同样,民间贴现行为被认定无效后,贴现款和票据应当相互返还。当事人不能返还票据的,原合法持票人可以拒绝返还贴现款。人民法院在民商事案件审理过程中,发现不具有法定资质的当事人以"贴现"为业的,因该行为涉嫌犯罪,应当将有关材料移送公安机关。

《九民纪要》第 102 条规定:"转贴现是通过票据贴现持有票据的商业银行为了融通资金,在票据到期日之前将票据权利转让给其他商业银行,由转贴现行在收取一定的利息后,将转贴现款支付给持票人的票据转让行为。转贴现行提示付款被拒付后,依据转贴现协议的约定,请求未在票据上背书的转贴现申请人按照合同法律关系返还转贴现款并赔偿损失的,案由应当确定为合同纠纷。转贴现合同法律关系有效成立的,对于原告的诉讼请求,人民法院依法予以支持。当事人虚构转贴现事实,或者当事人之间不存在真实的转贴现合同法律关系的,人民法院应当向当事人释明按照真实交易关系提出诉讼请求,并按照真实交易关系和当事人约定本意依法确定当事人的责任。"

对于票据清单交易、封包交易案件,会议确定了处理原则:在村镇银行、农信社等作为直贴行,农信社、农商行、城商行、股份制银行等多家金融机构共同开展以商业承兑汇票为基础的票据清单交易、封包交易引发的纠纷案件中,在商业承兑汇票的出票人等实际用资人不能归还票款的情况下,为实现纠纷的一次性解决,出资银行以实际用资人和参与交易的其他金融机构为共同被告,请求实际用资人归还本息、参与交易的其他金融机构承担与其过错相适应的赔偿责任的,人民法院依法予以支持。出资银行仅以整个交易链条的部分当事人为被告提起诉讼的,人民法院应当向其释明,其应当申请追加参与交易的其他当事人作为共同被告。出资银行拒绝追加实际用资人为被告的,人民法院应当驳回其诉讼请求;出资银行拒绝追加参与交易的其他金融机构为被告的,人民法院在确定其他金融机构的过错责任范围时,应当将未参加诉讼的当事人应当承担的相应份额作为考量因素,相应减轻本案当事人的责任。在确定参与交易的其他金融机构的过错责任范围时,可以参照其收取的"通道费""过桥费"等费用的比例以及案件的其他情况综合加以确定。

综上,金融强监管背景下,票据作为融资工具的多样性交易模式逐渐被承认,当最终以真实关系处理纠纷时,除了违反法律、行政法规之外,代表着对协议本身的有效性表示了认可。那么,融资性票据是不是仍然有存在的空间?这是值得研究的问题,也是笔者持续关注研究融资性票据法律制度的动因。但是,司法案例、审判规则乃至会议纪要,均不能替代票据法律制度,我们仍需要从票据法的角度研究融资性票据制度。此乃本课题的缘起。

第三节 融资性票据法律研究的必要性

融资性票据是指为了融资而发行的票据,近几年受到学界的关注。对融资性票据的关注,一是票据实务人士呼唤法律对融资性票据予以宽容;二是法学界对融资性票据的法律研究,其中是否将融资性票据写入《票据法》是最受关注的问题。融资性票据如果被写入我国《票据法》,势必会冲击现有的票据法律制度,而这部分研究主要和《票据法》的修改相关。故从法律视角研究融资性票据实为迫切。本节基于法学领域对融资性票据、《票据法》修改中票据无因性问题等研究现状,阐述融资性票据法律研究的必要性。

一、融资性票据入法之研究现状

从法学分类来说,票据法当属商法。从法学分类看,商法和经济法最大的区别在于前者是私法,后者是平衡法[①];从表现形式看,前者不侧重政府介入,主体的交易是自由的,后者侧重政府介入,或者宏观调控,或者微观规制。而归根结底在于,从微观层面的法律规定看,两者对市场交易的态度不同。商法将自由选择的权利完全交给市场,那么任何风险后果都由主体判断和承担;而经济法因为考虑到公共利益和整个市场的安全,由于市场的盲目性可能带来市场整体性风险,因此对部分市场行为要予以微观规制。我国《票据法》的一些法条,包括对融资性票据的否定,强烈地表示出立法者对票据市场的介入和对票据市场的担忧。这对处于市场经济刚刚起步阶段的我国,也许是符合实际的。但是时至今日,如果不修改某些法条,明显有将风险夸大的倾向。随着融资性票据的大量出现,从《票据法》上承认其合法性的呼声越来越高。

对于何谓融资性票据,学界的观点大致相同,认为融资性票据是与真实性票据相对应的,指没有真实商品交易背景,纯粹以融资为目的的一种票据,也被称为商业本票或者商业票据,是发育成熟的票据市场中一种重要的资金融通工具。[②] 此种票据不反映真实的物资周转,只为获取资金而签发。就融资性票据而言,如果仅从狭义的票据概念去理解,融资性票据就只包括没有商品交易背景、仅仅是为了融资目的而签发的汇票和本票,支票因为仅具有支付结算功能而被排除在融资性票据之外。而如果是从广义的票据概念去理解,融资性票据的概念则可以拓展到包括股票、债券在内的融资性有价证券。[③] 融资性票据本质上类似于信用放款,从其特征来看,融资性票据与真实性票据有着明显的区别。首先,真实性票据对应的资金和商品在空间上是并存的,在时间上是即期的,即在发生一定的资金往来关系时,必定伴随有一定的商品交易关系;而融资

[①] 关于经济法是公法还是社会法或者是平衡法的争论很多,本书不专门探讨这个问题。本人只是坚信经济法是与纯粹的私法,即民法和商法存有很大不同,因此在这里用了平衡法的观点。

[②] 参见王林等:《关于〈票据法〉确立融资性票据制度的对策探究》,载《金融纵横》2008年第8期。

[③] 参见徐来:《融资性票据制度研究——兼论我国票据法的修改》,载《市场周刊》2009年第11期。

性票据对应的通常只有资金流,不一定存在商品流。其次,真实性票据的交易对象是一一对应的,当事人一般只有两方;而融资性票据在发行时,其投资对象可能是企业和商业银行,也可能是居民个人,因而在发行一定量的融资性票据时,其面对的通常是数量众多的投资者,因此融资性票据的交易对象是多重的对应关系。融资性票据的其他特点还包括:其外观是有效票据,具有风险性。融资性票据的风险集中于贴现人、最终受让人。贴现人之所以同意为融资性票据贴现,其原因就在于对支付人付款能力的信任。因此,一旦支付人发生欺诈或破产等不能支付问题,贴现人就必须独自承担全部损失。这也就是融资性票据被认为是一种高信用风险票据的原因所在。融资当事人无先诉抗辩权,无特别追偿权。[1]

很多学者认为,融资性票据被法律承认的障碍主要来自《票据法》第十条的规定。《票据法》和《支付结算办法》均规定,票据的签发和承兑必须有真实的交易关系。虽然《票据法司法解释》中废除了这一条,但也仅仅是最高法对《票据法》否认票据无因性的一种修正,并非肯定融资性票据的存在前提。各大银行的票据实务操作中,仍然要求票据当事人具有真实的交易关系,要求持票人提交交易合同或税票等来证明真实的交易关系,之后才予以承兑、贴现等。由此可知,我国票据从法律意义和制度意义上讲都只是一种支付结算工具,融资性票据缺乏存在的基础。因此,有学者建议修改《支付结算办法》相应条款,使其与《票据法》保持一致,为融资性票据的存在创设制度空间。在《票据法》中设专章规制融资性票据,可以借鉴英美法中融资性票据的理念。除应确认融资性票据的法律地位之外,还应对融资性票据的发行企业进行严格限制,可参照证券市场上市公司发行股票的办法,实行保荐人制度。[2]

融资性票据的法律承认,不仅是一个学理问题,还是一个现实的问题。因为,据业内估算,非"真实的交易"需求的融资性质银行承兑汇票事实上已占总量过半,但限于"真实的交易关系"的法律规制,却形成了大片的"灰色地带"。所以,为了满足企业的融资需求,应允许融资性票据的存在和合法化。《票据法》的规定完全否定票据的无因性,将票据的票据关系与原因关系混为一谈,在

---

[1] 参见程硕:《票据创新:融资性票据引入及制度构建》,载《财会通讯》2009年第20期。
[2] 参见刘莹:《从融资性票据谈我国〈票据法〉的修改》,载《山西大学学报(哲学社会科学版)》2008年第5期。

相当程度上限制了票据的流通和票据市场的发展。①

由于市场需求,票据业务经过几年的高速发展,其融资功能早已被充分实践。但《票据法》却没有给融资性票据合法地位,因此市场参与主体为了应付监管当局的合规性检查,一些企业与开票行虚构合同及增值税发票复印件,直贴行也虚构贸易背景,用所谓的"包装户"应付检查。所以,有学者认为,由于上述操作和游走于法律边缘的现状,使市场融资的"合理"需求与骗取银行贷款资金、银行违规虚增存贷款规模等违法违规行为混为一体。而基于现状,"一刀切"地禁止已不可行,不如疏堵结合,给予合理需求以法律保障。②

有人大代表同样呼吁融资性票据入法,并提出对《票据法》进行修改:《票据法》立法时,立法者鉴于当时市场经济及票据市场尚不发达,为防范银行风险,对融资性票据采取"一刀切"的态度,规定票据的签发、取得要有真实的交易背景,绝对禁止企业签发融资性票据。随着经济金融改革不断深化,这一规定越来越不符合经济发展的需要。因此,应坚持票据的无因性这一基本原则,确立融资性票据的合法地位。统一现行票据法律、法规中有关票据无因性的法律规定,确立其适用的合理界线。在票据业务上有条件地允许企业签发融资性票据,适度放开票据的融资功能。同时,为控制法律风险,建立有关融资性票据的发行、监测等一系列配套制度。③

也有学者以商业票据命名融资性票据,认为我国企业和银行均已有融资性商业票据的使用经验,但存在法律上的障碍,所以呼吁尽快修订《票据法》,给予商业票据合法地位。商业票据作为一种融资性票据,在本质上属于短期公司债券范畴,我国现行《票据法》的调整对象却仅限于商业汇票和银行本票,缺少对商业票据的规范。我国应当结合《票据法》的修改,有必要按照国际惯例,对商业票据实行分类管理,将商业汇票专用于贸易项下的债权凭证,将商业票据专用于融资项下的债权凭证。所以,我国宜尽早完善修订现行的《票据法》,将商业票据作为调整对象给予明确的法律地位。④

---

① 参见夏心愉:《在灰色地带呻吟 票据"融资性"有实无名》,载《第一财经日报》2012年8月7日第A09版。
② 参见李峰:《融资型票据市场的现状及对策》,载《浙江金融》2010年第8期。
③ 参见万静:《票据法颁布20年问题凸显 周学东代表认为融资性票据合法地位亟待确立》,载《法制日报》2015年3月12日第006版。
④ 参见汪办兴:《引入融资性商业票据创新发展票据金融》,载《上海证券报》2015年7月18日第006版。

二、《票据法》修改之研究现状

如果融资性票据被同意写入我国《票据法》，接下来将对我国票据法很多制度带来冲击。学界对票据制度的研究比较成熟，虽然很多专家学者的研究仅对某一个问题展开讨论，但是其研究的实践基础大都是基于票据流通特点的票据融资功能发挥，因此这些研究范围与融资性票据制度直接相关。

《票据法》颁布实施至今，修法的呼声很高，并对《票据法》各方面内容提出具体修改意见，涉及票据记载金额、付款人重大过失责任、空白票据、挂失止付制度、电子票据制度等等。① 两会代表也曾多次提出应该修改我国的《票据法》，认为从我国票据市场的发展看，若不从立法上对流通空白汇票、空白本票、票据涂销等行为的法律性质及效力作出明确规定，势必会严重影响票据交易的安全，最终阻碍票据流通，限制票据作为流通证券在经济领域中的作用发挥。②

同时，学界组织各类研讨会。由中国法学会商法研究会主办、华东政法大学经济法律研究院承办的第一次全国票据法修改研讨会于 2010 年 10 月 9 日在上海召开，与会的票据法学者以及法官、律师等 30 余人就我国现行《票据法》中存在的问题展开了积极的讨论。会议围绕我国《票据法》修改这一大主题，分别从票据代理、票据金额记载、票据签名、票据无因性、人的抗辩、票据善意取得、利益返还请求权等方面进行了广泛、深入而又热烈的讨论。③

结合《票据法》的制度缺陷，研究主要集中在以下几个方面：(1) 票据无因性问题。我国《票据法》第十条一直备受关注，认为这条否定了票据的无因性（董慧江），也有学者认为该条不过是对于票据的签发作了限定性规定（吕来明、郑孟状），部分学者认为"我国票据立法对票据行为无因性的态度极为模糊，没有明确确立票据行为无因性原则，不仅使票据难以发挥作用，而且也给司法实践

---

① 参见张雪楳：《票据法修改若干问题探析》，载《法律适用》2011 年第 11 期；李伟群：《对我国〈票据法〉第 10 条之修改建议》，载《法学》2011 年第 9 期。

② 参见韩平：《全国人大代表韩平：〈票据法〉修改势在必行》，载《中国金融》2005 年第 7 期；谷秀军等：《人大代表建议：适应经济金融发展尽快修改〈票据法〉》，载《金融时报》2011 年 3 月 3 日第 005 版；赵洋、苏丽霞：《全国人大代表许海：有必要尽快修改票据法》，载《金融时报》2012 年 3 月 12 日第 002 版；万静：《票据法颁布 20 年问题凸显　周学东代表认为融资性票据合法地位亟待确认》，载《法制日报》2015 年 3 月 12 日第 006 版。

③ 参见李伟群：《全国票据法修改研讨会综述》，载《法学》2011 年第 1 期。

造成了不少混乱"①。(2)票据权利和票据责任是否可分。对票据签发主体,我国除少数学者(如赵新华等)外,普遍否认共同签章。我国台湾地区"票据法"承认共同签章。票据权利不可分,《票据法》关于票据超越代理权的处理,不具有可操作性(赵新华、汪世虎等);也有学者对此持反对意见(汤玉枢);还有学者认为将票据区分纸质票据和电子票据,前者权利不可分,后者权利可分(刘永光)。美国票据法对此问题的态度比较自由。(3)票据签名。围绕票据签名的严格主义(陈岱松等)和自由主义(柯昌辉、郑孟状等)展开讨论。英美法系采用自由主义,允许将别名、艺名等签章于票据之上,只要具有同一性,均为有效(Denis V. Cowen & Leonard Gering)。(4)票据变造的责任认定。存在一个票据变造前和变造后权利该如何确认的问题。我国银行往往在支付票据金额以后辩称自己没有重大过失而免责。虽然银行的责任减少了,但是有学者(我国台湾地区施文森大法官)认为"这样的做法是很荒唐的"。② 但从国际商事惯例和银行惯例来讲,银行承担变造责任都是明确的,是因为认为"受益者所获利益足以使他们负担受损者与他们一起经历这个转变"③。

票据融资功能的要求,拷问票据法理论的延展性。法学界和金融学界的学者将这个问题集中到票据行为无因性理论上。有的学者认为不具有"真实交易背景"的票据,在融资过程中的效力确定需要票据行为无因性理论作为支撑;票据签发、取得和转让,应当具有真实的交易关系和债权债务关系,但可以不以基础交易关系的真实、有效为条件。也有金融学者认为具有真实的交易关系和债权债务关系,这种制度安排制约了票据融资的发展。④ 票据能提供公司对短期资金流动性的需求,票据贴现也能满足民营企业对资金"经常的、短促的、频繁的"的要求。而我国《票据法》第十条中关于"真实交易"的规定是其障碍,银行也不允许签发没有"真实交易"的汇票。所以,票据法制度发展的空间有赖于票

---

① 贾海洋:《票据行为无因性研究——以票据行为二阶段说为理论基点》,中国社会科学出版社2013年版,摘要第1页。
② 转引自李伟群:《全国票据法修改研讨会综述》,载《法学》2011年第1期。
③ Wayne K. Lewis & Steven H. Resnicoff, *The New Law of Negotiable Instruments*, Michie Law Publishers, 1996, p.100.
④ 参见于莹:《论票据的无因性原则及其相对性——票据无因性原则"射程距离"之思考》,载《吉林大学社会科学学报》2003年第4期;张燕强:《论票据关系无因性之否认》,载《法商研究》2007年第4期;赵新华:《票据法》,人民法院出版社1999年版,第166页;王艳梅、庞昀曦:《日本空白票据规则及对我国的启示》,载《现代日本经济》2013年第1期。

据理论的有效解释。[①]

对于《票据法》修改中坚持的原则,学界观点也有分歧。基于票据法在商法中的特殊性,不仅在中国,甚至在世界范围内,票据法都太久没有修改了,其原因有经济上的,也有技术上的。但是,以德、日票据法学界为代表,对票据理论的研究异常活跃,他们最关注的部分可能正是票据法需要发展的部分,即作为票据理论两大核心课题之一的非因票据行为而发生票据流转如何解决对第三人的保护问题,从现行法中是找不到答案的。根据票据理论的研究成果,以票据行为契约说为前提,辅以权利外观理论,是个不错的选择。目前中国没有日内瓦票据法系诸国国际法义务上的限制,可以没有障碍地把权利外观理论转化为具体票据制度,完全可能使中国票据法世界领先。[②]

更多学者认为《票据法》修改中最为核心的问题应该是第十条第一款。鉴于我国现阶段对融资票据的签发与转让实行较为严格的控制,因此目前删除《票据法》第十条第一款的规定也是不切合实际的。鉴于此,可将其修改为:票据的有效及票据关系的效力不以基础交易关系的存在与有效为条件,但接收票据的直接当事人之间无真实的债权债务关系时,该持票人不能取得票据权利,法律、行政法规另有规定的除外。[③] 因为该条款的规定存在一定的模糊性,以致司法机关在案件审理中也经常出现左右摇摆的情形,并常常作出前后矛盾的判决。在当今我国票据专业知识的普及宣传工作做得并不充分的情况下,要让所有普通的票据当事人将该条款内容理解为宣示性条款确非易事,相反容易引起理解上的混乱。因此,建议将该条款从《票据法》中删除,而将其纳入中国人民银行发布的《票据管理实施办法》中。[④]

三、融资性票据法律研究的空间

国内外的票据法均强调票据的文义性、无因性,同时我国票据法非常强调票据基础法律关系。考虑到票据的主要功能是支付功能,那么票据本身就必须具有流通性功能。不论票据是由金融机构签发还是由公司、经营者签发,均应当符合

[①] 参见王峤煒:《传统与嬗变——票据法修改中立法理念的选择》,载《东北师大学报(哲学社会科学版)》2014年第2期。
[②] 参见董惠江:《票据法的坚守与发展》,载《中国法学》2010年第3期。
[③] 参见杨霄玉:《从票据无因性看我国〈票据法〉之相关规定》,载《经济论坛》2006年第11期。
[④] 参见李伟群:《对我国〈票据法〉第10条之修改建议》,载《法学》2011年第9期。

法律规定的外观形式要件,既不能涂改也不能伪造、变造。但是因为票据的流通性,要强调流通功能势必需要考虑到有些情况下票据关系会与票据基础关系相冲突。

票据实务界提出要强调票据的流通性,要与国际接轨,并提出了具体的可行性研究方案,关于流通性的方案在一定程度上和一定范围内会使票据脱离基础法律关系的束缚。关于票据流通属性的认识,最高法的法官已经开始关注融资性票据的事实。他们认为有一些金融票据可能是根据企业、公司等经营者的要求由金融机构签发,可以在市场上流通、转让、买卖等,而能够做到这一点需要具备几个基本条件:(1)融资性票据签发企业的良好信用。为降低融资性票据的风险,必然要求签发者抵御风险的能力较强,即申请签发票据的企业必须具有良好的信用,才可能保证其签发的融资性票据产生风险的概率较低。(2)融资性票据对企业竞争力的提升。如同银行给予企业一定的授信额度,企业通过获得在一定期限内签发融资性票据的额度,能够提升其在市场上的竞争力。(3)融资性票据和担保方式并存。即银行签发融资性票据时要求申请企业提供相应的担保,因为此类票据实际带有企业融资的性质,通过企业提供的担保以降低风险发生的概率。(4)融资性票据签发和企业还债能力相适。申请签发票据的企业,应当具有较强的还债能力,能够与金融机构起到相互支持、相互促进的作用,分别达到各自的经济目的。就目前中国的实际情况来看,绝大多数场合下票据应该要强调具备真实的基础合同关系,不能够签发、流通融资性的金融票据。但是应当看到,撇开经济关系的实际发展过程一味地追根溯源,就可能会搞乱已经形成的经济发展的方式方法,特别是经济秩序。应当允许按照市场规律来看待当事人之间业已形成的法律关系,允许一定条件下和一定程度上不去追究基础合同关系。例如,无论是借贷法律关系还是存单法律关系,一般情况下,在认定法律关系上,我们只需追到前一手,而不是追到前三手、五手或者追到源头。其目的在于适当地保持经济关系的稳定,同时也是为了人民法院处理案件上的便利,既应当注重法律关系的时效性,也应当注重不同法律关系以及不同当事人之间所形成的法律关系。[①]

综上,对融资性票据的研究无疑是未来票据法律制度研究的重要内容。我国票据法律制度的研究虽然如火如荼,却依然存在很多空间需要我们进一步深入,尤其是以融资性票据发行方式为基础的票据制度研究。

---

① 参见吴庆宝主编:《最高人民法院专家法官阐释民商裁判疑难问题(2013—2014年卷)》,中国法制出版社2013年版,第233—234页。

1. 票据法律制度研究的视域局限

从票据权利、票据行为、票据无因性等角度着手进行理论研究的学者非常多,产生了很多有价值的学术成果,为我国票据理论的发展以及未来票据法律制度的修改作出了贡献。当然,研究永无止境,因为实践无止境。

对比票据实践,国内研究基本着眼于传统的票据运用。票据使用的领域较20世纪已经有明显的变化,票据的功能不再局限于支付和结算,或者说某些领域的支付和结算功能已经弱化。电子票据、网上支付等方式的存在,弱化了票据的传统功能。所以,针对这些现实,票据法的理论研究应该将目光更多地放在票据运用的新领域,研究票据法的制度是否仍然能够适用于这些领域,具体制度是否阻碍票据在新领域的运用。和商法其他学科的研究相比,票据法研究力量总体薄弱,难免忽视了我国票据法律制度在这些新领域的运用。因此,笔者认为,从法律角度研究融资性票据实有必要,否则票据法律研究和票据的实践仍将会有很大差距。

实践总是走在理论前面,这是基本规律。笔者认为,我国票据法律研究比票据实务走得落后太多。

2. 融资性票据制度研究的力量薄弱

近几年对融资性票据制度的研究虽逐渐受到了关注,但基本上是从金融领域进行研究,将票据视为和其他融资工具相同,导致产生了融资性工具仿佛不受《票据法》约束的错觉。

票据相关制度研究,与融资性票据的流转均有关系,比如《票据法》第十条以及关于空白票据、直接交付、无记名票据等规定。无论是空白票据、无记名票据或直接交付,均在于保护流通,使票据在最大限度上发挥融资、信用功能。可惜很多票据具体制度的研究很少会和融资性票据挂钩。即使现有的少量论文,研究亦不深入;或者从金融学角度研究[①],涉及票据法制度的系统研究很少出现。上述事实使本书有很大的研究空间。

---

① 例如曾涛的博士论文《中国票据市场制度约束与制度创新研究》(湖南大学2010年),虽然有大量笔墨涉及融资性票据,但更多的是从金融学角度进行研究;江西财经大学九银票据研究院的票据研究大部分集中在票据实务,对票据法律虽有涉及,却未详细展开,其编著的《票据基础理论与业务创新》(中国金融出版社2018年版)偏向于票据法律知识的传播,而非深入的学术研究。肖小和等著的《中国票据市场创新研究》(上海财经大学出版社2019年版)、上海票据交易所编著的《中国票据市场:历史回顾与未来展望》(中国金融出版社2018年版)、张立洲等著的《票据革命:中国票据市场的震荡、变革与重构》(中信出版集团2019年版)等均更侧重于对票据实务的描述。

第二章 融资性票据之厘定

从法律视角研究融资性票据,首先需界定其范围,并从现有票据法层面对其进行分析,明确其在我国票据制度,尤其是在票据法中的地位。

第一节 票据及融资性票据

何谓融资性票据?其是否为票据之外的一种特殊存在,抑或仅是对票据功能的特殊定位?本质上,融资性票据是对票据功能的描述,即在票据的支付、结算、融资等诸多功能上以融资为核心而签发的票据。融资性票据是与交易性票据相对的概念。

一、票据的本质

毋庸置疑,票据是有价证券。较之股票、债券等有价证券,票据有无自己的独特性?

票据是将流通性、有价性和保值性结合起来的有价证券。票据具有有价性和保值性,主要体现在票据的价值是固定的,即票据金额的确定。无论经过多少手,票据金额始终为票面记载之数额。票据融资中,对发行人或转让人一方来说,其目的是为融资,而对于融出资金的一方,包括受让人,其以投资为目的,因此实际支付的对价和票据金额未必相等。但票据金额在票据出票时已经确定,且不得更改,票据权利人的付款请求权内容是固定不变的。而证券作为有价性凭证,其保值性虽然也得到保证,但是购买证券之人必然不希望未来证券价值与发行价格或购入价格相等。证券发行或转让的价格在投资者心里是一个最低的价格,其期望未来的价格一定会高于买入价,但事实是证券再次转让时的价格也可能低于投资者获得证券支付的价格。价格随市场高低变化是证券的典型特征,因此其保值性不等于等值性。

有价性和保值性是有价证券共有的特征,因此不足以说明票据的独特性。票据最重要的意义在于其流通性,"票据几乎自始就是为了便于流通而创设出来的一种工具,其流通性乃是与生俱来的特性。"①所以,若是不能流通之票据,必然只是顶了票据之名,本质上不是票据。在美国,票据被称为"negotiable instruments",直译过来就是"流通工具"。可见,美国将流通性视为票据最典型的特征。

关于票据法,目前世界上主要存在两种立法模式。一种是包括主义,即在票据立法时,明确该法具体所指的票据种类,并将所有票据种类都规范在同一部法律当中。我国是典型的包括主义立法模式,《票据法》没有明确票据的概念,却将票据的种类局限于汇票、本票和支票。另一种是分离主义,即将汇票和本票在一部法律中规定,支票单独立法。

流通证券之主要特征在于流通,票据的最主要特征也在于流通,这是票据与其他有价证券之间的最大区别。因此,流通证券和票据,在本质上是相同的。这也是美国《统一商法典》第三编一般被翻译成"票据法"的原因。

对"流通"之理解仁者见仁,智者见智。例如,证券法上的证券是否可以流通?票据的流通可以通过票据权利转让完成,那么股票和债券是否可以转让?我国《证券法》明确了公开发行的股票和债券在符合法律规定的条件时,可以在一定的交易市场进行流通;根据我国《公司法》的规定,股票或股份可以依法转让。所以若从转让角度解释流通,证券也是一种流通证券。但是证券之流通和票据之流通具有完全不同的意义。在发行阶段,任何受让证券之人若是接受交易之价格,不存在让发行人承担证券票面金额给付之责任。换言之,证券持有人可以将证券进一步转让他人,除非根据约定,断无法律上之权利使得发行人回购证券或支付与证券价值相当的金钱。证券持有人一旦合法转让证券,就脱离了与证券的法律关系,不对证券持有人负担任何法律责任。票据却不同,票据发行人或持有人将票据发行或转让他人,发行人必须在票据上签章,转让之人若是采用背书方式,也必须背书签章,除非该票据为无记名票据。根据签章,票据的流通使得票据发行人或原来的票据权利人转化为票据债务人,其在法律

---

① 贾海洋:《票据行为无因性研究——以票据行为二阶段说为理论基点》,中国社会科学出版社2013年版,第19页。

关系中的地位发生变化,却并未与票据脱离关系。综上,票据之流通有特定的含义,不是任何有价证券的流通转让。

票据流通,依赖的是票据的价值。当然对于远期汇票来说,其价值体现具有未来性,却又因票据之上的签章,彰显了对未来债务的承诺,使得票据权利的实现风险较小,且其价值又不像股票那样具有不确定性。

二、票据分类

以发行和转让的目的为标准,票据主要可以分为交易性票据和融资性票据。当出票人与收款人之间具有真实交易关系和债权债务关系并以票据支付结算时,出票人签发的票据就是交易性票据,也称真实性票据。因此,交易性票据就是以交易为目的、作为支付或结算工具的票据,一般包括汇票、本票和支票。与交易性票据相对,融资性票据是指没有直接的商品或服务交易背景,为了融资目的发行或转让的商业性票据。"其种类繁多,广义上包括国库券、银行汇票、银行本票、商业汇票、商业本票及大额定期存单等;狭义范围内的融资性票据是指工商企业凭自身信誉向其他市场主体发行的商业票据。"[①]

需要引起注意的是,实践中,很难判断一张票据是单纯的真实性票据还是融资性票据,两者的区分是基于单一票据发行或转让行为进行判断的。在流通过程中,出现最多的是混合性票据。在一系列票据关系人之间,发行或转让既有以交易为目的,又有以融资为目的。混合性票据指票据关系人发行和转让票据的原因不同,发行时以交易为目的,以票据作为支付和结算的工具,但是其中的持票人将票据作为融资工具而转让;或者是发行时以融资为目的,持票人却在其他交易或债权债务关系中,将该融资性票据作为支付工具而转让给他人。混合性票据在现实中很常见,尤其是发行时为交易性票据,转让时以融资为目的。不过,笔者认为没有必要区分一张票据的整体特征,而是将票据的签发目的是真实交易还是融资作为标准即可。

(一)交易性票据

交易性票据主要从票据发行或转让的目的看,发行人和收款人、转让人和受让人之间存在着真实交易关系,票据仅作为支付或结算的手段。也可以将交

---

① 程硕:《票据创新:融资性票据引入及制度构建》,载《财会通讯》2009年第20期。

易性票据称为真实性票据,旨在说明票据发行或转让存在着真实的交易或债权债务关系。

显然,交易性票据是票据的传统发行种类。因为票据的出现,旨在替代现金支付,是根据发行人和收款人的协议,凭票在确定之日支付确定金额的一种凭证。而交易种类由我国其他法律确定,以合同制度确定的交易类型居多,包括买卖等。交易性票据作为支付手段发行,却可以通过贴现实现融资,但是这种票据融资是为特定的商品贸易和交易活动提供,其资金用途有严格限制,本质上类似于信用贷款。

交易性票据的发行或转让,主要是利用了票据的支付与结算功能。当然,票据作为金融工具,凝结着当事人的信用。被签发人或者受让人之所以在一次交易中接受票据,源于对签发人、承兑人、转让人的信任。例如,甲、乙之间进行交易,甲为购销方,乙为出卖方,约定交货日期为一个月后。此时乙可能担心,一个月后自己为甲专门生产了这批货物,甲却支付不出货款,这对乙来说存在风险;而对甲来说,不可以将货款提前支付给乙。所以,双方约定由甲签发汇票,并申请某银行进行承兑。如此一来,乙因为这张银行承兑汇票解除了自己的风险,所以这张票据体现了信用。同时,乙获得票据,票据虽未到期,却可以采用背书转让方式向材料商购买材料,也可以向银行贴现进行融资。当然,这张票据的签发,增加了甲和承兑银行的风险,因为票据一经签发,若是乙未按期交货,甲就面临人财两空的风险。承兑银行的无条件付款增加了这一风险,除非票据依然由乙持有,甲得以原因关系抗辩。承兑银行的风险主要来自甲,若是甲破产或发生其他不能偿还债务的情形,承兑银行就面临着损失。

(二)融资性票据

与交易性票据相对,融资性票据的发行目的是融资,并无真实的交易存在。融资性票据区别于票据融资,前者是为融资目的签发的票据,后者是以一张已经签发的票据进行融资。票据签发后功能较多,可用于支付、结算和融资。融资具体是指"承兑、贴现、转贴现和再贴现等业务"①。融资是发挥票据的融资功能,显然发生在流通环节。当然,融资性票据也是将票据的融资功能发挥尽致,

---

① 江西财经大学九银票据研究所编著:《票据史》,中国金融出版社 2020 年版,第 290 页。

其发生在发行环节。也有人将融资性票据界定为商业汇票和商业本票。①

票据在一般含义上是指所有的票面凭证,因此证券,即股票、债券等都可以被称为票据;而现实中,票面凭证正在逐渐电子化,例如公开交易的股票已经与传统的股票凭证完全脱钩,转而为无纸化的电子凭证。票据的外延逐渐扩大,金融市场出现的短期融资券等金融工具从广义上当然被纳入票据的范畴。"融资"元素的加入,使这些新型的金融工具看起来也被当作"融资性票据"。但上述"票据"概念的广泛化偏离了票据法的初衷,融资性票据与融资券的等同是对"票据"概念的广义使用。对"票据"的扩大化理解,只能是通俗意义上的,不是精确的法律用语。在我国的法律概念里,票据就是票据法所称的汇票、本票和支票。股票、债券等被证券法明确界定为"证券",而非"票据";至于"短期融资券"也只能纳入"证券"范畴。当然还有明确使用了票据的名称却难以根据现行法律纳入票据法规范畴的,比如集合性票据,这些未采用票据的传统形式又明确使用票据的名称的金融工具,对其本质需要进一步研究。换言之,票据法上的"票据"仅指汇票、本票和支票,所以在票据法框架内研究的融资性票据,其表现形式主要是汇票、本票和支票。

融资性票据在融资中的作用正逐渐受到实践的验证,而且它成为投资者新的投资工具,很好地满足了融资和投资的双向需要。对于融资,可作狭义解释,亦可作广义解释。狭义上,融资仅指资金的融通。广义上,融资在票据发行和转让中的含义更多的是对应交易,即发行人和被发行人、转让人和受让人之间不存在真实的交易,只有关于票据签发或转让的约定,该真实交易之外的约定原因被视为融资。关于"融资",本书采广义理解,接受发行阶段相对于交易关系的资金融通目的的模式。

---

① 参见赵慈拉:《现阶段我国货币信用供给侧改革的思考——兼议融资性票据市场的创建》,载《上海金融》2017年第8期。该文中将融资性票据分为广义和狭义:"融资性票据以其功能和期限不同维度,分为狭义融资性票据和广义融资性票据。狭义融资性票据是指出票人或承兑人凭借自身信用签发的,承诺在到期日无条件支付确定的金额并可流通转让的,具有票据属性的货币性工具。此类融资性票据通常包括商业汇票(银行承兑汇票、商业承兑汇票)和商业本票。在国外,通常是以期限来划分票据与债券,一年期限以内的融资工具皆称之为票据,为货币市场工具;一年期以上的融资工具则称之为债券,为资本市场工具。所以,广义融资性票据还包括如商业票据(美国)、大额可转让存款凭证,以及国内的短期融资券、超短期融资券等期限在一年以内的债券类工具。"该文阐述采狭义融资性票据,仅从票据法的票据分类将融资性票据确定为商业汇票和商业本票,不区分签发是否具有真实的交易关系。笔者在本书中将融资性票据确定为无真实交易关系的商业汇票和商业本票。

例如，在一起融资租赁案例中，根据融资租赁合同，A 准备购买一批机器设备，但缺乏资金，因此与 B 达成协议，由 B 支付设备款项；每年 A 向 B 支付一定的租金，至租赁合同到期，机器设备所有权归于 A，在此之前所有权归 B。但是，B 并未参与具体的购买事宜，A 在找到合适的出卖方 C 之后，遂与之签订购销合同，并约定以汇票方式结算，汇票到期日定于交货日期的一个星期后。随后，B 向 A 汇报，出具购销合同后，A 作为出票人签发了一张以 C 为收款人的银行承兑汇票。这张汇票中，A 与 C 是发行人与被发行人的关系，但它们之间没有真实的交易，也无其他债权债务关系，A 仅是为 B 进行融资。那么该票据就是融资性票据。

融资性票据发行的原因还可以是保证。保证肯定不是传统意义上的交易，虽然被保证人和第三人之间存在着交易或债权债务关系，但用票据提供保证的人与第三人之间无交易。举例说明，甲与乙签订买卖合同，约定由丙以票据为甲提供担保，因此丙直接签发票据给乙，收款人为乙；或者丙签发票据给甲，甲将票据背书转让给乙。丙为票据签发人，无论是签发票据给甲还是乙，对丙来说，均无真实交易存在，其目的仅是为甲的交易提供担保。但需要注意的是，为发行或转让的保证与票据保证是不同的。票据保证是为票据上签章的人提供保证签章，比如上述案例中由甲签发票据给乙，在甲出票签章后，丙为该出票提供担保，丙在票据上签章，记载"保证"字样。

我国的银行本票其实大多是融资性票据，因为其签发的原因大部分是签发银行为申请人融资。银行签发本票给收款人，它们之间形成票据关系，但它们之间不存在交易。当然，收款人获得票据是因为其向申请人支付了对价。

第二节 融资性票据与《票据法》上的票据

虽然我国票据法律制度对票据的分类不是以发行目的为标准，但是交易性票据或真实性票据为我国《票据法》所明确承认，融资性票据却未曾被提到。由于《票据法》将票据交易目的定性为真实的交易和债权债务关系，融资性票据并没有直接获得合法地位。但从我国《票据法》条文的内涵出发，无论是融资性票据的特性还是票据属性，均可证明融资性票据被包含在《票据法》上票据的概念之中。

一、融资性票据与《票据法》上的票据在特征上的分离

《票据法》明确票据签发的目的是交易,故和交易性票据相比较,融资性票据主要具有四个方面的特质,使其与《票据法》上的票据相分离。

(一)发行或转让目的之融资性

顾名思义,融资性票据发行的目的就是融资。其主要是利用票据高度流通的特点,将票据作为新型的融资工具。我国企业融资难的矛盾一直非常突出,尤其是中小企业。囿于我国证券市场发展的水平,无论是股票市场还是债券市场,证券融资的层次性和多元性没有得到有效开发,因而,中小企业很难从证券市场融资,其主要融资渠道是银行贷款。但银行贷款对中小企业的限制也较多,一方面,银行的资金有限,从营利性和风险控制出发,银行更愿意贷款给大企业,最好是国有企业;另一方面,从银行的成本看,贷款程序比较烦琐,银行为防范风险,必须调查贷款企业的信息,成本比较高。所以,中小企业很难从银行贷到款项。

和贷款相比,票据的发行程序较简单,对银行来说成本较低。同时,对企业来说,即使是大企业,其发行融资性票据的效率和成本要远远低于向银行贷款,不仅不必提供担保,融资性票据的期限一般也较短。所以,融资性票据是一种非常理想的融资工具。

当票据以融资目的被转让时,可能是为套取现金,但有别于现在的贴现。贴现一般是将未到期的汇票背书转让给有贴现资格的银行,根据贴现率获得票据资金的一种行为。贴现的条件比较严格:(1)只能向有贴现业务资格的银行进行;(2)申请人在银行开有账户;(3)与出票人或直接前手之间具有真实的交易关系;(4)提供与其直接前手交易的增值税发票和商品发运单据复印件。贴现融资的成本也较高,实付贴现金额按票面金额扣除贴现日至汇票到期前一日的利息计算。因此,对于当事人来说,向银行贴现目前好像是套现的唯一合法选择。而若是以票据转让的方式融资,成本可能相对较低,程序较为简单和灵活。

(二)票据交易之无原因关系

一般认为,真实的交易关系和债权债务关系是指有实物或服务等之类的交易。融资性票据的交易没有我国票据法上的原因关系存在,即没有传统意义上

的真实交易关系和债权债务关系。

交易性票据的票据关系建立一般基于原因关系,也就是票据的基础关系。虽然票据关系建立之后,基础关系在间接相对人之间不是抗辩的理由,持票人行使票据权利时,票据债务人不能因为其基础关系有瑕疵或不存在基础关系而拒付,但是票据的取得仍然是基于原因关系。换言之,交易性票据关系的建立是有因的,而不管票据权利的行使是否证明有因。交易性票据的票据关系和交易基础关系均可以独立存在,如果不使用票据支付,交易基础关系不会因此而改变。

但是,融资性票据的发行却没有这样的基础关系存在,融资协议的目的是融资,融资性票据是融资的一种手段。票据关系和融资协议之间的关联性更强,或者说融资协议的目的在于建立票据关系,但交易性票据的原因合同之目的却不是为了建立票据关系,反过来,是票据关系之建立旨在履行原因关系之债务。所以,融资性票据不过是融资人选择的融资工具,而不是支付工具或结算工具,唯有作为支付工具或结算工具的票据才可能是有原因关系的。正如债券或股票的发行不存在原因关系,债券或股票发行人的目的就是融资。

当然,对原因关系的认识若是离开我国《票据法》的立法初衷,可能会更加具有现实性。对此将在第四章详细讨论。

(三) 受票之对价未支付性

交易性票据的取得基于其他交易关系或债权债务关系,持票人为取得票据权利支付了相应的对价,该相应的对价其实是基础关系的债权,如果没有对价或还没支付对价,直接前手可以对抗。也就是说,持票人用基础交易关系中的债权作交换,取得了票据权利。票据权利的行使以票据文义为依据,脱离原来的债权。

而融资性票据的受票人,因为基础关系的债权其实就是还款的义务,故没有支付票据款项以外的相应的对价。仅就票据关系承担票据债务,导致在直接前后手之间难以用原因关系主张自身的权利。故融资性票据是风险较高的融资工具,尤其是发行时为融资目的的,发行人的信用成为最重要的风险衡量因素。当发行人为一般的企业时,其信用的相关信息并未被强制披露,其实受让票据的人是具有较大的风险的,对一般人来说需要慎重考虑。

故,从安全性来说,融资性票据大大低于交易性票据。

（四）发行人信用之担保性

票据的发行人是票据的最后债务人，不管票据流转多少人之手，票据上签章的人有多少，发行人都是最后的债务人。对于交易性票据，发行人的信用未必是最重要的。承兑汇票的第一债务人是承兑人，所以承兑人的信用直接决定了票据的信用。虽然票据上所有签章的人都对票据负有付款的义务，持票人在向承兑人请求付款失败后，享有向所有前手追索的权利。但是，对于持票人来说，向前手行使追索权是有一定风险的，因为这些前手的信用如何，持票人是不得而知的。即使对于承兑人，接收票据的人也对其信用有着同样的担心，因为承兑人的信息处于非公开状态。因此，在我国，承兑汇票大多是银行承兑汇票，银行的信用得到社会普遍认同。支票的付款人虽然是银行，但根据我国银行的规定，支票不可空头，即只要开票人的账户中没有足够的资金，银行会对支票持有人拒付。所以，支票的信用是和开票人账户上的资金直接挂钩的。当然，交易性票据中的银行本票是以开票人的信用为担保，是由银行的特殊身份决定的。

另外，如果交易性票据的票据权利不能实现，对于持票人来说，还可以根据基础的交易关系实现债权。

发行融资性票据虽然也存在上述情形，但其融资更多依赖的是开票人的信用。甚至更多的时候是发行商业承兑汇票，开票人和承兑人为同一人，那么作为购买融资性票据的人，主要考量的是发行人的信用，如果发行人的信用比较差，说明该票据风险高，投资人就少。虽然融资性票据签发时都签有融资协议，但毕竟没有其他货物或服务的交易，依赖融资协议获得权利救济的风险和实现票据权利的风险没有任何区别。简言之，对于发行目的为融资的票据来说，发行人的信用是重要的保障。

二、融资性票据与《票据法》上的票据本质上的一致性

虽然融资性票据和《票据法》上的交易性票据的特征存在分离的现象，但融资性票据是不是《票据法》所称之票据，关键看其是否符合《票据法》所承认和规范的票据概念。从融资性票据的各个方面来看，它本质上与《票据法》上的票据具有一致性。

（一）票据概念对融资性票据的容忍

所谓票据，"是指出票人依据票据法签发的，由本人或委托他人在见票时或者在票载日期无条件支付确定的金额给收款人或持票人的一种有价证券"①。排除依据票据法签发，这个概念完整地揭示了票据的本质含义。即票据具有无条件支付性、未来性及有价性。

(1) 无条件支付性。票据是无条件付款的有价证券。不管融资性票据的发行目的是什么，票据一经签发，票据债务人将无条件满足持票人的票据权利。只要是合法发行的融资性票据，持票人的权利就得到发行人无条件承诺的保证。当然，发行人无条件支付票据款项的承诺不等于持票人最终可以获得票据款项。因为在到期日，如果发行人破产或无能力履行票据义务，票据权利可能落空，这也符合融资性票据作为投资工具的特点。但其实，交易性票据也是存在这个问题的。

(2) 未来性。因为以融资为目的，融资性票据的兑现总是具有未来性，到期日是票据上记载的日期。以票据支付日期为标准，汇票可以分为见票即付的汇票、定日付款和定期付款的远期汇票；本票也存在远期和即期本票；支票一般都是见票即付，在出票日后十日内必须行使付款请求权。融资性票据更多的是未来付款的远期票据，可以表现为汇票，理论上还可以表现为本票。融资性票据也可以贴现，这是依赖融资性票据发行人的到期无条件付款的承诺而提前实现票据权利，对票据发行人来说，其票据义务没有到期，也未履行。融资性票据的无条件支付性还从其未来性中得以体现。票据的未来性和其他有价证券的未来性不同，除了封闭式基金等确定赎回日期的证券之外，很多有价证券的价值实现日期和持券人的意愿相关，公开交易的股票可以随时出售换取现金；票据的未来付款日期由出票人在出票时确定，与持票人的意愿无关。票据贴现不是付款，而是用票据进行融资的一种方式，持票人因此付出相应的代价，就是贴现利息的损失。

(3) 有价性。至于融资性证券的有价性，不证自明，即使不承认其为票据，其有价证券的地位是毋庸置疑的。票据的有价性主要来源于无条件支付的承诺，这点和其他证券略有不同。从价值和价值实现日期来看，票据也和一般的

---

① 王小能编著：《票据法教程》（第二版），北京大学出版社 2001 年版，第 14 页。

有价证券有所不同。例如股票,其有价性实现的日期和票据不同,股票是随时的,票据却是根据票据记载的日期来确定的;股票的价格是变化的,由投资收益决定,而票据的价值是不变的,由票面金额决定。

(二)融资性票据的形式和票据外观相吻合

前文已经分析,融资性票据只是从发行目的上进行区分,没有改变票据的类别和外观,即其依然以汇票、本票和支票的形式存在。在发行中,融资性票据需有发行人的签章;承兑汇票得有承兑签章,背书转让则需背书签章。从票据外观看,票据关系和融资关系毫无牵连,依然以是否在票据上记载为根据,判断关系人为票据权利人或票据债务人。

从原因关系看,融资人和被融资人在票据中的角色会有变化。发行融资性票据,一般发行人是融资人,收款人为融出资金的人;也有可能收款人是融资人,发行人是融资人的担保人,而承兑人是被融资人。比如乙要进行一笔交易,需要资金,发行人甲签发一张商业汇票给乙,并申请丙银行承兑。在此关系中,甲和乙之间没有真实交易,甲没有直接将资金融给乙,签发的银行承兑汇票中丙作为无条件付款的承兑人,承担着给付票据款项的第一责任。因此,丙是票据中融出资金的人。甲为丙向乙融出资金,以出票人的形式提供了担保,因为丙在融出资金后,必然最后以甲和丙之间的承兑协议,要求甲承担最后的还款责任。实际上甲和丙的承兑协议,类似于甲为丙和乙之间的融资所作的担保。

融资性票据以汇票为主,纸质票据和电子票据两种形式均有。无论采用何种电子文件凭证,判断是否为票据,主要看票据记载内容、票据行为方式是否构成《票据法》所界定的票据。实务中,电子票据已经成为替代纸质票据的一种新型票据。电子票据和纸质票据一样,可以发行、背书转让、质押、托收等;和纸质票据的区别主要是无纸化带来的,其发行、背书转让、质押等票据行为的签章确认采用电子签名的方式。因此,实际上,采用电子或纸质模式不是判断其是否为票据的标准,重要的是票据的本质和功能。因此,不管融资性票据采用什么模式,为了什么目的,只要其在本质上符合《票据法》中的票据概念,就应和交易性票据一样被纳入票据范畴。

(三) 票据功能对融资性票据的承认

票据主要有汇兑功能、信用功能、支付功能、结算功能和融资功能。[①] 我国票据的融资性功能没有被很好地开发,票据主要用来作为支付工具和结算工具。虽然交易性票据也具有融资性,但融资渠道比较单一,就是通过贴现的方式从银行获得资金,使得资金的来源仍然局限于银行,对融资对象的多元化并无裨益。

融资性票据的融资对象不再局限于银行,而是朝多元化方向发展。同时,融资性票据的信用功能也不再囿于金融机构的良好信用,而是和发行人的信用直接挂钩。具有良好信用的发行人的融资性票据更能得到投资者的青睐,最后使得票据真正和信用挂钩。交易性票据,尤其是银行承兑汇票和银行本票,其信用功能不是因为票据本身,即票据信用功能的发挥不是和票据自身相关,而是和银行相关,是银行信用而非票据信用。

第三节 《票据法》对融资性票据的态度

我国《票据法》对票据的要求比较严苛。以《票据法》第十条为典型代表,要求票据的签发、取得和转让,应当遵循诚实信用的原则,具有真实的交易关系和债权债务关系。一般的理解是,真实交易关系不包括融资合同,这对于融资性票据来说是致命的,因此导致融资性票据行为效力、票据权利均会受到一定的影响。

一、《票据法》对融资性票据合法地位之否定

根据我国《票据法》第十条第一款的规定,票据的发行或转让原因为真实的交易或债权债务关系。我国出于对票据发行和取得的安全的担忧,对真实的交易或债权债务关系采用狭义的理解,即为融资以外的交易或债权债务。因此,根据票据的取得是否存在真实的交易,票据被分为交易性票据和融资性票据。

融资性票据之说,来源有二:其一,从法律制度上,主要是根据国外票据法的规定,比如在美国《统一商法典》中明确称融资性票据为融通票据,在英国《票

[①] 参见王小能编著:《票据法教程(第二版)》,北京大学出版社2001年版,第19—21页。

据法》中也有融通人的法定称谓；其二，从票据实务看，传统票据的使用目的一般都是用作交易性票据，但是由于企业融通资金的渠道有限，企业以自身信用为担保，通过开发票据的形式实现融资目的，在市场中已经大量存在。融资性票据采用传统票据形式的，在外观上几乎和交易性票据没有区别。而更广义的融资性票据，甚至连传统形式也摈弃了。①

显然，根据对真实交易关系的狭义理解，融资性票据在我国《票据法》上是没有法律地位的。同样，狭义上的融资性票据发行具有无因性及无对价性特点。因此，融资性票据并不是我国合法的票据；并且《票据法》第十条第二款关于对价的规定，进一步否定了融资性票据在《票据法》中的地位。目前在法律上，部分融资性票据只是一种特殊的债券。

我国《票据法》第十条对票据对价作狭义理解。同时暴露出来的问题是，无论是在发行还是转让中，票据的功能主要局限于支付。因为发行人和收款人之间有真实的交易关系或债权债务关系，票据作为履行或承诺在未来履行基础关系的债务方式被运用。甲、乙进行货物买卖，甲应付乙货款，如果乙马上可以交付货物，甲签发支票给乙，作为货款支付，乙马上交货，作为取得票据之对价；若交货期在未来，甲从自身安全考虑，不愿意立即付现金，乙也不愿意什么都没得到就准备生产约定货物，遂甲签发远期银行承兑汇票交付于乙。所以，从《票据法》法条的设计和票据的使用来看，票据均被视作支付工具，这和当时我国的票据市场和市场经济的发展是完全适应的。但是，票据的融资功能及信用功能却未被开发。票据属于金融工具，票据法属于金融法的范畴，而金融之内涵主要在于信用。究其原因，是我国《票据法》的立法出发点主要在于保障票据安全，却忽略了或者是来不及顾及票据功能的充分发挥。

基于上述背景以及对票据之认识，有部分学者认为融资性票据在我国《票据法》中的地位问题是因为受到该法第十条的阻碍，认为应该放弃票据的有因

---

① 2005年5月23日中国人民银行公布的《短期融资券管理办法》规定：只要非金融企业符合该办法的条件，可以在银行间债券市场向合格机构投资者发行短期融资券。随后，五家企业在银行间债券市场向合格机构投资者成功发行了7只短期融资券，总额为109亿元，是我国采用新形式发行的第一批融资性票据。但目前该短期融资券被视作一种特殊的债券，其在本质上和商业本票没有区别，是一种凭发行人自身信誉发行的融资性无担保的票据。不过该办法已失效，被中国人民银行2008年3月14日公布、2008年4月15日起施行的《银行间债券市场非金融企业债务融资工具管理办法》替代。当然，融资券和票据在形式上仍然存在差异，其能否为票据法所容纳，需要进一步研究。通说一般认为短期融资券不是票据法意义上的票据。本人赞成通说的意见。

性,而以无因性代替之。① 其实不然,不是因为第十条的规定阻碍融资性票据获得法律地位,而是第十条的适用范围从设计之初就被限定为狭义的交易性票据。交易性票据的发行是出于交易的需要,总是存在着真实的交易关系和债权债务关系。因此,我国《票据法》只承认了交易性票据的法律地位。并非第十条有什么不妥,而是因为《票据法》的立法态度,以及我国票据工具对融资性票据的否定,第十条不过是《票据法》对真实性票据的态度的集中表现。

我国《票据法》所蕴含的真实票据即交易性票据这一核心思想,排除了融资性票据。这种核心思想是基于当时的社会经济环境的。20世纪90年代以来,前所未有的信用膨胀直接导致了通货膨胀,到1994年通货膨胀达到了顶峰,也由此造成信用秩序、经济秩序比较混乱,非法金融业务在市场中大量存在,企业信用低下的现象也大量存在,企业之间相互拖欠货款。1995年开始,我国采用紧缩的货币政策,中央银行通过一系列措施,力图加强对整个社会的信用控制,其中就包括在商业票据的制度上,以真实票据理论为支撑,坚持票据真实性原则,并在此基础上,通过贴现、再贴现等银行信用手段将商业信用的发展限制起来。"真实票据理论起源于17世纪对银行券发行如何控制的讨论之中,当时称之为'回笼法则',该学说的中心命题是:为交换'真实票据',即对实际价值或创造过程中的价值的权利而发行的银行券数量不会过剩,……其基本意思是只要票据是真实的,代表着真实的商品由卖方向买方的转移,那么扩大对这种真实性票据的贴现就是安全的,对这种真实性票据贴现就不会造成信用的膨胀。基于此,当时我国就将没有真实商品交易背景的融资性票据排除在发展规划之外。"②

所以,《票据法》第十条只不过是票据立法对融资性票据排斥的集中反映,更重要的原因是当时的社会经济现实。那么发展至今,当现实中人们已经将票据更多地作为一种融资、信用、投资工具时,法律制度的妥协是完全有可能的。

---

① 持这种观点的学者比较多,可以参见严文兵等:《论开放融资性票据业务及其监管制度安排》,载《经济评论》2002年第5期;王林等:《关于〈票据法〉确立融资性票据制度的对策探究》,载《金融纵横》2008年第8期;尹乃春:《融资性票据推行的法律问题探析》,载《东北财经大学学报》2005年第2期;赵胤:《融资性票据的立法建言》,载《浙江纺织服装职业技术学院学报》2011年第3期;上海票据交易所编著:《中国票据市场:历史回顾与未来展望》,中国金融出版社2018年版,第149页;肖小和等:《中国票据市场创新研究》,上海财经大学出版社2019年版,第251页;等等。

② 严文兵等:《论开放融资性票据业务及其监管制度安排》,载《经济评论》2002年第5期。

还需要强调一点,即使《票据法》第十条和融资性票据本无关联,因为第十条的适用范围仅为交易性票据,那么也不能因此认为融资性票据一定是不合法的。

二、《票据法》对融资性票据效力之肯定

从融资性票据本身的法律效力考量,融资性票据签发之初虽没有被纳入合法票据范畴,却被列入了合法的融资债券的范畴,因此融资性票据不是非法的融资工具。虽然融资性票据并非基于真实交易和债权债务关系,因此否定了融资性票据原因关系的有效性,但融资性票据在流通中的效力却很难受到影响,以直接关系人之间为例外。因此,《票据法》没有否定融资性票据的法律效力。

对价的法律效果,在理解上是有争议的。有人认为,《票据法》第十条规定,取得票据"必须"给付对价,这是表明,对价不仅是票据权利取得和实现的一个必备条件,还是票据有效与否的一个要件,缺乏对价的票据,是无效票据。这一理解,为本书所不能接受。票据法强调对价的必要性,其着眼点在于票据"取得",而"取得"仅是票据流转中的一个环节,并不包括创造票据权利义务关系的票据"签发",因此,没有理由将取得无效与票据无效等同起来。①

任何票据的效力都不会和发行的原因关系效力有直接关联,票据的文义性特点使得获得票据之人无从追究也无须追究其发行原因之效力。一张票据是否为有效票据,从而能够在市场中流通,主要看票据发行之时是否符合法律要件。在我国,该票据是由银行统一印制的,形式上符合条件,汇票、本票和支票都有绝对必要记载事项。只要票据上发行人签章为真实,记载事项无违反法律规定的情形,就是一张有效的票据,可进入市场流通。票据的效力不会因为原因关系被否定。对于任何持票人,只要其不是发行人的直接关系人——即发行时记载的收款人,发行人或债务人均不能以原因关系抗辩票据权利。

第十条并没有作出任何关于票据无效的规定,因此不是对票据效力的否定。比较明确地规定票据无效的,在《票据法》中主要有第八条(票据金额大小写不一致时,票据无效)、第二十二条(汇票有未记载绝对必要记载事项之任何一项的,票据无效)、第七十六条(本票有未记载绝对必要记载事项之任何一项的,票据无效)、第八十四条(支票有未记载绝对必要记载事项之任何一项的,票

---

① 参见郑孟状:《论票据对价》,载《中外法学》1997年第1期。

据无效)等。第十条却没有关于票据效力的文字。所以,假设发行人和收款人之间不存在真实的交易,转让人和受让人之间以票据本身进行交易,即票据买卖,只要是票据继续被第三人持有,发行原因的无效不会影响票据的效力。承兑人必然得为自己的承兑负责而向持票人付款,发行人自然得承担最后的责任。因此,《票据法司法解释》明确原因关系不得作为对已经转让的票据持票人的抗辩理由。[1] 这就是典型的票据的无因性。

所谓票据的无因性,指的就是票据关系和票据基础关系的相互分离。法律之所以规定票据无因性原则,目的就在于使得票据使用效益最大化。票据关系和原因关系之间的关联程度关系到票据的流通。为了促进票据流通,无因性原则几乎被视为票据法的灵魂和基本立法原则。

我国票据法中无因性原则的基础主要是《票据法》第四条确定了票据债务即票据责任产生的单方签章要件。当事人只要在票据上签章,就必须按照票据所记载的事项承担票据责任,依照《票据法》第四条可以得出结论,我国对于票据行为是采纳创造说,即单方法律行为说。票据上的记载对外表现为当事人的意思表示,票据只要一签章,且最后离开发票人的占有控制,即完成发行,产生法律上的效力。也有学者认为我国票据法对于票据行为及票据生效适用了不同的理论,较为混乱。主要是《票据法》第十条给人的感觉仿佛是否定了第四条的签章作用,从单方法律行为说改为契约说。票据行为的成立需要对方作出承诺的意思表示,在这种必要条件欠缺的情况下,特别是因对方的无能力或意思欠缺而不能完全承诺的时候,因为不发生票据债务,所以票据仅仅成为流通中的废纸,这对于强化票据的流通保护是不利的。因此,契约说是为了能够对应第三人的保护,进行权利外观的修正。《票据法》第二十条似乎又采修正发行说,明确出票是出票人签发票据并交付于收款人的行为。根据修正发行说,票据行为是一种面向不特定多数人的单独行为,无须到达特定的对方。申言之,立法者在票据上签章的意思表示基础之上将票据设为可流通的(不仅限于受领人,任意的第三人都可以取得),从而肯定了票据行为的效力。[2]

---

[1] 2020年《票据法司法解释》第十三条:"票据债务人以票据法第十条、第二十一条的规定为由,对业经背书转让票据的持票人进行抗辩的,人民法院不予支持。"

[2] 参见贾海洋:《票据行为无因性研究——以票据行为二阶段说为理论基点》,中国社会科学出版社2013年版,第23—24页。

笔者认为,票据签章在票据行为中占据核心的地位,也是票据行为有效要件中最为关键的一点,而其他要件的确对一部分人可能构成抗辩,却对支付了对价的善意持票人难以构成抗辩。上述三个法条之间的矛盾,其实就是无因性原则的体现,票据对于直接当事人之间的效力以及在流通中的效力是存在着不同的,且为票据坚持最大有效性原则扫清了制度障碍,一张流通中的票据不可以说无效就无效。当然,这亦为融资性票据的有效性留下了制度空间。

上述条款之间体现出来的矛盾源于对票据行为效力与票据效力的明确区分。票据的生效更注重形式要件,每一个票据行为都是独立的,而唯有出票行为对票据效力起着决定性作用。"商行为是追求效率的行为,同时因为追求效率和盈利带有高风险的特征,所以票据行为人在签章完成之时便有承担该行为可能带来之风险的心理准备。正因为此,各国法律都不可能绝对地采用契约说或单方行为说来归结签章者的责任,而是在签章这一问题上,更多地从签章的外观即形式要件上规范。"[①]因此,出票时以签章为核心要件,签章必然要求行为人亲自完成,方才产生承担票据责任的法律后果,也决定着票据是否生效。《票据法》却在票据出票记载上采取了比较宽容的态度,从任何条文都难以看到出票记载需要出票人亲自完成,尽管我国《票据法》没有明确承认空白汇票和空白本票。即使关于空白支票,法律条文明确规定获得授权之人方有权进行补记,空白支票是无效的票据,且唯有补记完整之后才成为一张有效的票据。但在实务中以及司法纠纷的解决中,只可以从票据的外观进行判断。因为是否得到授权,正如票据的原因关系一样,在票据流转的过程中,难以一一考证,也不必一一考证。那么,从空白支票到完整支票,从无效票据到有效票据,仅是任何一个人完成了形式上的记载,使其符合《票据法》的规定即可,仅对付款人的形式审查产生意义。正因为对票记载非强制出票人亲自完成,对空白汇票和空白支票的否定在实际中也没有太大意义,这完全取决于出票人的意思,而不是法律的强制规定。即当出票人在空白汇票中签章,其他记载皆为空白,收款人记载金额,票据流通,最后一个持票人根据需要填写到期日。出票记载中的付款日期决定票据流通的寿命长短,因此是一个非常重要的记载事项。那么,付款人在票据形式审查中没有任何理由因为票据形式问题主张票据无效而拒绝付款。

---

① 赵意奋:《票据相关法律问题研究:以票据签章为核心》,法律出版社2011年版,第16页。

所以，票据的效力仅和出票行为中出票人的亲自签章直接相关。当然，票据签发的原因不影响票据效力，票据流通中任何一个转让的原因更无法影响票据的效力了。说到底，《票据法》第十条终不能阻碍融资性票据的存在和流通。对接收人来说，一张有效的票据，出票原因是否为融资，完全可以不用考虑。

换言之，只要《票据法》第十条对于融资性票据的效力没有予以绝对否定，融资性票据在流通中依然会被企业和其他主体所选择。

三、《票据法》对融资性票据权利之否定

作狭义理解的《票据法》第十条否定了融资作为票据签发的原因，却又很难阻挡票据进入流通环节，那么如此说来，《票据法》第十条是否对融资性票据没有实质影响？其实不然，在特殊情形下，《票据法》第十条对以融资为目的获得票据的持票人的权利予以否定，这是第十条带来的一个重要后果。第一章所述案例中法院均因为融资的目的而否定了相关当事人的票据权利，便是明证。

票据权利和票据效力是两个非正相关的概念。票据权利来源于票据法的规定，为维持票据流转秩序而赋予票据持有人。票据签章使票据生效，签章者得以承担责任，是一种消极的意义。从目的来看，签章者的主要目的不是为自己设定责任或义务，而是为相对人创设权利，或是原创（通过出票行为），或是转让（通过背书），等等。票据责任中所谓支付票据金额的义务，是为了保障票据权利的实现。票据权利不同于一般的民事权利，主要是因为票据流转秩序非同于一般交易流转秩序。正因为此，票据权利本质上是一种双重性质的权利，其权利结构呈现二重性特征。

票据权利表现在票据上，和票据形式紧密结合，持票人只要和票据上记载的权利人身份一致，即被推定为享有票据权利。流通是票据基本的固有法律品格之一，因此票据权利依背书而转让，致使票据权利不同于一般的债权。也因为票据的流通，票据关系的主体呈现流动性的动态特征，或票据流通使票据关系及票据主体呈现错综复杂的状态，而一般债权的权利主体和义务主体则呈单一性的特征。票据的流通力以其信用和安全为前提，增强票据的信用力和交易的安全性，实现票据流通性，是票据权利二重性设计的根本原因。提升票据债权的信用力或清偿力在普通债权的一次请求权中无法实现，为突破普通债权的局限性，《票据法》另辟蹊径，重新设计票据权利的内容结构，即一改传统的一次

性请求权,设计出付款请求权和追索权相结合的二重性权利结构,这样票据权利的信用力和安全度在付款请求权的基础上,因追索权的加盟而产生逐级放大效应。① 在正常情况下,持票人向票据上记载的付款人请求付款,实现其票据权利,票据也因此退出流通。但是,持票人的付款请求权并不总是会得到满足,如若普通债权,债务人因为违约或者由于履行能力下降而使债权人的权利落空,债权人最常使用的救济权利的方式是仲裁或诉讼。但票据是一种信用工具,而且还是一种效率工具,因此,票据权利之追索权被制度所设计。追索权制度,实为对价关系的法律制度。票据的最后持票人付出代价取得票据后,本应从付款人处获得票款,得到补偿的对价,但若付款人不付款,就对持票人显失公平。② 其他在票据上签章的人,尤其是出票人(除本票外)、背书人,都因为原因关系已经得到了对价,那么每个人就必然要对持票人负责;保证人的保证使得其从票据记载的表意中成为自愿承担与其被保证人同样的票据责任。未得到票据对价的人,对于直接的相对人,即可以未得到对价为由,拒绝承担票据责任;未支付对价的人,当然必须接受被拒绝的结果。这就是在特定情况下融资性票据权利效力被否定的原因。

故,《票据法》第十条是对特殊情形下持票人的票据权利的否定。对票据效力的否定和对票据权利的否定是两个不同的概念。对票据效力的否定是针对整张票据的,尤其是发行之时,发行了一张没有效力的"票据",严格意义上不能称其为票据,而只是一张纸,那么在这张上是当然不会有任何票据存在的。而对票据权利的否定是基于票据是有效的前提,无非是对无真实交易或债权债务关系以及未支付对价之人的票据权利的否定。正如《票据法》第十二条第一款规定,否定以欺诈、偷盗或者胁迫等手段取得票据或者是恶意取得票据之人的票据权利,但对于善意的持票人来说,所有前手如何取得票据及是否享有票据权利,均不对其票据权利的行使造成影响。

《票据法》第十条的规定是针对真实性票据即交易性票据的,否定的是特殊持票人的权利,不是关于票据效力的规定;因此融资性票据的效力更不受第十条约束。对取得票据之人来说,票据无效显然比票据权利不能行使更具打击力。票据无效说明票据不能背书转让,不能贴现,不能行使付款请求权;但是票

---

① 参见黄颖:《试论票据权利的二重性结构及取得》,载《赣南师范学院学报》2005年第5期。
② 参见赵威:《票据权利研究》,法律出版社1997年版,第76页。

据权利行使受挫,仅是和前手之间的争议,且权利人的确没有支付对价,是主观之选择。

至于融资性票据权利的否定是绝对的还是相对的,从上述分析已经可以得出结论。已经获得支付对价的债务人,除非票据形式有瑕疵,否则不可能对以融资原因获得票据的持票人拒绝付款。但是因为该持票人的前手未获得对价,仅以融资为由就交付或转让了票据,当然获得了抗辩权利,这是对人的抗辩权,是相对的抗辩权。

综上,《票据法》第十条否定了因融资原因获得票据的持票人从前手那里获得票据的权利。但是,另一个更为现实的问题是,该抗辩权利是否可以为承兑人所用?即当票据签发人因为保证原因为收款人签发票据的,该汇票为某银行承兑,当收款人没有履行保证合同的主合同义务时,保证人即签发人可否要求承兑银行拒绝付款?承兑人拒付的理由是什么?这个问题在本书第四章第二节中将详细展开。

第三章 融资性票据入法的市场基础

融资性票据是否能够入法,取决于市场基础,包括市场对融资性票据以及票据融资功能的需要、融资性票据发行的市场设施的保障等。市场基础不仅关系到融资性票据是否被《票据法》承认的问题,而且关系到现有票据签发制度、流转制度等基于真实性票据的票据制度的修改完善。

第一节 票据在融资领域的新运用

从融资的视角研究票据,不应有讶,因为票据原本就是融资工具。1995年《票据法》颁布的背景和当前票据面临的融资环境已经迥异。作为融资工具,例如集合性票据,或者是票据,或者仅以票据命名,却完全不是《票据法》规范的票据。是票据概念错误,还是对票据的概念解释错误?这体现出法律规范与现实发展的新矛盾。

一、票据功能的发展变化及趋势

票据被视作商品经济的推进器,票据制度与现代企业制度成为市场经济制度的重要支柱,也是未来我国推进依法治国进程中金融制度的重要组成部分。2016年以来,在经济增速放缓和金融宏观调控更趋严格的背景下,票据承兑量和贴现量出现一定程度的下滑。但是从2018年下半年开始,随着经济下行压力逐步增大,银行受风险偏好影响更趋向选择票据融资方式,我国票据市场迅速回暖,市场规模持续回升,票据的融资功能越来越明显。

(一)国外票据功能的发展变化及趋势:以日本为例

国外票据的功能发展变化及趋势同样呈现新景象。以日本为例,日本是当今世界上利用票据最多的国家,因此被称为"票据王国"。日本当前使用票据之情形已经发生了新的变化。

1. "转手票据"的减少

日本现实中使用的票据绝大多数是本票。进行票据交换的约 85% 的票据只经过一次背书(含委托收款背书),被背书人为金融机关。剩余近 15% 的票据几乎都是两次背书,第二被背书人也为金融机关。两次背书的情况下,第一被背书人非金融机关的票据一般被称为"转手票据"。不过在现实中,"转手票据"名下很多都是隐形票据保证的背书、融通票据等情况,这些票据实质上并非"转手票据"。此外,用于票据贷款的票据持票人也为金融机关,就算再贴现,新的持票人也是日本央行这样的金融机关。票据即使被转让于非金融机关的第三人,其实质往往也是刻意制造善意第三人的背书,目的在于恶用善意人保护制度。

总之,目前日本基本不存在票据在金融机关以外辗转流通的事实,以票据在不特定第三人之间辗转转让为前提的传统票据理论体系脱离了这一事实。票据现已成为一种极其特殊的证券,其特殊性在于,票据关系上的第三人集中表现为金融机关,票据理论体系应构建在正视票据这一特殊性的基础之上。

2. 票据交易的减少

近几年,在企业本身信用增强的背景下,日本票据的利用频率有所降低。票据曾经被用作资金移动的手段,不过这一功能随着电子支付结算手段的多样化而相对退化。自 20 世纪 80 年代中期以来,日本裁判所有关票据的诉讼案件逐年减少,其原因是随着不良企业的减少,拒付票据的情况也有所减少。不过,诉讼案件减少并不意味着票据交易的减少。至今还没有找到一种可以完全替代本票的信用提供手段,然而现实中,本票的利用也有所减少。这是因为,原本需要大量签发本票的企业为了节省印花税和票据业务人员的经费,通过与自身交易银行的合作而不必利用本票。例如,作为大型超市的甲公司本应向供货厂商乙签发大量票据,但现在甲可以向交易银行通知应向各供货厂商支付的金额,银行基于该金额对各厂商分别设置融资范围。这样一来,作为供货方的乙随时都可以从银行获得资金,与收取了货款具有同样的效果,因此也就失去了利用票据的必要。

尽管票据的利用有所减少,但从整体上看,日本仍是世界上利用票据最多的国家。①

(二)我国票据功能的多样性及融资趋势

实务中,票据的功能存在多样性。目前除了保持支付功能之外,票据更多的是发挥融资功能。

支付功能是票据的基本功能。发展到今天,票据功能不再局限于支付,反而其信用功能和融资功能受到更多的重视。票据按照到期日的种类可以分为即期票据和远期票据,即期票据指的是见票后即可以实现票据权利的票据,而远期票据是指在出票日以后的某一特定时间进行票据付款的票据。远期票据的信用作用尤为明显,票据的背书制度推进了票据信用功能的发挥,表现出借贷与票据融合的特征,因此又将其称为"短期信贷票据化"。②

目前票据的融资功能体现在两个环节:承兑和贴现。承兑汇票中信用比较高的是银行承兑汇票,银行通过为汇票进行承兑,其实是对出票人的一种融资模式。全国商业银行承兑汇票的总金额从1996年的0.39万亿元发展到2021年的20.35万亿元。③ 根据上海票据交易所的报告,2021年票据市场各项业务保持平稳增长,票据利率总体下降,市场发展质效不断提高。承兑背书金额同比增长,票据支付功能持续增强;票据融资业务增长有力,创新产品运用广泛深入;转贴现交易较为活跃,回购交易保持较快增长;转贴现和贴现利率同比下降,回购利率则随同货币市场利率有所回升。从报告数据中,反映出票据在融资过程中的作用,具体表现在:

1. 票据承兑数额增加,商业承兑汇票虽有上升,但整体占比不高

商业汇票因承兑人不同分为银行承兑汇票和商业承兑汇票,简称"银票"和"商票"。2019年,银票承兑17.36万亿元,商票承兑3.02亿元;2020年银票承兑18.47万亿元,商票承兑3.62万亿元;2021年银票承兑20.35万亿元,商票承兑3.8亿元。(见图3-1)④从数据可以看出,虽然商票逐年增加,但从比例上银票不仅占据绝对优势,且增长速度更快,说明票据的融资功能仍然以银行信用为主。

---

① 参见张凝、〔日〕末永敏和:《日本票据法原理与实务》,中国法制出版社2012年版,第33—35页。
② 参见徐星发编著:《商业银行票据经营》(第二版),中国人民大学出版社2013年版,第46页。
③ 数据来自中国人民银行的统计数据和上海票据交易所的统计报告。
④ 数据来源于上海票据交易所发布的《2021年票据市场发展回顾》《2020年票据市场发展回顾》和《2019年票据市场运行情况》。

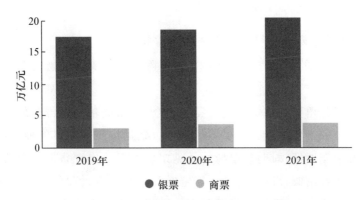

图 3-1　2019—2021 年全市场票据承兑金额变化

2. 背书金额增长较快,"票付通"业务大幅增长

从 2019 年到 2021 年,票据全市场背书金额不断增长。相比之下,银票背书转让数量大于商票。2021 年全市场票据背书金额为 56.56 万亿元,同比增长 19.84%。其中,银票背书 53.59 万亿元,增长 20.38%;商票背书 2.97 万亿元,增长 10.82%。(见图 3-2)

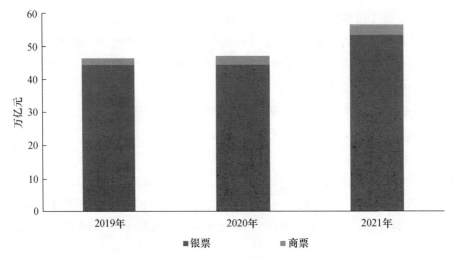

图 3-2　2019—2021 年全市场票据背书金额变化情况

同时,在应用场景持续拓展、市场环境不断改善的情况下,"票付通"业务规模大幅增长。截至 2021 年年末,"票付通"累计对接平台 44 个,签约企业 3025 户,合

计发起票据支付 2.12 万笔,支付金额 610.90 亿元,较上年末增长 283.71%。①

3. 票据融资业务增长有力

未到期的票据向有贴现业务资质的金融机构(主要是商业银行和有票据贴现业务经营资格的金融机构)进行贴现实现融资是最为典型的方式。过去,对于商业银行和金融机构来说,贴现是比较被动的业务,而现在商业银行将贴现作为自己的主要业务之一,一方面为企业提供资金,另一方面为自己赚取利息。企业和银行运用票据,分别获得了资金融入与融出的机会。票据贴现作为融资方式,表现出越来越强的发展趋势。全国商业银行经营的商票贴现业务从 1996 年《票据法》实施以来的 0.23 万亿元发展到 2013 年的 45.7 万亿元后,票据贴现开始冷却。在有效信贷需求相对不足、票据贴现成本优势明显的情况下,银企双方更加倚重票据贴现开展融资,推动贴现金额保持较快增长。自 2017 年开始票据业务又逐年增长(见图 3-3),2017 年商票贴现 7.16 万亿元。2018 年,商票贴现 9.94 万亿元,较上年增加 2.78 万亿元。2019 年,票据累计贴现 12.46 万亿元,同比增长 25.33%;年末贴现余额 8.18 亿元,比年初增长 24.03%,贴现增量在企业贷款增量中占比达 16.77%,成为支撑企业贷款增长的重要力量。2020 年,全年票据贴现 13.41 万亿元,同比增长 7.67%;其中商票贴现 1.03 万亿元,增长 9.85%。2021 年,全市场贴现金额 15.02 万亿元,同比增长 11.93%。其中,银票贴现 13.80 万亿元,增长 11.43%;商票贴现 1.22 万亿元,增长 17.98%。分机构类型看,国有银行、城商行贴现金额同比分别增长

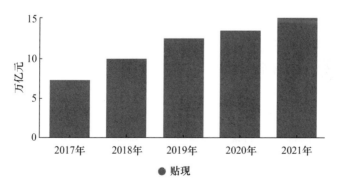

图 3-3 2017—2021 年票据贴现额

① 数据来源于上海票据交易所发布的《2021 年票据市场发展回顾》。

14.96%和13.66%,较全市场平均增速分别高3.03个和1.73个百分点;股份制银行和农村金融机构贴现金额同比分别增长10.97%和2.81%,较全市场平均增速分别低0.96个和9.12个百分点。①

4. 转贴现交易金额增势平稳,回购交易金额增长较快

除了传统功能之外,票据还出现了符合时代特征的功能——投资功能。从票据融资的历史数据中不难发现一个有趣的事实:在2000年前,银行承兑的汇票总额度一般要大于贴现总额度,而在2001年后发生反转,贴现总额度大于承兑总额。这说明2000年前的银行承兑汇票一部分被持票人提前贴现,作为融资工具,而另一部分承兑汇票等到到期日后持票人方才实现票据付款请求权;而2001年以后情况发生变化,贴现额度大于承兑额度,不能说所有承兑汇票都提前贴现,也不能说所有贴现的票据均为银行承兑汇票,可能还会有其他远期票据,但贴现额度增加,这个数据不仅包括首次贴现金额,还包括银行再贴现的金额。故得出结论,再贴现已经被一些银行作为一种投资工具加以利用。当商业银行手中有闲置资金时,不仅可以向企业购买未到期的票据,而且还会向其他需要资金的银行或金融机构购买办理了贴现的票据,这是银行间市场较为常见的投资形式。顺理成章,针对票据投资的理财产品也逐渐出现,并由于其风险较低,受到投资者的喜欢。我国允许对已贴现的票据进行买卖,符合国际通行的做法,在一些金融业发达的国家,投资基金会将投资票据作为较安全的投资工具进行投资。近年来,转贴现作为银行参与票据投资的一种,越发受到重视。

首先,转贴现交易金额有所增长。2021年,全票据市场转贴现交易金额46.94万亿元,同比增长6.41%。其中,银票转贴现交易42.07万亿元,增长2.70%;商票转贴现交易4.87万亿元,同比增长54.74%。剔除内部交易,农村金融机构、国有银行和城商行转贴现交易同比分别增长38.47%、24.07%和16.77%,股份制银行转贴现交易基本持平,资管类产品转贴现交易同比下降26.81%。

其次,回购交易金额保持较快增长。2021年,票据回购交易金额22.98万亿元,同比增长14.98%。其中,质押式回购21.70万亿元,增长11.06%;买断

---

① 数据来源于中国人民银行的历年统计数据和上海票据交易所的历年统计报告。

式回购 1.28 万亿元,增长 187.53%。经过 2019 年、2020 年的高速发展,票据回购业务增速自然回落。分机构类型看,农村金融机构和国有银行回购交易金额同比分别增长 33.76% 和 15.91%,股份制银行和城商行同比分别增长 10.74% 和 6.88%。从资金融入和融出方向看,城商行和证券公司是主要的资金融入方,国有银行和股份制银行是主要的资金融出方;农村金融机构则由上年的资金净融出转变为净融入。①

二、我国票据市场之演进

我国票据的纯融资性功能起源于中国工商银行郑州市华信支行的"创新性业务"。在"华信票据诈骗案"后,恒丰银行出于利益驱动跟进,一度占据票据贴现市场半壁江山。2002 年上海普兰投资管理有限公司成立,在其激进政策的推进过程中,市场得到几何级数的增长,形成比较成熟的长三角以江浙为中心、向全国各地辐射的票据市场。② 目前,我国对商业银行从事票据业务的利率基本上是全面放开的,因此票据的承兑、贴现以及它们的组合,可以直接替代信贷。近年"短期信贷票据化"现象逐渐升温,更进一步促进了承兑与贴现业务的增长,更多的商业银行看好这个市场。

(一)票据市场主体多元化

商业银行是票据市场的主要合法参与主体,随着票据业务不断被看好,票据业务主体增加。2000 年 11 月中国工商银行甚至成立了专门的票据业务部,中国农业银行也在 2005 年效仿,这就是票据专营机构;更多的银行则在内部成立了主管票据经营的部门或非独立核算的票据中心。外资银行传统的资产业务为境外理财。一方面受到国际金融危机的影响,另一方面它们看到我国国内票据业务的优势,纷纷将视线和精力转向我国国内,参与到票据业务经营中来。所以,目前我国票据业务的经营主体可以分为五个大类③:(1) 票据专营机构,一般直属国有控股商业银行总行,在业务部所属地注册,财务单独核算;(2) 商业银行内设的票据经营部门或票据中心,不具有独立的地位;(3) 具有票据承兑

---

① 以上数据均来源于上海票据交易所发布的《2021 年票据市场发展回顾》《2020 年票据市场发展回顾》和《2019 年票据市场运行情况》。
② 参见李峰:《融资型票据市场的现状及对策》,载《浙江金融》2010 年第 8 期。
③ 参见徐星发编著:《商业银行票据经营》(第二版),中国人民大学出版社 2013 年版,第 51 页。

和贴现业务经营资格的各商业银行或农村信用社的基层营业网点;(4)具有经营票据贴现业务资格的城市、农村信用社;(5)外资银行。总之,经营票据业务的主体增多,有利于票据业务市场的进一步发展,是票据市场走向成熟的第一步。

票据业务出现专业化经营的趋势越来越明显。这一方面也得益于票据专门业务部门的成立。不管是独立核算还是非独立核算的,票据专营机构或专门的票据营业部的纷纷成立,无疑证明票据业务正在逐渐专业化,需要专门的人员、专门的部门来处理,同时也促进票据业务的更专业化发展,例如其促进银行间转贴现业务的发展,建立市场客户网络,产生了票据专业从业人员。

票据管理服务业务逐渐朝专业分工更细化的方向发展,促进票据服务项目不断创新,银行甚至出现了专门的票据池业务。如果说现金管理是银行管理客户资金的高级状态,那么票据池就是银行管理客户票据资源的最高明的手段,客户将其庞大的票据资源"存入"银行,随时可以办理票据的提取、质押及到期托收等。简言之,票据池就是客户将票据全部外包给银行,自己将精力集中于主业,客户可以根据自身的特点和需要,随时选择将票据池中的票据提取,或者进行贴现、质押、到期托收等。银行还可以将票据池中的资金为客户购买一些低风险的理财产品,如票据信托计划、债券型基金、大型企业债券、特大型集团客户贷款资金信托计划等,为客户资金提供理财服务。这种一揽子的票据池业务,正是专业分工的表现,具有美好的前景,受到银行的重视和关注。①

最为重要的是,我国在 2016 年建立了全国统一的票据交易所,从此票据交易进入了全国统一的市场交易时代。且经过六年多的发展,已经取得了非常高的成就。2020 年年初,新冠疫情对国内外经济的平稳运行均造成明显的影响和冲击。在市场各方的共同努力下,票据市场快速恢复正常运行,充分发挥了政策传导、支持实体的市场功能,为宏观经济企稳回升发挥了积极的推动作用。全年票据市场业务总量 148.24 万亿元,同比增长 12.77%。② 2021 年更是在新冠疫情散发多发、宏观经济面临多重压力的情况下,票据市场运行总体平稳,各

---

① 参见立金银行培训中心:《银行票据组合融资培训》,中国金融出版社 2011 年版,第 91—93 页。
② 参见上海票据交易所:《2020 年票据市场发展回顾》,http://www.shcpe.com.cn/content/shcpe/research.html?articleType=research&articleId=WZ20210119135144834311999078 4,最后访问日期 2022 年 3 月 25 日。

项业务稳中有增,票据利率总体下降,在推动实体经济发展、促进产业链供应链循环以及降低企业融资成本等方面发挥了积极作用。全年票据市场业务总量167.32万亿元,同比增长12.87%。①

上海票据交易所成立后允许引入非银行金融机构、非法人财务及非法人投资产品在票据交易所的系统上进行交易,进一步扩大了票据市场的参与范围。

当然,票据主体多元化的前提是能够强化票据经营、授信、协作和激励约束机制。建立灵活的商业化经营机制,实现票据利率市场化。要以市场化管理为主,由供需双方自主入市、自动议价、自愿成交,同时,再贴现利率要根据票据市场发展状况适时调整,及时引导产业资金结构的合理配置。进一步改进和完善承兑汇票的授权和转授权管理,加大对中小企业的支持力度。商业银行同业间应建立对自己分支机构授权授信情况的信息通报制度,使符合票据市场主体准入条件的金融机构在各自授权授信的范围内开展票据业务,使交易双方都非常清楚地知晓对方有权签字和经办人的合法身份。另外,同业间要加强票据查询查复的合作。尽快实施票据市场技术支持手段的创新,实现票据业务资金流和信息流的无纸化、电子化和网络化,以达到资源共享、提高效率和防范风险的目的。只有这样,票据主体多元化才能真正发挥作用,各主体在票据市场各取所需。

(二)票据产品不断创新

票据产品创新是市场发展的结果。票据产品既包括利用新的金融工具和交易媒介等对传统产品进行升级、改良、重组,也包括推动票据产品与其他金融产品、金融工具等不断融合创新,还包括因交易介质、交易结构、增信形式的引进或改变而产生的票据产品形态变化。票据产品与业务创新是保持票据市场吸引力和竞争力,满足筹资人与投资人需求的必然要求。

自2010年以来,中国票据市场上陆续出现了不少以票据为基础的产品与业务创新。包括票据理财、互联网票据、票据资产管理、票据证券化等在内的多种形式的创新,促进了票据市场交易活跃度的提升,扩大了市场参与群体的范围,提高了票据市场的流动性和交易效率,降低了交易成本,丰富了市场产品与

---

① 参见上海票据交易所:《2021年票据市场发展回顾》,http://www.shcpe.com.cn/content/shcpe/research.html?articleType=research&articleId=WZ20220120148409072401235980,最后访问日期2022年3月25日。

业务的多样性。①

上海票据交易所设立后,创新产品运用更是广泛深入。随着上海票据交易所的系统功能不断完善、市场认知度持续提升等,"贴现通"业务保持较快增长势头,在便利企业贴现、降低融资成本方面发挥了积极作用。截至 2021 年年末,"贴现通"累计服务企业 1.40 万家,累计达成贴现意向突破 1000 亿元,同比增长 195.95%。同时,线上化、智能化的"秒贴"类贴现业务创新在更大范围内得到推广运用,使得更多企业能够享受到"线下不用跑,资金秒到账"的票据贴现服务。此外,在大力发展贴现业务的同时,商业银行积极开展票据质押融资业务,2021 年末全市场票据质押余额达到 1.12 万亿元,同比增长 9.70%,有效盘活企业票据资产,助力企业解决资金周转难题。②

伴随着票据市场主体的多元化和产品的创新,票据作为融资和投资工具的功能不断被挖掘。正是为顺应金融活动这种发展趋势,形成了银行间专门的票据市场——银行间市场的一个重要组成部分。这个票据市场就是在商品交易和资金往来过程中产生的短期融资资金的市场,主要以票据的发行、担保、承兑、贴现、转贴现、再贴现等形式实现。票据市场的形成在制度上表现为一套有关票据的交易规则、惯例和组织安排的形成。这些制度由市场内部催生和外部约束双重作用逐渐形成,市场通过制度界定票据交易主体在交易过程中的选择空间,引导、约束和激励交易主体的交易行为,通过降低交易费用和维持市场有序竞争来防范金融风险,确保票据市场的稳定有序运行及发展。票据市场是连接产业资本和金融资本的直接枢纽,是货币市场的一个子市场。它将无形的信用变为有形,将市场中不能流动的信用变为高度流动的票据信用。说到底,票据市场的存在和发展旨在为票据提供充分的流动性。

随着票据市场的逐渐成熟,出现了专门的中介机构。它们按照法律程序获得资质,是可以对外提供合法咨询服务、推动票据交易实现的机构。票据市场的中介组织有以下几个特点:其一,专业的团队,即对票据业务和票据交易有精湛研究的团队;其二,高度敏感的捕捉市场信息的能力和预测能力;其三,稳定

---

① 参见张立洲等:《票据革命:中国票据市场的震荡、变革与重构》,中信出版集团 2019 年版,第 97 页。

② 参见上海票据交易所:《2021 年票据市场发展回顾》,http://www.shcpe.com.cn/content/shcpe/research.html?articleType=research&articleId=WZ20220120148409072401235 9680,最后访问日期 2022 年 3 月 25 日。

的客户群体。中介组织一般不参与票据的直接交易,也不参加票据的背书,它们通过自己的服务帮助中小金融机构降低交易成本,通过牵引促进交易的实现。所以,中介组织被看作"保证现代市场经济能够运转的支持系统,它的主要功能在于为交易双方提供中介服务,以降低交易成本,特别是信息成本"[1]。

不仅如此,随着金融市场日新月异,融资工具不断创新。票据和其他金融工具开始混合运用,即票据业务和其他金融业务相结合,票据业务或票据产品不再单纯。票据信托就是一个典型的代表。票据信托是银行与信托公司合作,发行票据信托计划,引入特定投资者资金,买入持票人持有的票据,为持票人解决流动资金需要及释放信贷规模的一种特定融资模式。票据和信托融合,其实是银行发行的一款低风险理财产品。现在主要是对国有商业银行或全国性股份制商业银行承兑汇票进行信托,这类票据资产市场认可度较好,因此票据信托计划不仅能成功发行,也有较好的市场,受到投资者的喜欢。这个工具操作简单,票据资产转售无须征得承兑人的同意,因为票据理财产品的基础性资产票据具有法定的要式性和可转让性,无论如何转让,承兑人都得到期无条件支付票据价款。这类新型的产品也获得了制度的支持,根据《信托公司集合资金信托计划管理办法》的规定,对信托计划对应的票据可以不按照票据转让的要求办理票据背书后由信托公司支配,相反由银行作为信托计划中票据资产的托管人进行管理。实务中,由信托公司与银行签署票据资产委托管理合同,信托公司将票据资产委托发售银行管理。当然,对于票据信托计划,权利人的权利已然和票据权利不同。如果信托计划对应的票据因为承兑银行的原因,或者因为票据权利存在形式上或实质上的瑕疵,或者因为法律规定的其他原因,被承兑银行拒付,受托人不能直接向承兑行行使付款请求权,也不能向包括发售银行在内的票据前手直接进行追索,而只能由发售银行作为该信托计划所对应的票据的名义持有人代受托人向票据承兑行行使付款请求权,即向发售银行的前手依法追索。但是,制度依然比较粗糙,法律位阶也较低,需要进一步进行理论探讨以及制度完善。

票据服务方式改变,线上票据业务活跃。票据市场电子化、透明度不断提高,也为商票活跃度提升、票面金额小额化创造了良好的条件。票据市场是我

---

[1] 吴敬琏:《市场经济需要中介组织》,载《党政干部参考》2002年第7期。

国发展最早的金融子市场。在我国经济高速增长尤其是民营经济快速发展的东风下,经过多年的发展,我国票据市场规模不断壮大,企业累计签发商业汇票、金融机构累计贴现等票据量化指标成倍增长。尤其是上海票据交易所的成立,引领票据市场进一步向高质量方向发展,为线上票据业务的发展开辟了广阔的空间。

2017年以来,一批国有和股份制商业银行顺势而为,积极探索票据融资业务创新,根据贴现业务风险小、手续简便、资金流动性强的特点,将互联网思维与之相融合,陆续推出了全流程电票网银自助贴现产品。这些产品普遍具有高效快捷、票面金额不限、客户全程自助的特点,受到市场的广泛好评。[1]

(三)民间票据市场发展

虽然合法的票据市场乃银行间市场,但是却不能否认一个事实:民间金融市场日益发展,尤其是在我国江浙等经济发达的地区,存在着民间票据市场。这些客观事实传达了一些重要信息:(1)富裕地区的民间投资者需要寻找新的投资场所,需要新的投资工具;(2)金融机构对民营企业的贷款,成本高、时间长、控制严,不能满足它们的需要,和贷款相比,在票据上背书转让获得资金更为方便;(3)票据背书在金融、经济发达地区已经相当普及。[2]

对浙江永康市的民间贴现进行调查发现,永康市银行承兑汇票的民间贴现自1997年以来逐渐形成,到1999年已经具有相当大的规模。民间贴现市场主要有几个突出特点:(1)贴现市场是以相互信任为基础的熟人间市场,一般贴现对象主要是关系较好的熟人或有业务往来的企业。(2)手续简便,只需经过背书转让并签订简单的协议后即可办理。背书的目的是在法律上符合要求,协议的作用是对风险的防范,比如遇到假票可以退回前手,若造成损失则共同承担。(3)民间贴现利率较低,这也是民间票据市场形成的原因,满足企业降低融资成本的需求。(4)服务周到,一个电话即可送款上门,甚至可以先垫付银票款,后取票据。(5)收购的银行承兑汇票主要用于自身应付账款的结算或购买原材料等,但也有少数企业演变成兼营或主营票据买卖以赚取利差。(6)从业人员参

---

[1] 参见董星、陆远:《线上票据业务产品分析与发展研究》,http://www.shcpe.com.cn/content/shcpe/research.html? articleType = research&articleId = WZ20200902130108375229718 9376,最后访问日期2020年2月28日。

[2] 参见徐星发编著:《商业银行票据经营》(第二版),中国人民大学出版社2013年版,第54页。

差不齐,因不能鉴别真假票据,假票事件常有发生。①

但是,逐渐地,民间票据市场的贴现向民间票据买卖方向发展了。企业在融资的过程中,很难和银行签订承兑协议,即银行不会轻易无条件地对企业签发的票据承兑,因为企业的信用对银行来说会造成极大的风险。因此,出现了民间的票据中介。票据中介和银行之间往往会有一些关系存在,因此出现了相互寻租的结果。票据中介找到企业,答应企业让银行帮其承兑,且帮助企业代向银行支付票面金额50%的银行承兑协议保证金,但该张承兑汇票必须卖给票据中介(这就是所谓的民间"贴现")。企业明知卖给票据中介的"贴现率"比向银行贴现的利率高,但是企业需要资金,又很难得到银行承兑,因此即使成本较高,也比没有资金或者向更高利率的高利贷借款更好。所以企业仍然愿意和票据中介合作。但是企业签发的汇票需要填写收款人,并要向银行递交与申请人之间的交易合同等文件,此时就出现了伪造文件。首先,收款人很多是伪造的,江浙一带情况稍好,收款人可能是为票据承兑注册的空壳公司,也可能是自己朋友的公司等;也有一些比较极端的事例,经过调查发现,温州很多地方直接从网上寻找公司,然后伪造公司公章等到银行开户,开发银行承兑汇票。其次,交易合同也有可能是伪造的。因为开发票据就是为了企业获得资金,且收款人只是被借用了名义,签发人和收款人之间的交易合同是虚构的,不存在真实的交易背景。

企业在获得银行承兑之后,根据约定,票据中介获得票据,马上转手卖掉,中介回收代为缴付的50%的保证金。在扣除约定的贴现成本后,企业获得余下的资金;或者获得票据,企业将该票据用于支付货款等。转卖或背书得到票据的企业向银行贴现或将票据继续流通。那么票据买卖如何获利? 比如100万金额的票据,票据中介从签发人那里获得的价格是99.4万,转手卖掉时是99.5万,票据中介就获利1000元。这个过程中,每一个环节获利也许都是微小的,但众多环节却使企业的成本越来越高,但在资金需求的压力下,这又是企业融资的方式,所以民间票据买卖才会存在。

民间票据市场的现状从积极意义上当然是解决了企业融资难的一部分问题,但存在的风险和问题也很突出:(1)虚假票据难辨别的风险。受利益驱动,

---

① 参见李晓叶:《对永康市民间贴现的调查与思考》,载《上海金融》2000年第10期。

一些不法人员极容易利用票据的流通性和融资性,持假票参与民间票据贴现。而民间贴现和票据买卖不能利用银行查询复查系统辨明票据真伪,虽能通过电话查询,也可利用票据鉴别仪,或是仅利用经验判断识别,但是受让票据之人仍然面临甄别票据真伪的高风险。(2)纠纷难解决的风险。由于很多民间票据买卖或贴现没有真实的交易合同基础,双方之间又常采用口头协议方式,一旦发生纠纷,很难通过合同维护自己的利益;且我国将票据买卖和民间票据贴现视作非法行为,不受法律保护,难以通过法律程序解决纠纷。(3)被不法分子利用的风险,例如成为洗钱工具。当票据交易不具有真实的基础关系时,票据在民间贴现若以背书形式转让,从形式上银行很难发现异常,因此只能根据背书连续性及票据真实性给予贴现,那么就很容易被不法分子利用。因此,民间票据贴现可能为不法分子提供了犯罪的渠道,对金融秩序亦是很大的冲击。

三、票据的市场作用

"票据作为融资工具有成本低、融资便利等优势,有利于缓解企业面临的融资难、融资贵问题。在特殊的金融环境下,企业可以通过使用票据支付实现应收/应付账款票据化并获得额外收益。但是,由于票据贴现的贷款属性、票据的'非标准化'债权资产性质以及票据市场受政策影响较大等因素的存在,我国票据市场在发挥融资功能时仍受到制约。"①融资性票据的特点在于它是凭借出票人或承兑人自身信用所签发,并具有可支付转让功能的远期票据。因其为远期票据,具有信用功能;因其可流通转让,具有支付功能;而信用功能与支付功能的结合,即为货币的基础功能,所以,融资性票据属于货币性工具。融资性票据与常规票据、债券的差异在于,支票、银行本票、银行汇票等支付工具类票据均为见票即付的即期票据,这类票据签发时,付款人必须具有货币资金,因此此类票据不具有信用功能,仅系支付工具。而短期融资券、超短期融资券、中期票据、资产支持票据等债券工具,虽具有融资性票据远期兑付的信用功能,但都不具有支付功能。债券的融资功能只是基于债务人以其自身信用和支付利息与货币持有者进行货币使用权的让渡交换,所以债券的发行只是加快货币的周转速度,并不会扩大全社会的货币供应量;而融资性票据是出票人或承兑人凭借

---

① 翟舒毅、周文婷:《关于票据融资支持实体经济的研究》,载《金融发展研究》2020年第2期。

其自身信用所签发,并具有一定的支付流通能力,形成信用创造。①

(一)票据在企业结算中的作用

新时代票据市场中,票据的支付功能进一步发展。具体表现在两个方面:

一是支付结算性的票据总量不断攀升,周转速率不断加快。2016—2018年的支付结算报告数据显示,近三年全国各季度实际结算商业汇票的笔数和占比均呈上扬态势。(见图3-4)

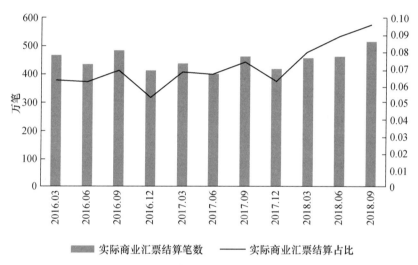

图 3-4 各年度商业汇票结算对比

截至2018年9月,实际结算商业汇票的笔数从2016年年初的412.72万笔上升到510.81万笔,结算性票据占全国票据业务的比重也从6.3%上涨到9.5%。②

二是票面金额小额化的趋势突出。在《中国人民银行关于规范和促进电子商业汇票业务发展的通知》(银发〔2016〕224号)的推动下,市场在短时间内完成了电子票据对纸质票据的更换,2018年初,电子商业承兑汇票的覆盖面达到90.02%。伴随着电子票据的大量普及,票据的支付特点也发生着变化。比较

---

① 参见赵慈拉:《现阶段我国货币信用供给侧改革的思考——兼议融资性票据市场的创建》,载《上海金融》2017年第8期。

② 数据来源于中国人民银行历年的《中国支付体系结算报告》。

2017—2018年票据的平均面额发现,票面金额逐渐快速下降,2018年末票面金额下降至100万以内,表明票据支付流通的功能正在提升。

（二）票据在企业融资中的作用

票据融资是指商业汇票的承兑、贴现、转贴现和再贴现等业务。对于实体经济中的企业端而言,票据融资不仅可以帮助其解决资金融通的问题,而且有助于企业信用的建设。

数据显示,2018年新增未贴现银行承兑汇票连续多月逐步减少,同时2018年整体票据贴现利率低位运行,企业的贴现意愿较强。此外,票据的每一次成功流转都可以增强企业在市场中的信用,票据融资可以提升实体企业的信用度,进而有利于其发展。

票据融资为实体经济提供了便捷的融资渠道。一方面票据通过直贴的方式向企业注入流动资金。另一方面,还可以通过转贴现帮助企业融通资金。融资性票据作为便捷、成本低的直接融资工具,值得被鼓励。

（三）票据在宏观调控中的作用

票据是连接货币市场与实体经济的桥梁,在商业银行经营管理中起着"调节器"的作用。

一是票据在调节资金中的作用。票据是增强宏观调控、提高货币政策实效的工具。再贴现是中央银行的三大货币政策之一,中央银行可以利用再贴现这一政策工具引导信贷投放,票据再贴现配合国家或地方重点扶持领域政策,引导商业银行信贷资金投放,重点发挥其定向调控和"精准滴灌"。为改善小微、民营企业的融资环境,2021年人民币贷款增加19.95万亿元,其中票据融资增加1.5万亿元。

二是票据在调节信贷规模中的作用。从统计数据来看,2018年一年票据融资在信贷中的占比逐步提高(见图3-5),已然成为支撑信贷增长的主力军。在票据融资越来越严格的情况下,2021年票据融资仍然在人民币贷款中占重要地位。(见表3-1)

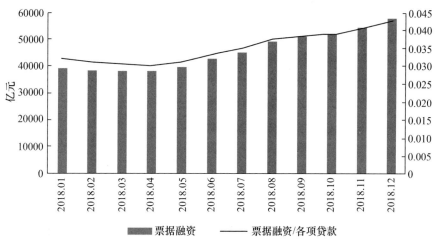

图 3-5 2018 年票据融资情况

表 3-1 2021 年人民币贷款和票据融资增加数据

月份	1	2	3	4	5	6
人民币贷款总增加（万亿元）	3.58	1.36	2.73	1.47	1.5	2.12
票据融资增加（亿元）	－1405	－1855	－1525	2711	1538	2747
月份	7	8	9	10	11	12
人民币贷款总增加（万亿元）	1.08	1.22	1.66	0.8262	1.27	1.13
票据融资增加（亿元）	1771	2813	1353	1160	1605	4087

同时，票据也是调节不良贷款的工具，开票时有保证金的担保，其不良比率相对较低。随着贴现贷款的占比不断上升，其他贷款占比相对就会下降。票据贴现贷款的不良比率又较低，整体而言，票据贴现贷款的上升会降低整个商业银行的不良贷款比例。

（四）票据在产品创新中的作用

票据本身具有期限短、流动性高、市场风险低的特点，使得其成为金融市场投资产品的重要载体。在不同的时期，票据的创新产品也突出了不同的特点。

1. 票据基础创新阶段

21 世纪初，以承兑业务为基础推出了商业汇票保证、质押开票、票据拆零、以票易票等业务;以贴现业务为基础推出了商票保贴、票据包买、见票即贴额度授信、第三方担保贴现、回购式贴现等贴现承诺业务,在贴现利息支付方面推出了买方付息、协议付息、他方付息、共担利息等方式;以转贴业务为基础推出了票据资管搭桥、银行代理回购搭桥、票据代持等业务模式;同时还推出了票据咨询、顾问、经纪、鉴证、代理托收、票据池融资等增值服务创新。

2. 票据创新电子化阶段

2009年中国人民银行推出电子商业汇票系统(ECDS),标志着我国票据市场进入电子化发展阶段。2009—2013年,票据理财产品不断兴起,互联网票据理财一度成为市场热点。

3. 互联网+票据创新阶段

互联网科技的发展使得票据资源、票据信息更加集中,这都为票据产品创新奠定了基础。互联网金融的崛起已经改变了传统金融的经营模式,票据业务模式也发生了改变,票据业务与物联网、供应链金融的有机融合得以实现。

(五)票据在商业信用中的作用

与银行承兑汇票相比,商业承兑汇票是由实体企业依靠自身信用签发的商业汇票,具有融资成本更低、出票手续更加简便的特点。发展票据有利于促进银行信用、商业信用、社会信用的建设。

1. 银行商业承兑汇票是支持企业经济发展的有力工具

票据是企业获得资金的一种有效通道。2021年,全市场承兑金额24.15万亿元,同比增长9.32%。其中,其中银票承兑20.35万亿元,增长10.19%,商票承兑3.80万亿元,增长4.85%。银票承兑占票据承兑的近84.27%。①

2. 银行承兑汇票有利于改善企业的资产负债结构

据国家统计局数据显示,截至2021年7月底,规模以上工业企业应收账款为20.69万亿元,同比增长14.2%;采矿业、制造业等应收账款回收期平均为54.4天;与宏观经济休戚相关的基建制造、煤炭钢铁、化工有色等大行业的应收账款涨幅达到30%—50%。

这些数据表明我国目前已经形成一种"债务链"式的经济增长模式。票据支付、结算的功能具有化解该问题的先天优势,在供应链企业中将应收账款票

---

① 数据来源于上海票据交易所《2021年票据市场发展回顾》。

据化,充分发挥票据的使用功能,为企业提供低成本的融资方式,有助于疏通整个供应链中的资金流通脉络,加快资金的周转速率,促进实体经济的顺利发展。

3. 商业承兑汇票激励企业注重商业信用的建设

对于企业而言,商业承兑汇票是由企业签发和承兑的票据,因为仅有商业信用作为担保,所以往往只有大型企业、资信良好的企业才能签发有流通价值的票据。在这个过程中会促进企业注重自己的商业信用的建立,并且票据的不断成功签发承兑有助于企业自身的信用提升。

4. 票据有助于改善社会信用环境

单个微观主体的叠加可以营造一个诚信的社会环境,并且企业通常为了让自己的票据更具有流动性,会利用银行信用背书,这样有助于银行建设中小企业信用信息库,为信用体系提供基础数据,推进中小企业信用体系的建设。

第二节 融资性票据入法的交易市场基础

随着票据市场的快速发展壮大,特别是票据的功能从传统的支付结算工具演化为融资交易工具,票据市场积累了一定的风险和问题,其中既包括金融机构内部的公司治理缺陷和中介机构的不规范介入,也包括法律制度建设和基础设施建设滞后于市场发展变化的问题。发挥票据的融资功能,不仅需要市场基础,即融资性票据被票据实务大量使用,还需要得到交易场所和交易制度的保障。

一、融资性票据入法的全国统一市场和技术基础

因为融资性票据的风险性,其入法或合法化,必须依赖市场和技术。我国目前已经建立了统一的票据市场;同时随着科技进步,用科技改进金融工具和推动金融监管亦不是难事。

(一)建立了统一的票据市场——上海票据交易所

1. 全国统一的票据交易市场建立是对票据交易实务的回应

票据市场基础设施建设滞后是上海票据交易所设立之前的我国票据市场现状。分散的票据市场是我国票据实务现实,我国票据业务主要集中于上海、广州、郑州等中心城市,并已自发形成诸多区域性的交易平台。这一现象具有

一定的历史必然性。在全国统一的票交所建立之前,因为传统的票据业务模式下需要进行纸质票据的实物交割,交易的区域集中从客观上可以节约交易成本。但无论是从国外经验还是从我国发展债券市场等金融市场的经验来看,健全的金融市场基础设施都是现代金融市场安全高效运行的基础。

我国票据市场 2016 年前一直未形成全国统一的票据交易平台,市场"硬件"条件落后造成票据市场在不同地区和不同机构间割裂、透明度低,市场参与者无法充分有效地对接需求,交易成本高,信息严重不对称。从有效发挥票据融资功能看,票据市场的割裂导致无法形成有效的市场利率,既影响资源配置,也不利于货币政策的传导。加上票据流转和资金划付脱节,很容易产生挪用票据或挪用资金的风险。监管部门也无法及时准确地掌握真实、完整的市场数据进行监测分析。票据市场存在的问题在经济下行期就外化成为风险事件的爆发。2015 年以来,票据市场集中暴露了一批涉案金额巨大的风险事件。

正是在这样的背景下,中国人民银行加强对票据市场顶层设计,决定筹建上海票据交易所。上海票据交易所的建设不仅能够弥补票据市场基础设施的短板,更成为完善票据市场法规制度、规范市场参与者行为的一系列举措的载体。2016 年 5 月 25 日,由中国人民银行牵头、多家金融机构参与的票交所筹备工作组启动。2016 年 12 月 8 日,上海票据交易所正式开业运营,它是按照国务院决策部署,由中国人民银行批准设立的全国统一的票据交易平台。上海票据交易所的营业标志着我国票据市场从此进入集中统一规范发展的新阶段,是我国票据市场建设和金融基础设施建设的重大历史性进展。①

上海票据交易所是全国统一的市场,不是区域分割的市场。上海票据交易所成立之后,所有存款类金融机构都必须在上海票据交易所开户并通过票交所开展票据交易,所有票据均可通过票交所实现电子化交易,实现票据交易的全国统一。

2. 上海票据交易所基于市场实际明确了功能定位

《票据交易管理办法》(中国人民银行公告〔2016〕第 29 号)明确,上海票据交易所是中国人民银行指定的提供票据交易、登记托管、清算结算和信息服务的机构。同时,上海票据交易所还承担着中央银行货币政策再贴现操作等政策

---

① 参见上海票据交易所编著:《中国票据市场:历史回顾与未来展望》,中国金融出版社 2018 年版,第 114—116 页。

职能。经过几年发展和建设,上海票据交易所已经是我国金融市场的重要基础设施,具备票据报价交易、登记托管、清算结算、信息服务等功能,承担中央银行货币政策再贴现操作等政策职能,是我国票据领域的登记托管中心、业务交易中心、创新发展中心、风险防控中心、数据信息中心。上海票据交易所的建设和发展,已经并将继续大幅度地提高票据市场的安全性、透明度和交易效率,激发票据市场活力,更好地防范票据业务风险;有利于进一步完善中央银行宏观调控,优化货币政策传导,增强金融服务实体经济的能力。

上海票据交易所将立足于服务实体经济,致力于推动票据产品和交易方式创新,丰富和增强票据市场功能,促进我国票据市场规范健康发展,为中国金融市场改革发展增添新动力。

目前,上海票据交易所内设部门共计16个。分别为:综合部(党委办公室)、交易部、托管部、票据部、清算部、监测部(下设场务部)、会员部、技术管理部、技术开发部、技术运行部、战略规划部、信息统计部、财务部(下设集中采购委员会办公室)、人事部(党委组织宣传部)、法律合规部、纪委办公室(内审部)。[1]

(二)上海票据交易所是融资性票据市场发展的保障

上海票据交易所发展五年多来,充分发挥票据的融资作用,票据业务进展良好,并有计划地开展票据融资业务创新,使票据充分服务于实体经济,取得了突出的成就。

1. 企业用票保持较快增长,票据服务中小微企业导向突出

上海票据交易所建立以来,票据市场各项业务呈现增势。特别在金融机构风险偏好下降、有效信贷需求不足的情况下,票据支持实体经济发展、解决民营中小微企业融资难、融资贵问题的功能得到进一步强化,在货币政策传导上发挥了积极作用。

根据上海票据交易所《2021年票据市场发展回顾》中的数据:2021年用票企业达到318.89万家,同比增长17.72%;企业用票金额达到95.72万亿元,同比增长15.75%。票据市场服务中小微企业的导向突出,有力支持中小微企业

---

[1] 信息来自上海票据交易所官方网站介绍,http://www.shcpe.com.cn/content/shcpe/about/introduction.html,2022年3月28日最后访问。

稳健经营、健康发展。全年中小微企业用票企业达到 314.73 万家,占比 98.70%;中小微企业用票金额达到 69.10 万亿元,占比 72.19%。同时,在票据市场业务创新加快、银行票据业务服务下沉的情况下,票据业务与中小微企业需求的契合度进一步提高,票据平均面额进一步下降。

2. 重点行业用票保障有力,有效贯彻宏观政策导向

2020 年,票据市场运行总体平稳,各项业务稳中有增。在上半年抗击新冠疫情的过程中,票据市场反应迅速,有效传导货币政策意图,快速有效扩大融资规模、降低贴现成本,有力支持企业复工复产和宏观经济企稳回升;在货币政策向常态回归后,票据市场发展增速高位回落,票据利率也随货币市场利率触底回升,实现了促发展与防风险的有效平衡,也进一步突出了票据市场服务实体经济的目标要求。

2021 年,票据市场各类主体围绕重点行业、产业链龙头企业积极创新业务模式和服务方式,有力提升票据业务与产业发展的协同性和契合度,为推动宏观经济恢复、产业结构优化等发挥了积极作用。全年来看,全市场共有 26 个行业实现用票金额同比增长,覆盖面达 86.67%。其中,商务服务、有色金属、建筑装修等 7 个主要用票行业用票金额合计 54.62 万亿元,同比增长 16.63%,增速较全市场平均增速高 0.88 个百分点。同时,基础科学研究、医药生物行业延续上年较快增长势头,用票金额同比分别增长 29.93% 和 17.19%,增速较全市场分别高 14.18 个和 1.44 个百分点。①

3. 供应链票据业务稳步拓展,发展成效不断显现

2020 年,上海票据交易所上线供应链票据平台,建设完成跨境人民币贸易融资转让服务平台,持续推广标准化票据、"贴现通"和"票付通"等创新产品,深入推进商业票据信息披露有关工作,并联合会员单位加强市场宣讲和业务拓展,进一步扩大票据市场服务半径,提升了票据市场对企业的覆盖面。

供应链票据是票交所落实金融供给侧结构性改革要求、促进产业链供应链有效循环、推动供应链金融创新发展的具体举措。在 2020 年 4 月推出供应链票据平台的基础上,上海票据交易所于 2021 年 8 月对平台核心功能进行了升级,截至 2021 年年末,共有 3000 多家企业登记注册,各项业务金额合计 671.63

---

① 数据来源于上海票据交易所《2021 年票据市场发展回顾》。

亿元。随着供应链票据平台功能的完善以及各类机构参与度的提升，供应链票据在提高企业融资可得性等方面的优势持续显现。截至2021年年末，供应链票据贴现金额和承兑金额的比值为65.96%，供应链票据单笔贴现金额在1000万元以下的笔数占比47.96%，面额最小的为891.15元，小额票据贴现融资效率有所提高。①

（三）上海票据交易所系统对融资性票据发展的保障

1. 利用电子技术推动票据电子化和电子票据

长期以来，票据市场同时流通纸质和电子两种商业汇票，纸质票据在企业和商业银行之间线下流通，而电子票据在电子商业汇票系统进行流通。上海票据交易所致力于推动纸电票系统融合和规则的统一，对于票据市场的发展具有重大的意义。

首先，通过纸电票融合，票据市场参与主体将更加多元化。电票交易参与者范围将从银行、财务公司扩大到信托公司、证券公司、基金管理公司、期货公司、保险公司等经金融监督管理部门许可的金融机构，票据在二级市场上的投资属性将大幅提高。

其次，有利于票据市场建立统一的风险监测与防范体系。这也为在中国人民银行的指导下，上海票据交易所协调统一对纸票和电票的监管要求、促进票据市场的一体化发展提供了技术可能。

最后，纸票和电票将建立统一的产品创新体系，探索研究发展适应现代企业资金融通需求和监管合规要求的票据创新产品。②包括融资性票据的签发、流通，可以在一体化体系中受到监管和约束，控制风险。

2. 以技术为载体不断完善的票交所系统为票据市场发展保驾护航

为切实履行职责，上海票据交易所建设了全国统一的票据电子化交易系统——中国票据交易系统（以下简称"票交所系统"）。这一系统是依托网络和计算机技术，向交易成员提供询价、报价、成交及登记、托管、清算、无纸化托收等其他交易辅助服务的计算机业务处理系统和数据通信网络。其主要功能是为票据市场参与者提供票据登记托管、报价交易、清算结算、风险管理、信息服

---

① 数据来源于上海票据交易所《2021年票据市场发展回顾》。
② 参见上海票据交易所编著：《中国票据市场：历史回顾与未来展望》，中国金融出版社2018年版，第119页。

务等全方位服务,同时为中央银行再贴现及公开市场操作提供实施平台。

票交所系统包括会员管理、纸票业务处理、电票业务处理、核心交易、登记托管、清算结算、计费以及统计监测等8个子系统,纸票业务处理、电票业务处理、核心交易、登记托管及清算结算五个子系统是系统核心业务子系统,会员管理、计费及统计监测系统为综合服务子系统。其中,电票业务处理子系统是专门针对电子商业汇票系统与票交所系统融合后实现的系统功能,后完成了电子商业汇票系统迁移和数据融合,目前已经实现了交易功能融合、电子商业汇票系统和票交所系统的全面融合。

在这样的背景下,票据的发展获得了从未有过的技术保障,主要表现在以下几个方面:

第一,上海票据交易所利用技术进行基础设施建设,改变对票据基础信息掌握的困境,使实现票据市场信息化成为可能。统一管理,随时监测风险;发现货币工具交易的风险,并随时调整;均不再因为技术或信息不畅陷入困境。

第二,参与票据交易的主体便于从统一系统中获得透明公开的信息,价格公允,有利于吸引更多主体参与,也方便参与主体控制风险。实现票据交易的统一线上化集中模式,彻底改变了票据交易分散的状态;提升了票据业务电子化水平,有效降低了业务风险。

第三,提高交易效率,规范性增强。在交易环节,纸质商业汇票电子化权属登记解决了传统交易中票据实物交接的问题,大大提高了交易效率,也解决了票据责任人无处可寻或信息无法获知的尴尬局面。同时,一个市场有利于出台一致的交易规则,提高了交易规范程度,降低了风险。

3. 上海票据交易所将进一步发展以适应票据市场的创新

上海票据交易所已经取得了很大的成就,但是其前进的脚步未停止,将继续利用最新技术,完善设施和管理。比如其下设全资子公司——中票信息技术(上海)有限公司,承担票交所系统的应用研发和运行维护工作,向系统参与者提供技术支持、业务培训等服务。

2021年12月召开的中央经济工作会议指出,2022年我国经济工作要稳字当头,稳中求进。2022年年初召开的中国人民银行工作会议也强调,稳健的货币政策要灵活适度,精准加大重点领域金融支持力度。票据市场作为直接联系货币政策和实体经济的金融市场,政策传导效率高、直达性强,在稳定宏观经济运行、促进产业链供应链循环以及支持中小微企业发展等方面具有较大潜力。在新的一年里，随着新一代票据业务系统上线运行，商票信息披露制度深入推进，供应链票据等创新业务增量扩面和信息服务产品逐步向市场推出等，票据市场高质量发展将迈上新台阶，各项业务有望保持平稳增长，有力支持中小微企业健康发展，并将在构建国内国际双循环、推动实体经济转型发展等方面发挥更加重要的作用。①

上海票据交易所在其 2021—2023 年三年发展规划中表明，要"加强科技治理体系建设。根据中国人民银行规划部署推进落实'三集中'有关工作，加强科技资源调配协同，提升技术开发、运维、数据管理水平。构建网络安全管理体系，健全科技制度规范，推进数据治理工作，促进信息系统质量持续改进提升，防控生产系统风险。建立票据市场金融标准框架体系，推进票据市场标准化建设，提升票据市场工作规范化、标准化"②。

二、融资性票据市场交易制度保障

《票据法》自 1996 年实施至今，仅在 2004 年进行过一次修订，修订主要针对票据作为支付工具的行为规范，不能适应当前票据作为融资工具快速发展的现实。随着票据融资工具属性的增强，依托票据进行的融资类业务也开始活跃。我国票据相关制度体系主要围绕其支付结算，所以总体上票据市场法律法规制度体系建立滞后于市场发展。但是除《票据法》之外，管理规范及自律监管规则等均一直致力于为票据交易提供各种保障。故从目前来看，我国的确已经基本具备了融资性票据合法化的制度基础，只要《票据法》能够承认融资性票据的法律地位，融资性票据的发行便能够通过现行规则基本被规范。

（一）票据部门规章制度的进展

制度不完善导致票据交易乱象丛生。我国票据相关制度体系主要围绕支付功能设计，票据融资和交易性管理制度缺失，票据市场准入、交易、清算、结算

---

① 参见上海票据交易所：《2021 年票据市场发展回顾》，http://www.shcpe.com.cn/content/shcpe/research.html? articleType=research&articleId=WZ20220120148409072401 2359680，最后访问日期 2022 年 3 月 25 日。

② 《上海票据交易所发布发展规划（2021—2023 年）》，http://www.shcpe.com.cn/content/shcpe/news.html? articleType=news&articleId=WZ20210601139965493001 2393472，最后访问日期 2022 年 3 月 28 日。

等行为缺乏统一的标准和规范。部分金融机构在票据交易中违规"代持""代售",采取"清单"交易等,不仅隐藏较大操作风险,而且一旦出现风险,交易双方的权利缺乏充分保护。随着市场的持续发展,特别是票据的功能从传统的支付结算工具演化为融资、交易和投资的工具,票据市场规范健康发展中的上述问题也逐渐显现。部分金融机构的公司治理和内控制度存在缺陷,导致风险事件频发。长期以来我国票据业务以纸质票据、线下交易为主,电子化水平较低,流转环节较多,本身存在较大的操作风险。又由于票据业务兼具资金业务和资产业务性质,因此商业银行压缩信贷总量,往往首先选择压缩票据贴现业务。票据业务作为商业银行调节信贷总量和结构的重要方式,易受到宏观调控目标、商业银行利润目标及资本充足率目标等多重目标的影响。部分金融机构为追求盈利,大量承揽业务,但又受信贷规模和资本管理限制,有的金融机构利用一些中小微金融机构的管理漏洞,创设通道隐匿票据资产、规避信贷规模及资本管理,其交易链条较长、交易结构复杂,链条中的任何一环出现漏洞,都极易产生风险。

近年来,在电子票据以及票据业务风险防范方面,各部门管理制度取得较大的发展,有利于融资性票据的主要有以下几个方面。

1.《电子商业汇票业务管理办法》等实施

电子商业汇票的管理制度近几年获得较大的发展,可以大大降低票据交易的风险。

随着我国票据市场交易量的迅速增长,纸质票据在真伪鉴别、实物交割和运行效率等方面的问题日益突出,加之纸质票据风险案件频发,推行更为安全、便捷和高效的电子商业汇票便显得尤为必要。2008年1月,中国人民银行启动电子商业汇票系统的开发,并于2009年10月28日正式投入运行。为了推广电子商业汇票,中国人民银行发布了《电子商业汇票业务管理办法》和配套的一系列相关制度,以规范和管理电子商业汇票活动。

《电子商业汇票业务管理办法》规定了电子商业汇票业务运作的各个流程和环节,并对原有票据规定进行了革新:一是电子商业汇票的签发是通过数据电文的形式,不同于纸质商业汇票的签字并盖章;电子票据通过发送报文,对方确认回复,即完成交付,而纸质票据是通过背书转让的。二是根据财务公司近年来快速发展及其信用状况显著改善的状况,将财务公司承兑的票据纳入银行承兑汇票管理。三是电子商业汇票的付款期限自出票日起至到期日止,最长不得超过1年;而纸质商业汇票的期限不得超过6个月。四是对票据回购式交易予以明确定义,消除了交易中的不确定性等。

此后,中国人民银行印发了《中国人民银行关于发布电子商业汇票系统相关制度的通知》,发布了《电子商业汇票系统管理办法》《电子商业汇票业务处理手续》《纸质商业汇票登记查询管理办法》《电子商业汇票再贴现业务处理手续》《电子商业汇票系统运行管理办法》《电子商业汇票系统数字证书管理办法》《电子商业汇票系统危机处置预案》和《电子商业汇票业务服务协议指引》等八项规范性制度。电子商业汇票配套制度较好地满足了电子商业汇票业务处理需要,促进了电子商业汇票流通,保障了电子商业汇票当事人各方权利。

《电子商业汇票业务管理办法》和配套的八项规范性制度遵循了《票据法》的基本规定和立法精神,构成了既相对独立又相互联系的一个有机整体,为规范我国电子商业汇票业务健康发展、推动我国电子商业汇票广泛使用和流通提供了制度保障。

2.《票据交易管理办法》等出台

2016年年初,票据案件集中爆发,为防范纸质商业汇票业务风险,充分发挥电票业务优势,2016年8月,中国人民银行印发《关于规范和促进电子商业汇票业务发展的通知》,将除银行业金融机构和财务公司以外的、作为银行间债券市场交易主体的其他金融机构引入电票系统;同时,提高贸易背景真实性审查效率,对资信良好的企业申请电票承兑的,金融机构可通过审查合同、发票等材料的影印件等进行在线审核,企业申请电票贴现的,无须向金融机构提供合同、发票等资料。此外,大力提高电票使用率,对纸票单张出票金额作出了限定等。

2016年12月,为配合上海票据交易所的成立运行,中国人民银行公布《票据交易管理办法》,指出上海票据交易所是中国人民银行指定的提供票据交易、登记托管、清算结算和信息服务的机构,明确了票据市场参与者包括银行、信托、证券、基金、期货、保险等经金融监管部门许可的金融机构和各类投资产品等。同时,《票据交易管理办法》明确以电子方式完成背书和交付,规范票据交易资金划付流程,引入保证增信银行,明确偿付流程等。《票据交易管理办法》体现了中国人民银行对票据市场的顶层设计思路,填补了我国票据交易规则的缺失,对既有的票据业务相关管理制度有较大突破,对规范票据市场交易行为、维护交易各方合法权益、促进票据市场健康发展具有重要意义。

此外,中国人民银行于 2016 年 11 月印发《关于做好票据交易平台接入准备工作的通知》,对票据交易所系统平台投产上线相关工作进行安排。

3. 防范票据业务风险的信息制度开始建立

票据业务的风险,包括融资性票据的发行,若是发行人信息不对称,则无法规范发行。比如,在票据市场信息不透明的情况下,票据中介通过信息搜集、信息交互等手段为交易双方进行信息撮合,促进票据交易达成,发挥了一定的积极作用。但传统票据市场中呈现地下经营的民间中介与地方相关部门批准或工商登记注册的中介并存的局面,中介资质良莠不齐。受利益驱使,部分票据中介经营不规范,扰乱了市场秩序,增加了风险隐患。如通过虚假包装使得一些无真实交易背景的"光票"流入银行体系,牵线搭桥辅助部分银行实施监管套利、规避信贷规模控制,甚至通过"清单交易"内外勾结套取银行资金等。①

2021 年 8 月 1 日,商票信息披露制度正式施行。上海票据交易所的商票信息披露制度顺利实施,有效优化市场生态。票据市场信用体系建设迈出重要一步。在中国人民银行总行的指导及中国人民银行分支机构、市场成员的大力支持下,2021 年年末商票信息披露平台注册企业 4.70 万余家,对商票承兑企业的覆盖率达到 87.66%,承兑信息披露率也由 2021 年 8 月末的 77.35% 提高到 2021 年年末的 94.00%。市场生态得到明显改善,信用约束机制初步形成,商票流转过程中的信息不对称显著降低,商票支付和融资功能有所增强。②

(二)票据行业自律组织规范逐步完善

近几年来,随着经济增速下降、息差收窄,票据业务竞争激烈,银行出现"抢客户、抢票源、争资金、争规模"等现象,业务流程违规现象增多。同时,利润空间缩小后,金融机构通过"薄利多销"的批发交易策略,单笔交易额达几亿元甚至数十亿元,一旦案发,涉及的金额巨大。在票据监管中,票据行业自律组织规范起着非常重要的作用。

---

① 参见上海票据交易所编著:《中国票据市场:历史回顾与未来展望》,中国金融出版社 2018 年版,第 115 页。

② 数据来源于上海票据交易所的统计。

1. 上海票据交易所发布业务规则促进票据规范融资

上海票据交易所设立后,进行了一系列配套制度建设。目前已发布《票据交易主协议》《上海票据交易所票据交易规则》《上海票据交易所纸质商业汇票业务操作规程》《上海票据交易所票据登记托管清算结算业务规则》《上海票据交易所票据非交易过户业务操作规程》《上海票据交易所贴现通业务操作规程(试行)》《标准化票据信息披露规则》《标准化票据基础资产托管结算规则》《上海票据交易所"票付通"业务规则(暂行)》《上海票据交易所"票付通"业务申报接入规范(暂行)》《商业承兑汇票信息披露操作细则》和《再贴现业务系统操作指引》等十多项配套业务规则,有效解决了我国票据市场制度体系不健全的问题,对现有法律法规形成了有益补充,有助于推动票据市场向操作规范化、交易电子化、信息透明化的方向发展。

票交所交易规则下,各类票据交易规范高效。比如,电票的质押式回购交易可通过中国票据交易系统生成和下载成交单,无须线下签订纸质合同,电票质押式回购交易的便捷性明显提高,促使质押式回购在整个市场的低迷走势下,取得显著增长。质押式回购业务的增长,使票据市场流动性明显提升,票据作为金融机构短期流动性调剂工具的功能逐步显现。

2. 中国银行业协会发布自律规则

2011年5月,中国银行业协会印发《中国银行业票据业务规范》(以下简称《票据业务规范》),对票据业务链条中商业银行参与的业务环节办理流程提出了全面而具体的操作要求及注意事项,尤其对票据承兑业务、贴现业务、转贴现业务、回购业务及再贴现业务进行了梳理,是当时中国银行业协会各会员单位票据从业人员办理票据业务、制定票据制度、防控票据风险的指南式文件。

3. 中国支付清算协会发布自律公约和风险防范指引

2014年3月26日,中国支付清算协会票据工作委员会会员单位在共同协商、自愿自觉的基础上,审议通过《中国支付清算协会票据行业自律公约》(以下简称《票据行业自律公约》),《票据行业自律公约》对票据业务资质管理、风险控制及票据签发、取得和转让等各票据业务环节提出自律约定,并提供了争议处理方式,提出了监督检查及违规处理方式。不同于《票据业务规范》仅针对商业汇票业务,《票据行业自律公约》包括了商业汇票、本票及支票等,是针对广义票据业务作出的规范。

(三) 融资、税收及监管政策环境不断优化

票据市场既要作为融资的市场,为企业融资提供最为方便的途径,同时又要防范各种票据市场行为不规范以及票据本身带来的风险。我国票据市场政策环境越来越优化。

1. 2019年特殊背景下的政策环境对票据市场的回应

2019年,影响票据市场发展的各类政策迭出,票据市场受到前所未有的广泛关注。1月,票据套利问题引发社会各方的关注。2月20日国务院常务会议中提及票据融资上升较快可能造成"套利"和资金"空转"等行为。3月,全国人大代表刘学敏在两会期间提交了《关于进一步加大金融支持民营企业力度的建议》,认为承兑汇票的使用增加了中小微企业的财务成本和风险,建议全面取消承兑汇票,引发了社会对票据功能和定位的热议。此后,监管部门对票据承兑和贴现环节真实贸易背景的审核要求不断提高,银保监会下发多项通知要求严查票据业务贸易背景尽职调查不到位、以利率倒挂等形式办理贴现业务开展资金套利等问题。

5月,包商银行事件对银行刚兑的打破导致票据市场出现明显避险情绪,票据业务量在该事件后的第一、二周有较明显回落。但随着中国人民银行风险处置和流动性支持措施的到位,包商银行事件对票据市场整体冲击有所减弱,票据市场各项业务指标逐步回升到正常水平。

8月、9月,为缓解包商银行事件后中小金融机构和中小企业面临的流动性压力,在总行指导下,上海票据交易所成功创设并发行四期标准化票据,加大对中小金融机构的流动性支持和对中小企业融资的支持。

10月,中国人民银行发布《标准化债权类资产认定规则(征求意见稿)》,票据暂未被列为标准化资产。但认定规则并非一刀切,只要符合标准化债权的五项条件,均可向人民银行提出标准化债权类资产认定申请。

11月,最高人民法院发布《关于印发〈全国法院民商事审判工作会议纪要〉的通知》,明确票据贴现属于国家特许经营业务,合法持票人向不具有法定贴现资质的当事人进行"贴现"的,该行为应当认定无效。根据该纪要,不具有法定资质的票据中介以"贴现"为业的行为涉嫌犯罪。

2.《关于促进中小企业健康发展的指导意见》对融资的支持和鼓励

2019年4月7日,中共中央办公厅、国务院办公厅印发了《关于促进中小企

业健康发展的指导意见》,并发出通知,要求各地区各部门结合实际认真贯彻落实。

该意见指出,中小企业是国民经济和社会发展的生力军,是扩大就业、改善民生、促进创业创新的重要力量,在稳增长、促改革、调结构、惠民生、防风险中发挥着重要作用。党中央、国务院高度重视中小企业发展,在财税金融、营商环境、公共服务等方面出台一系列政策措施,取得积极成效。同时,随着国际国内市场环境变化,中小企业面临的生产成本上升、融资难融资贵、创新发展能力不足等问题日益突出,必须引起高度重视。

为促进中小企业健康发展,就破解融资难融资贵问题,该意见提出:第一,完善中小企业融资政策。进一步落实普惠金融定向降准政策;加大再贴现对小微企业支持力度,重点支持小微企业500万元及以下小额票据贴现;将支持小微企业再贷款政策适用范围扩大到符合条件的中小银行(含新型互联网银行);将单户授信1000万元及以下的小微企业贷款纳入中期借贷便利的合格担保品范围;积极拓宽融资渠道。第二,进一步完善债券发行机制,实施民营企业债券融资支持工具,采取出售信用风险缓释凭证、提供信用增进服务等多种方式,支持经营正常、面临暂时流动性紧张的民营企业合理债券融资需求;探索实施民营企业股权融资支持工具,鼓励设立市场化运作的专项基金开展民营企业兼并收购或财务投资;大力发展高收益债券、私募债、双创专项债务融资工具、创业投资基金类债券、创新创业企业专项债券等产品;研究促进中小企业依托应收账款、供应链金融、特许经营权等进行融资;完善知识产权质押融资风险分担补偿机制,发挥知识产权增信增贷作用;引导金融机构对小微企业发放中长期贷款,开发续贷产品。第三,支持利用资本市场直接融资。加快中小企业首发上市进度,为主业突出、规范运作的中小企业上市提供便利;深化发行、交易、信息披露等改革,支持中小企业在新三板挂牌融资;推进创新创业公司债券试点,完善创新创业可转债转股机制;研究允许挂牌企业发行可转换公司债;落实创业投资基金股份减持比例与投资期限的反向挂钩制度,鼓励支持早期创新创业;鼓励地方知识产权运营基金等专业化基金服务中小企业创新发展;对存在股票质押风险的企业,要按照市场化、法治化原则研究制定相关过渡性机制,根据企业具体情况采取防范化解风险措施。第四,减轻企业融资负担。鼓励金融机构扩大出口信用保险保单融资和出口退税账户质押融资,满足进出口企业金融服务需求;加快发挥国家融资担保基金作用,引导担保机构逐步取消反担保,降低担保费率;清理规范中小企业融资时强制要求办理的担保、保险、评估、公证等事项,减少融资过程中的附加费用,降低融资成本;相关费用无法减免的,由地方财政根据实际制定鼓励降低取费标准的奖补措施。①

从上述措施可见,利用一切可能的、合法的融资工具为企业融资提供便利。这为融资性票据的合法性提供了依据。

3. 票据业务相关的税收政策优化

税收成本上升影响票据贴现积极性。营改增前,票据业务除直贴需缴纳5%的营业税外,其余票据品种不需缴纳营业税。营改增后,2016年财政部、国家税务总局出台《关于全面推开营业税改征增值税试点的通知》(财税〔2016〕36号),将票据贴现取得的利息及利息性质的收入按照贷款服务缴纳增值税,税率调整为6%。票据贴现环节税收成本提高相当于20个基点,银行和企业贴现积极性下降。2017年出台《关于建筑服务等营改增试点政策的通知》(财税〔2017〕58号),规定自2018年起,金融机构开展贴现、转贴现业务,以其实际持有票据期间取得的利息收入作为贷款服务销售额计算缴纳增值税。金融机构又逐渐提升了票据贴现积极性。

4. 票据业务监管政策优化

2017年3月至4月间,银监会接连发布《关于开展银行业"违法、违规、违章"行为专项治理工作的通知》(银监办发〔2017〕45号)、《关于开展银行业"监管套利、空转套利、关联套利"专项治理工作的通知》(银监办发〔2017〕46号)、《关于开展银行业"不当创新、不当交易、不当激励、不当收费"专项治理工作的通知》(银监办发〔2017〕53号)等政策,针对银行业金融机构同业业务、投资业务、理财业务等跨市场、跨行业的交叉性金融业务中存在的杠杆高、嵌套多、链条长、套利多等问题进行专项治理。

监管强化引导票据市场更趋规范。这些防止"票据空转""监管套利"等的规定对票据业务影响较大,部分表外融资逐步回归表内,此前市场交易较为频繁的"代持""资管"等业务处于暂停观望或者审慎开展状态。同时,监管部门检查处罚力度加大,无真实交易背景票据以及监管套利业务减少。

---

① 《中共中央办公厅国务院办公厅印发〈关于促进中小企业健康发展的指导意见〉》,http://www.gov.cn/zhengce/2019-04/07/content_5380299.htm,2022年3月24日最后访问。

但必须说明的是,2016年年底上海票据交易所设立后,2017年票据业务规模下降,这也是票据市场规范化和金融去杠杆的必然结果:其中,上海票交所开始发挥票据市场基础设施功能,通过统一平台、统一制度、统一规则、统一标准,以及电子化业务处理方式,消除了信息不对称和地域限制,有效提升了信息透明度和业务行为的透明度,抑制了票据业务中的不规范行为。同时,金融去杠杆的相关政策促使银行间票据空转资金成本上升,以往频繁的期限错配交易和放大杠杆交易下降,票据业务回归服务实体经济的本源。在多项政策的综合作用下,各金融机构切实加强了内部管理,依法合规经营,开展票据业务更趋规范和谨慎。所以,票据业务规模暂时回落在所难免。

以上说明,一系列针对电子票据、票据交易主体、交易所规则等的法律制度已经基本构建起来,从长期来说必然推动票据市场的发展。根据上海票据交易所2018年至2021年的统计数据,票据市场持续规范发展,融资能力不断提升。实际上,融资性票据对降低企业融资成本、促进实体经济的发展十分有利,并符合中央经济政策导向,但却被一刀切地摈弃。主要原因在于监管跟不上,存在盲区,融资性票据一旦循环套利会使得信贷放大,存在风险隐患,也会扰乱金融市场。因此,笔者认为,给予融资性票据合法地位可行,但同时要注重监管的配合,才能发挥其应有的作用。[①]

三、具备分地区试点推行融资性票据的市场基础

对于融资性票据,若是一开始全面放开存在风险,则完全可以逐步放开。先选择经济发展程度较高、社会信用环境相对优良和票据市场领先全国发展的长三角和珠三角地区作为融资性票据的试点区域。允许上述地区商业银行选择部分资质优良和以往票据业务没有不良记录的企业率先进行融资性商业汇票的承兑和贴现业务,鼓励上述地区优质企业发行商业本票融资,允许上述地区商业银行在本区域内开展融资性商业汇票和商业本票转贴现业务,引导上述地区金融机构强化融资性票据业务风险管理。继而在试点行业企业方面,鼓励符合国家产业政策和具有市场前景的行业企业有限开展融资性商业汇票业务,允许具有短期融资券发行资质的企业发行商业本票。在不断积累经验的基础

---

① 参见黄维:《通过区块链技术破解融资性票据监管问题研究》,载《金融理论与实践》2019年第3期。

上,通过制定更加完善的融资性票据业务管理办法,将融资性票据业务逐步扩大到其他地区和行业企业,有效提升票据融资服务实体经济发展。①

(一) 东部地区的票据实务具备较好的市场基础

票据服务区域经济协同发展,东部地区用票增长较为突出。2021年,东部地区用票金额62.34万亿元,同比增长19.23%;中部地区和西部地区用票金额分别为15.75万亿元和13.36万亿元,同比分别增长9.14%和16.35%;东北地区用票金额4.27万亿元,同比下降5.08%。东部地区,特别是长三角和珠三角地区,经济基础好,受疫情影响小,企业生产经营用票恢复较快,叠加多项票据市场产品业务创新在东部地区率先落地,票据业务与区域经济发展的协同性强,东部地区用票规模处于领先地位,在全国各地区的票据业务发展中的示范引领作用也表明票据业务发展与地区经济金融发展程度高度相关。分地区看,2017年,广东、江苏、山东电票承兑业务已经较为突出,分别占全国总量的11.67%、11.24%和10.64%。贴现业务以江苏省最为突出,其次为广东、湖南、上海、山东和浙江。承兑、贴现业务一端连着企业,一端连着金融体系,承兑、贴现业务开展较好,反映了这些地区实体经济的活跃度较高。从交易情况看,广东、浙江、江苏和上海转贴现和质押式回购业务开展较好,四省交易量占全国的46.53%,与该四个地区金融发展程度相对较高密切相关。另外,广东、上海、江苏和北京的商票承兑额最多,反映这些地区的商业信用相对较为发达。②

(二) 在长三角地区开展票据业务创新试点具有较好的基础

长三角地区是我国经济发展最活跃、开放程度最高、创新能力最强的区域之一,在国家现代化建设大局和全方位开放格局中具有举足轻重的战略地位。2018年11月5日,习近平主席在首届中国国际进口博览会上宣布,支持长江三角洲区域一体化发展并上升为国家战略,着力落实新发展理念,构建现代化经济体系,推进更高起点的深化改革和更高层次的对外开放,同"一带一路"建设、京津冀协同发展、长江经济带发展、粤港澳大湾区建设相互配合,完善中国改革开放空间布局。2019年12月1日,中共中央、国务院正式印发《长江三角洲区

---

① 参见汪办兴:《新时期建设我国多元结构化票据市场的思考——基于融资性票据发展的SWOT分析》,载《上海立信会计金融学院学报》2019年第2期。
② 数据来源于中国人民银行和上海票据交易所的统计报告。

域一体化发展规划纲要》,为长三角地区当前和今后一个时期一体化发展指明了方向。

选择我国东部的长三角地区开展票据业务创新,推行融资性票据具有较好的基础。

1. 长三角地区历来是票据市场先行先试的示范地区

作为我国票据市场发展的开端,我国首笔同城商业承兑汇票贴现业务于1981年在上海办理。进入21世纪以后,我国首家票据专营机构——工商银行票据营业部——于2000年11月在上海率先成立。长三角地区票据业务的先行先试为全国积累了宝贵经验,开启了我国票据市场专业化、规模化发展的进程。

2. 票交所落户上海为长三角地区开展票据业务创新创造了良好条件

票交所于2016年落户上海,进一步丰富了金融市场基础设施构成,完善了上海国际金融中心市场体系和功能,有利于吸引长三角地区行业集聚,创建我国票据市场发展新高地。票交所落户上海也有利于在长三角地区推动票据产品和服务创新,增加票据市场的广度和深度,完善中国金融市场体系。

3. 长三角地区票据市场各项业务量稳居全国前列

2019年全年,长三角四省市商业汇票承兑合计6.25万亿元,占到全国总量的30.67%;票据贴现合计4.28万亿元,占到全国总量的34.35%;票据交易合计34.87万亿元,占到全国总量的34.23%。可见,长三角地区各项票据业务量均在全国占到三分之一左右,这为下一步开展票据业务创新打下了坚实的基础。①

(三) 长三角地区已有票据市场创新产品的经验

票据市场作为我国金融市场的重要组成部分,是有效连接货币市场和实体经济的重要通道,具有广阔的发展空间。2019年以来,随着长三角一体化发展上升为国家战略,票交所着力推进金融服务长三角一体化工作,在长三角地区重点推动应收账款票据化,推广"贴现通""票付通"业务,服务长三角地区实体经济发展,取得积极成效。

---

① 数据来源于中国人民银行和上海票据交易所的统计报告。

1. 建设供应链票据平台,推广应收账款票据化

长三角地区经济活跃,长三角一体化发展上升为国家战略后,各省市、各地区之间经济往来更加密切和频繁。在此过程中,通过应用票据的多重功能,可为促进长三角经济健康发展发挥重要的作用。2019年6月13日,中国人民银行行长易纲在陆家嘴论坛上提出,中国人民银行支持票交所在长三角地区推广应收账款的票据化。

为落实相关要求,票交所探索建设供应链票据平台,与部分供应链金融平台合作,对增量应收账款在源头进行票据化。供应链金融平台中的企业因交易行为形成应收应付关系时,可以直接在供应链票据平台发起商票签发指令,在源头上实现应收账款票据化。这样不仅能够实现应收账款规范化和标准化,而且可以将核心企业的信用传导至末端长尾客户,实现核心企业信用的全链条共享,降低实体经济尤其是中小微企业的融资成本,更利于实现普惠金融的目标。

2. 推广"贴现通"业务,服务企业融资需求

2019年5月,票交所推出"贴现通"业务,旨在打造全国统一的贴现服务平台,打破贴现市场信息壁垒,在全国范围内实现待贴现票据和待投放资金的精准匹配,提升票据贴现服务民营企业、小微企业的效能。在长三角地区试点推广"贴现通"业务也是中国人民银行行长易纲在2019年6月召开的陆家嘴论坛上提出的一项重要工作。

"贴现通"业务推出以来,票交所会同相关各方积极推进业务试点推广,服务民营企业、小微企业的功能作用初步显现。截至2019年年末,共有2720家贴现申请企业参与"贴现通"业务,其中民营企业、小微企业占比90.63%,长三角企业占比53.24%;共计委托票据6653张,票面金额合计98.19亿元,其中长三角企业的票据金额占比52.19%;共计有5130张票据通过"贴现通"业务系统达成贴现意向,票面金额合计74.92亿元,其中长三角企业的票据金额占比56.31%;达成成交的票据平均票面金额146万元,平均贴现利率3.07%,较同期全市场电票平均贴现利率低23个基点,为贴现申请企业总计节约财务成本1076万元,为长三角贴现申请企业节约财务成本694万元。①

---

① 数据来源于中国人民银行和上海票据交易所的统计报告。

3. 推广"票付通"业务，提升企业支付效率

为发挥票据支付功能，服务供应链发展，票交所于 2019 年 1 月推出了"票付通"业务。"票付通"类似企业账期支付的支付宝，主要应用于当下快速发展的 B2B 电商和供应链平台，让企业间的账期支付更加安全、便捷、高效。长三角地区作为全国经济金融发展的龙头地带，在企业间商品交易线上化方面同样走在前列，涌现出较多有行业代表性、业务辐射全国的 B2B 电商和供应链平台。在长三角推广"票付通"业务，有利于扶持和加速相关平台发展，提升长三角地区产业互联网的综合实力和发展质量。

2019 年以来，金融机构和平台积极开展"票付通"业务，取得了较好的成效。截至 2019 年年末，已有招商银行、兴业银行、中信银行、平安银行、江苏银行、宁波银行、中国石化等 7 家合作金融机构和 23 家平台接入"票付通"业务，累计签约企业 802 家，完成票据支付 7462 笔，支付金额 68.66 亿元。在已接入的合作金融机构和平台中，长三角地区法人金融机构 2 家、平台 8 家、企业 196 家，占比分别为 29％、35％和 24％，起到了较好的引领和辐射作用。[①]

（四）票据市场的进一步发展将在长三角一体化发展中发挥重要作用

融资性票据在票据市场中推广，选择长三角地区作为试点，可以预计其对长三角一体化发展起到推动作用。

1. 票据有利于提升长三角经济活动水平和效率

企业之间在经济往来的过程中往往会形成应收账款，但应收账款存在制度基础不完善、赊账信息不透明、资金流动不便捷、融资业务不规范等问题。2019 年 1 月，李克强总理主持召开国务院常务会议，要求积极清理被拖欠的民营企业、中小企业账款。票据具有支付手段和信用工具双重功能，可以帮助企业合理安排还款时间，降低应收账款无限期拖欠的风险，优化企业财务结构，降低企业资产负债率，便利企业获得融资。长三角地区经济活跃，尤其是长三角一体化发展上升为国家战略后，各省市、各地区之间经济往来更加密切和频繁。发挥票据多样化功能，可帮助长三角企业减少应收账款，优化财务结构，促进企业获得融资，为推动长三角经济健康发展发挥重要的作用。

---

① 数据来源于中国人民银行和上海票据交易所的统计报告。

2. 票据可强化企业商业信用,有利于塑造长三角更好的营商环境

票据在企业中有着广泛的使用,是企业商业信用的载体。企业的信用情况一定程度上决定了票据的可接受性与流通性。票据的推广使用可促使企业尤其是中小微企业提高自身信用,改善社会信用环境。长三角地区是我国商业信用较为发达的地区,在长三角地区推广使用票据,将有利于进一步强化企业信用意识,帮助企业利用自身信用节约资金、实现交易、获得融资,打造长三角地区更好的营商环境,为促进长三角一体化发展打下更坚实的基础。

3. 票据是中小企业重要的融资工具,有利于服务长三角实体经济发展

票据签发灵活便利,手续费低,单张票面金额较小,是难以直接获得贷款或发债融资的中小企业重要的融资工具之一。我国中小企业签发的银行承兑汇票占比约为三分之二。相比其他中小企业的融资方式,票据融资成本更低。长三角地区实体经济活跃,民营企业、中小企业众多。在长三角推广票据融资,可有效缓解中小企业融资难和融资贵问题,促进长三角经济一体化发展。①

---

① 参见上海票据交易所:《以票据市场创新发展 助力长三角一体化发展》,http://www.shcpe.com.cn/content/shcpe/research.html?articleType=research&articleId=WZ20200805129103436921468 1088,2022年3月20日最后访问。

第四章　融资性票据入法的理论论证

我国融资性票据发展的现实,迫使其寻求在法律中合理的地位。那么,从票据法和相关法律理论角度,融资性票据入法是否具有合理性?如果有,如何确立?简而言之,一方面,在保留《票据法》第十条的基础上对其进行修改完善;另一方面,在《票据法》中另行规定融资性票据的相关内容。

第一节　票据融资原因之正当性

融资性票据在实务中已经存在,司法实践中对融资原因和票据权利的关系等有了不同于以往的认识。对票据对价之认识是否也应该从狭义的理解转为广义的理解?

一、几则原因关系争议引发的纠纷

在分析票据融资原因正当性之前,首先看一下现实中的原因关系引发的票据纠纷及法院的判决。

（一）以借款保证为由开发票据的纠纷

辽阳县山龙实业经贸有限公司(简称"山龙公司")诉沈阳商业城的票据纠纷案,是一起发生在20世纪90年代的关于承兑汇票的争议。[①] 原告山龙公司为办厂所需资金向被告沈阳商业城借款,被告答应借款,同时要求有银行担保。原告找到农行辽阳县支行为其作担保,约定:由原告签发以被告为收款人的远期汇票,并作为承兑申请人向银行申请承兑,农行辽阳县支行办理人民币300万元的远期银行承兑汇票,被告收取汇票后向原告账户汇款300万元。原告签

---

① 参见辽宁省高级人民法院民事判决书,(1996)辽经终字第405号。

发汇票给被告后,被告将273万元汇入原告账户,扣留提前支付的利息27万元。原告收到汇款后,认为此与原约定不符,决定解除协议办理退款汇票,退还273万元给被告,并要求索回银行承兑汇票。而被告以种种理由拒绝返还,故原告起诉至辽宁省辽阳县人民法院,要求被告退还300万元的银行承兑汇票。

诉讼中,原告山龙公司认为,被告汇款数额与约定不符,公司并非受益,已经于1995年10月16日将273万元如数退汇给沈阳商业城,并委托公司开户银行(中国农业银行辽阳县支行河栏营业所)在退汇时索要300万元的银行承兑汇票。沈阳商业城在收到273万元后,以种种理由拒绝返还承兑汇票。故山龙公司起诉到法院,要求沈阳商业城退还300万元的银行承兑汇票。被告沈阳商业城则辩称:山龙公司与其所办的银行承兑汇票已贴现,形成了正常的债权债务关系,原告必须按银行承兑汇票的金额无条件承担付款责任,并拒绝退还300万元的银行承兑汇票。

辽宁省辽阳市中级人民法院根据双方提供的证据和事实审理查明,该银行承兑汇票的开具有更为复杂的原因。需要资金的是辽阳县丝绸厂法定代表人郑某某,其急需筹资办厂,遂向被告借款。被告应允借款,但又不放心,提出银行担保的条件。郑某某以私人关系找到农行辽阳县支行河栏营业所主任任某某,但因为银行不能为郑直接作担保,因此其找到原告(是支行的某一开户单位),希望原告参与此事项。三方共同到被告处商量拆借事宜,经协商约定由原告作为申请承兑人,被告为收款人,由农行辽阳县支行河栏营业所办理300万元的远期(半年)银行承兑汇票;被告收取该银行承兑汇票后,向原告账户汇款300万元,再由原告取款支付(借)给郑某某。三方协商后达成一致,遂于1995年10月9日由原告签发面额为300万元的银行承兑汇票交给被告,但被告于10月10日汇入原告账户的资金总额为273万元,将27万元作为支付300万元的利息提前扣留。原告收到汇款后,认为被告没按约将300万元汇回,与原约定不符,且此次拆借自己并非受益人,故提出解除协议,终止拆借,并办理签发了退款汇票,将273万元退给被告,同时委托任某某将银行承兑汇票索回。与此同时,农行辽阳县支行的行长办公会议上认为开具此银行承兑汇票违反金融法规,决定收回此银行承兑汇票,并停止支付被告汇款273万元。10月16日,任某某受银行及原告委托,持原告签发的273万元的退款汇票与郑某某前往被告处。任某某将退款原因告知被告会计李某某,将273万元汇票交给李某某,并向李某某提出取回 300 万元的银行承兑汇票。李某某收到退款汇票后称需到银行核对密押,让任某某次日来取银行承兑汇票。次日,李某某说办理此事的副总经理外出,及后几日说银行承兑汇票的款被郑某某借走,导致任某某多次索要银行承兑汇票未果。郑某某从被告处借到款后,数次找原告,要求原告给被告出具财务借款凭据,被原告拒绝。原告于 1996 年 3 月初诉至辽阳县人民法院,后因审级原因移送至辽阳市中级人民法院。

辽阳市中级人民法院认为:(1)以没有真实商品交易的银行承兑汇票进行的资金拆借,违反金融法规,系违法行为。原被告以及案外人郑某某的行为属于恶意串通,为无效民事行为。但没有指明违反哪些金融法规规定。(2)被告借给郑某某的 273 万元与原告无关,是被告自己的行为。最后,法院判决:原告辽阳县山龙公司与被告沈阳商业城签发的银行承兑汇票无效。

这个案例中,三方约定的目的是骗取银行的资金。那么假设,原告确实与被告约定,为郑某某的借款行为提供担保,并签发票据;且作为银行承兑申请人申请承兑时均符合有关规定,比如缴付一定的保证金,并承诺银行到期支付后由原告支付银行垫付的汇票款项。那么,签发理由是否成立?该银行承兑汇票是否依然被认为是一张无效的票据?

(二)作为还款保证而签发票据的纠纷

上诉人(原审被告)上海孙桥羊毛衫厂因不服上海市黄浦区人民法院一审判决而向上海市第二中级人民法院提起上诉,其中被上诉人(原审原告)为上海生大针织绒有限公司。该起纠纷围绕票据基础关系和票据是否有效而引发。①

原审法院经审理确认下列事实:上诉人与盛建华签订有偿使用上诉人商标和纯羊毛标志协议后,向盛建华提供了企业法人营业执照、组织机构代码证复印件以及基本账户管理卡。盛建华在 2000 年 8 月 11 日持上诉人提供的上述证件到农行上海市黄浦支行申请开立银行账户,银行依程序审查资料并对上诉人的基本账户管理卡读卡后给予上诉人一般账户的开立。盛建华因租赁协议欠被上诉人 60 万元债务,2000 年 10 月 5 日他承认该债务并以上诉人名义出具还款书,同时还以上诉人名义签发了一张商业承兑汇票给被上诉人,票面金额为 18 万元,到期日为 10 月 18 日。被上诉人于 10 月 17 日向上诉人的开户银行

---

① 参见上海市第二中级人民法院民事判决书,(2001)沪二中经终字第 522 号。

提示付款,10月25日银行以上诉人账户存款不足为由退票。被上诉人遂向上诉人行使票据追索权,要求上诉人承担出票人的票据责任,但遭到上诉人的拒绝。被上诉人遂诉至法院。法院同时查明,盛建华出具还款协议书和申请开立账户所留存的印鉴以及被上诉人出示的租赁协议书上的印章均与上诉人留存的印章不符。

原审法院审理后认为主要争议焦点为被上诉人所持的商业承兑汇票是否系合法票据,而法院认为该商业承兑汇票为合法的票据,支持了一审原告的诉讼请求。法院的判决理由主要有以下两个:(1)盛建华以上诉人提供的相关证照及基本账户管理卡开立银行账户,应认定该开户行为得到了上诉人的授权,由此也应认定被上诉人所持的商业承兑汇票为合法的票据。(2)被上诉人提供的还款协议书证明被上诉人取得系争汇票已给付了相应的对价,被上诉人依法专有票据权利。由于开户行未经上诉人授权,故上诉人以证章不一致为由的抗辩不能成立。被上诉人因被拒绝付款而行使的追索权应当得到保护,上诉人除应支付被上诉人票据款外,还应按中国人民银行规定的企业同期流动资金(6个月内)贷款利率支付被上诉人自2000年10月17日起至清偿日的利息,被上诉人的利息请求低于法定利息,应予支持。盛建华系上诉人授权的票据基础关系相对人,上诉人可在承担了票据债务后依基础关系追究其相关责任,上诉人请求盛建华承担票据责任的辩称,不予采信。

原审判决后,上诉人不服,提起上诉。上诉人称:(1)原审认定被上诉人所持商业承兑汇票为合法票据的证据不足。系争票据是盛建华个人冒用并私刻上诉人公章等骗取银行信任而获得银行开户的。(2)原审所认定的基础关系证据不足。上诉人对被上诉人与盛建华之间所发生的业务关系一概不知,且所盖财务专用章与上诉人预留的印鉴不一致。

二审法院认为案件争议的焦点在于两个方面:一是被上诉人所持票据是否为合法票据,上诉人是否需要承担票据责任;二是上诉人认为的被上诉人票据基础关系证据不足的抗辩理由能否成立。

而上诉人确认,根据与盛建华签订的有偿转让其商标和纯羊毛标志协议的约定,向盛建军提供了企业法人营业执照、组织机构代码证复印件以及基本账户管理卡,盛建华凭上述材料以上诉人名义开立银行账户,原审据此认为盛建华该开户行为系得到了上诉人的授权,该账户应视为上诉人所设银行账户是正确的。上诉人关于盛建华申请开立账户所留存的印鉴与其自己使用的章不一致为由，据此认为系盛建华私自设立账户，上诉人不应承担票据责任的抗辩理由不能成立。被上诉人所持出票人为上诉人的商业承兑汇票系有效票据，该票据因上诉人账户存款不足遭到退票，被上诉人向上诉人行使追索权的行为应该得到支持，所以上诉人应该承担票据付款责任。至于被上诉人取得票据是否支付相应对价问题，被上诉人在原审审理中出示了盛建华以上诉人名义出具的还款书，上诉人虽有异议，但无证据证明该还款书不具有真实性。因此，二审法院维持了一审法院的判决。

本案中，上海市第二中级人民法院和黄浦区人民法院都认为开发票据的理由合理合法。引起思考的问题有两个：一是保证还款可以成为签发票据的理由，盛建华和票据收款人之间存在着债权债务关系，但是出票人即上诉人却与收款人之间不存在任何债权债务关系，而两者又建立了票据关系。所以，债权债务关系即原因关系的当事人和票据关系的当事人不一定是相同的。二是取得票据之人支付对价的对象不一定是票据关系人，可以是票据关系以外的人。即被上诉人已经支付对价，且是向盛建华支付，没有向出票人支付，仍然不影响其取得票据，享有票据权利。两法院的判决对原因关系和对价，保持了比较开放的态度。

（三）以已开支票作为后开支票之对价的票据纠纷

原告上海达力投资咨询有限公司诉被告上海杰祥实业有限公司欧杰电子音响器材厂的票据纠纷案①比较特殊，在原告对被告的追索权行使中，原告以已经开出的支票作为后开支票的对价理由是否成立的争议焦点特别引人关注，本案判决比较新颖，突破常规。

法院查明的事实是：1998 年 12 月案外人顾某交给原告一张号码为 AH684127 的上海浦东发展银行支票以归还借款，该支票载明被告为出票人，原告为收款人，金额为人民币 10 万元，出票日期为 1998 年 12 月 30 日。原告在获得票据之后持该支票到银行提示付款，因出票人存款不足，遭银行退票。原告向被告行使票据追索权遭到拒绝，因此提起诉讼。

另外，原告与被告之间存在的事实还包括：案外人顾某曾于 1998 年 12

---

① 参见上海市第二中级人民法院民事判决书，(1999)沪二中经终字第 1637 号。

间分别向被上诉人借得支票 3 张,计金额 9 万元。其中,支票号码为 AH344129 金额 2 万元、支票号码为 AH344131 金额 2 万元的两张支票权利均由被告取得。所以,被告曾经从原告处获得 4 万元的款项。

原告认为,被告作为 AH684127 支票的出票人,理应承担支付票据款项的责任。根据被告已经从原告处因为支票 AH344129 和 AH344131 获得 4 万元的对价,故原告的诉讼请求是要求被告支付票据款 4 万元并偿付利息损失。

但是被告辩称,其出具的 AH684127 支票上收款人及金额没有记载,且原告也没有为该支票支付相应的对价,因此不享有票据权利。

法院认为:支票是出票人签发的、委托办理支票存款业务的银行或者其他金融机构在见票时无条件支付确定的金额给收款人或持票人的票据。被告签发 AH684127 支票后,原告依法取得该支票,票据的文字记载符合法定要求,因此是一张有效的票据,原告作为收款人即享有该票据权利。现原告要求被告只支付支票款的一部分即 4 万元及相应利息的请求并无不当,应予支持。被告所称和原告之间没有票据基础关系,原告是凭推定认为 4 万元支票已兑现的辩解不符合事实,因为原告提供的 AH344129、AH344131 两张支票的复印件等证据已证明其票据权利已由原告享有,故原审法院不予采信。至于被告辩称其出具 AH684127 支票时收款人及金额没有记载,只能表明被告出具该支票时任意授权补记,被告必须按照签发的支票承担保证向该持票人付款的责任。一审法院据此判决被告向原告支付票据款 4 万元及利息损失 666 元等。原审法院判决后,被告不服,提起上诉。二审法院对一审法院认定的事实均予以认定,认为上诉人签发的 AH684127 支票系有效票据,被上诉人依法取得该支票后,即享有该票据权利。被上诉人签发的 AH344129、AH344131 两张支票的票款 4 万元为上诉人取得,故上诉人与被上诉人之间有对价关系,被上诉人据此处分自己的权利,要求上诉人支付票款 4 万元,显属合理。因此,二审法院驳回上诉,维持原判。

这个案件看起来非常简单,但其实存在一个很有意思的问题,那就是:原告签发给被告的两张支票可以作为被告和原告之间的基础关系。至于原告为什么签发 AH344129、AH344131 两张支票根本不重要,也无须追究被告为这两张支票是否支付了对价。如果原告签发这两张支票的目的就是借钱给被告,这两张支票是否有效? 当这两张支票可以成为 AH684127 支票签发的理由,且是原告支付的对价时,似乎已经突破了我们对于"对价"惯常的理解和《票据法》第十条的衍射范畴。更有意思的是,原告要行使的是部分票据追索权,即对已经支付对价的部分票据款项行使权利。如若原告要求被告承担 10 万元票据责任,法院的态度会如何?法律的判决是否可能对票据责任作出部分承担、部分不承担的分割?那么还会引来关于票据权利的内容是否为一个整体的讨论。

(四)企业之间代为签发票据及收款人无直接交易的票据纠纷

上海海东建筑装潢安装公司(原告,以下简称"海东公司")与张金明、张金龙、张金元票据追索权纠纷①经历了一审、再审、二审、再审的四次审查程序。

案情的经过看起来比较复杂,一审法院认定的事实是:1997 年 8 月,海东公司为上海安达商贸有限公司(以下简称"安达公司")的上海景富成商务中心(以下简称"商务中心")进行水电、消防的装修工程,后安达公司开给海东公司一张金额为 10 万元、号码为 BN377622 的农业银行转账支票,用于支付装修工程款。原一审以海东公司取得票据关系合法、海东公司与安达公司票据关系明确、安达公司应支付该票据价款等为由,于 1998 年 9 月 9 日判决安达公司支付海东公司人民币 10 万元及支付海东公司违约金人民币 6300 元,并于判决生效之日起 10 日内付清。

1999 年 4 月 15 日,安达公司以起诉状、开庭传票均未收到为由,向上海市嘉定区人民法院提出再审申请。法院审查认为系邮寄送达差错,为此进行再审。再审期间,因安达公司于 1999 年 7 月 6 日歇业,故变更安达公司股东张金明、张金元、张金龙为本案当事人。1999 年 12 月 10 日,上海市嘉定区人民法院作出民事判决,对海东公司的诉讼请求不予支持。海东公司不服,提起上诉。

原审再审中,安达公司称其与海东公司无任何往来,其与商务中心的关系为租赁关系,但承认在商务中心装修工程中,曾于 1998 年 3 月 6 日以安达公司的名义出具支票 8 张,付款日期为同年 4 月 30 日,用于上海广建建筑工程有限责任公司(以下简称"广建公司")装潢工程余款 531300 元,海东公司提供的支票系上述 8 张支票之一,当时收款人栏为空白。海东公司认为其与商务中心的装潢工程有口头协议,但未能提供取得系争支票并给付安达公司相应对价的证据。

---

① 参见上海市第二中级人民法院民事判决书,(2001)沪二中经再终字第 5 号。

原审再审判决认为：海东公司取得安达公司支票，但未支付安达公司相应的对价，故海东公司诉请安达公司支付票据款没有法律依据，据此原审法院判决，对海东公司请求张金明、张金元、张金龙给付票据款10万元及违约金6300元的请求不予支持。原审再审判决后，海东公司不服，提起上诉。原二审驳回上诉，维持原判。

海东公司仍不服，以其取得票据确已支付对价、判决认定事实不清为由，提出再审申请。再审中，当事人主要争议的焦点仍是本案票据的基础关系方面：(1)海东公司与安达公司之间是否有关系？(2)海东公司取得票据是否支付了对价，以及出票时收款人栏空白、未经背书转让的票据，持票人是否必须直接与出票人有对价关系？

根据本案双方当事人的诉辩主张及提供的证据，再审根据证据及票据基础关系分析认定的事实为：根据1997年7月21日签订的《建设工程施工合同协议条款》的规定，商务中心的工程是由广建公司总包；根据海东公司提供的一份1998年1月18日工程结算协议，可以确认海东公司是从广建公司处分包了水电、消防的装修工程；1998年3月6日以安达公司的名义出具支票8张，付款日期为同年4月30日，代替商务中心用于支付给广建公司装潢工程余款531300元，海东公司提供的支票系上述8张支票之一，当时收款人栏空白，由广建公司交付给海东公司。因此，本案系争支票的交付是：安达公司为支付商务中心工程款所签发并交给广建公司；广建公司为向海东公司支付分包工程款，将该支票转交给了海东公司。法院再审另查明：海东公司持有号码为BN377622的支票，出票人为安达公司，出票日期为1998年4月30日，收款人栏为空白，金额为人民币10万元，用途为工程款。该支票还记载："上列款项请从我账户内支付。"由于安达公司在签发支票时收款人栏为空白，故广建公司未在支票上背书，而是以直接交付的方式将支票转让给了海东公司。海东公司在收到该支票后即在支票的收款人栏内填写"上海海东建筑装潢安装公司"。1998年4月30日，海东公司将该支票交银行提示付款，因出票人安达公司银行存款不足遭退票。为此海东公司提起诉讼，请求判令安达公司给付票款人民币10万元及利息（按支票金额从1998年4月30日退票之日起至清偿止，按照中国人民银行规定的利率计算）。

法院最后认为：(1)支票出票人安达公司签发票据的行为符合法定条件，应当承担票据责任。本案中,安达公司与商务中心存在着租赁关系,广建公司与商务中心存在工程承包关系,安达公司出票是应商务中心要求所为,用途是工程款,这一事实各方均无异议,这种企业之间代为签发票据支付款项的情况,没有违反法律的禁止性规定;安达公司在支票上未记载收款人名称,属出票人授权他人可以补记性质。所以,安达公司签发票据的行为符合法定条件,对其签发的票据负有票据责任。(2)持票人海东公司取得票据的行为符合法律的规定,应当享有票据权利。安达公司交付给广建公司的支票收款人栏空白,广建公司未背书而将票据转让给海东公司的行为是直接交付的转让方式。关于转让方式,《票据法》第三十一条规定:"以背书转让的汇票,背书应当连续。持票人以背书的连续,证明其汇票权利;非经背书转让,而以其他合法方式取得汇票的,依法举证,证明其汇票权利。"因此,票据转让方式一般是以背书方式转让,而本案当事人以交付的方式转让,也并不违反法律的禁止性规定,故应认定为合法有效。对于票据取得,票据法规定必须给付对价。海东公司与广建公司存在工程分包关系,根据海东公司与广建公司的工程结算协议确定,海东公司与广建公司之间有42万元债权。因此,海东公司从广建公司处取得票据,是给付了对价的,持票人海东公司应当享有票据权利。由于票据具有无因性的特征,只要海东公司取得票据支付了对价,对于出票时收款人栏空白的已交付转让的票据,持票人与出票人之间是否有直接的对价关系,当在所不问。故海东公司向出票人安达公司主张票据权利并无不当,安达公司理应承担票据责任。

综上,法院对原二审的判决予以纠正,支持了海东公司的诉讼请求,即其享有票据权利。鉴于安达公司已于1999年7月6日歇业,故该公司的债务应由其投资股东张金明、张金元、张金龙负责清理偿还。

本案判决带来以下新的观点:

(1)企业代开票据是有效的。尽管安达公司和商务中心都是独立的法人,但根据它们之间的约定,前者可以为后者的债务以自己的名义签发支票。事实上,企业之间的这种代开行为,会构成企业之间的借贷关系,即安达公司是为商务中心的融资需要而开具支票。

(2)票据直接交付的转让方式在法律上并不被禁止,因此是有效力的,产生票据权利转让的法律后果。

(3)票据原因关系之交易关系,并不一定是出票人与收款人之间,或者票据上任何的关系人与持票人之间的关系。非常明显,本案中广建公司不是票据关系的当事人,虽然安达公司的支票签发旨在代商务中心向广建公司偿还债务,但是广建公司的名称未记载在票据之上,因而是票据关系之外的人。那么最后法院认定的海东公司支付对价的原因——与广建公司的协议——是与票据关系人之外的主体所建立的法律关系。

二、原因关系的多元性

融资性票据将票据融资目的发挥到极致。有学者认为,融资性票据的签发和取得无真实的交易关系和债权债务关系,取得票据之人未支付相应的对价,其在我国票据法中的地位受到《票据法》第十条的阻碍,提出应该放弃票据的有因性,以无因性而代替之。①

(一)原因关系依民法解释

的确,我国《票据法》第十条的适用范围从设计之初就被限定为交易性票据。我国票据法以真实票据为核心思想,主要是基于当时的社会经济背景,是对社会信用控制的制度表现。

但是笔者以为,学界对《票据法》第十条的理解均来自当初立法的本意,以及对票据原因关系和对价的当然理解;立足于票据支付功能被削弱的事实,法条的解释总是在正视现实的基础上发生变化。最高法也非常关注融资性票据,认为"在票据法上,通过金融创新,大量融资性票据已在逐渐取代传统意义上的票据转让、支付功能。票据的功能在于发挥其流通转让效能,让更多的经营者通过票据转让、受让,实现其经营目的。"②

流通是票据之生命,融资是票据最重要之功能。美国《统一商法典》给予票据以"流通证券"(negotiable instruments)的定义。流通证券作为商业证券之一种,与投资证券例如债券等是不同的,商业证券与投资证券的最大不同是其到

---

① 持这种观点的学者比较多,可以参见严文兵等:《论开放融资性票据业务及其监管制度安排》,载《经济评论》2002年第5期;王林等:《关于〈票据法〉确立融资性票据制度的对策探究》,载《金融纵横》2008年第8期;尹乃春:《融资性票据推行的法律问题探析》,载《东北财经大学学报》2005年第2期;赵胤:《融资性票据的立法建言》,载《浙江纺织服装职业技术学院学报》2011年第3期;等等。

② 参见吴庆宝主编:《最高人民法院专家法官阐释民商裁判疑难问题(2013—2014年卷)》,中国法制出版社2013年版,第95页。

期无条件付款的特征。① 票据用于支付手段的情形正在逐渐减少,而更多的是用于融资。甚至"转手票据"也正逐步减少,在日本,交换的约85％的票据只经过一次背书(含委托收款背书),被背书人为金融机关;剩余近15％的票据几乎都是两次背书,第二被背书人也为金融机关。现在日本基本不存在票据在金融机关以外辗转流通的情况,以票据在不特定第三人之间辗转转让为前提的传统票据理论体系脱离了这一事实。②

上述四个案例,第一个案例被法院认为是骗取银行的资金,根据我国《支付结算办法》第七十七条:"出票人不得签发无对价的商业汇票用以骗取银行或者其他票据当事人的资金。"因此,若行为的性质真的被定性为"骗",作为票据签发的原因当然得被否定。其他三个案例中的票据既有为保证,又有为欠款和代发,均被认定为合理正当的原因。到底该如何界定《票据法》第十条中的原因关系和对价?

1988年6月8日上海市人民政府发布的《上海市票据暂行规定》中规定,票据可以载明"签发票据的原因或用途",但没将此作为支付条件。由此发现当时上海市对票据签发或转让的原因的规定是相对自由的。但是,1988年12月19日中国人民银行发布的《银行结算办法》中却规定:"签发商业汇票必须以合法的商品交易为基础,禁止签发无商品交易的汇票。"该项内容表明,票据签发的原因唯有合法的商品交易关系。1995年5月10日正式颁布、1996年1月1日正式实施的《票据法》第十条规定,票据的签发、取得和转让,必须有真实的交易关系和债权债务关系。显然,对比1988年的《银行结算办法》,该条款是个很大的进步,将票据签发和取得的原因确定为交易关系和债权债务关系。当然,对比1988年上海的相关规定,该条款更为严格。

交易关系和债权债务关系乃是票据对价的基础,即为票据原因关系。其中"债权债务关系"的种类呈现多元的特点,因此票据对价的基础并非单一,而是多元的;对票据多元的对价基础的合理解释唯有遵从民法之原理。

我国台湾地区学者认为:"票据原因关系者,指当事人所以为票据行为之缘由。按当事人间为票据之接收,必有其授受之缘由。此项缘由,即为票据原因。

---

① Stoerger v. Ivesdale Co-op Grain Co. ,15 Ill. App. 3d 313, 304 N. E. 2d 300 (4th Dist. 1973).
② 参见张凝、〔日〕末永敏和:《日本票据法原理与实务》,中国法制出版社2012年版,第33—35页。

例如买卖、借贷、赠与、保证等原因而授受票据。"①"票据原因关系亦称票据原因或原因关系,台湾地区'票据法'称之为对价关系。票据上之权利义务,仅依票据行为而生。至于票据原因关系为民法上之法律关系,故与票据行为无关。因此票据之原因关系,乃民法上之法律关系,应依民法决之。至于票据行为之权利义务,则依票据法决之。"②换言之,原因关系乃民法上之法律关系。交易关系和债权债务关系是我国确定的签发、取得和转让票据的原因,那么从民法意义上具体应作何理解?

(二)交易关系之多元性

民法之交易关系首先包括买卖,但不仅仅指买卖。罗马时代法学家就认为:"交换是一回事,买卖是另一回事。否则在交换中无法指出哪一物是出卖的,哪一物作为价金支付的;如果每一物既是出卖的,又作为价金支付,那就不合情理了。普洛库尔认为交换是有别于买卖的特种契约的意见,占据了优势。"③因此,交易关系更广于买卖关系。

交易之种类,和现实生活相契合,纷繁复杂。《中华人民共和国民法典》(以下简称《民法典》)将有名合同一一作规定,为了符合社会生活之需要,对于无名合同可以用合同的一般规定来确定当事人之间的权利义务,即法律关系的具体内容。因此可以说,交易关系主要是合同关系。那么,借贷关系是否为交易关系?"由于交易情况的不同,票据原因也千差万别。最常见的票据原因包括:为支付买卖货物的价款而签发有关的票据;为接受他人的赠与而收受票据;为交付合同定金或者预付款而转让票据;因成立借贷而签发票据;为交纳租金而签发票据;为税款的支付而签发票据等等。"④

根据我国《民法典》,借贷合同是有名合同之一种。借贷合同一旦作为票据关系的原因,两个关系的权利义务容易混淆。借贷合同中之借与贷,是借用金钱之交易,以交付金钱为一方的义务,但是当金钱不是以现金形式交付对方,而是以票据形式签发或转让,就容易造成关系上的混淆。这一点和其他交易表面上有不同,原因关系的交易标的非常明确,例如买卖。一方的义务是交付货物,

---

① 梁宇贤:《票据法新论》(修订新版),中国人民大学出版社2004年版,第26页。
② 同上。
③〔古罗马〕查士丁尼:《法学总论——法学阶梯》,张企泰译,商务印书馆1989年版,第175页。
④ 王小能编著:《票据法教程》(第二版),北京大学出版社2001年版,第78—79页。

另一方的义务是交付货款,尽管一方交付货款的义务以转让票据或签发票据为替代,但至少给人的感觉是原因关系中一方已经支付对价,且支付对价的方式是交付货物,这与票据关系没有关联。但是,再仔细深究,我们就发现借贷合同与其他交易并无区别。一方有融出资金的义务,另一方有还款付息的义务;融出资金犹如交付货物,还本付息犹如交付货款,本质上均为义务而已,不过是交付货物之义务无法以票据债务之设置来替代而已。还有一个先后顺序的问题,借贷关系中,一般总是贷出一方先履行义务,借入一方有到期还款付息之义务。何况借贷合同中,还款和支付利息均不是票据义务,是票据之外的原因关系所生之义务。所以,将借贷关系定位为交易关系之一种没有任何法律上的障碍。

除此之外还有保证关系。保证合同是从合同,一般有主合同之交易;保证合同显然不能简单地被归类为交易。票据法将交易关系之外的原因一并概之以债权债务关系。其实交易合同也属于债权债务关系,由于票据之重要功能表现为交易中的支付,因此将交易关系作为对价之基础关系明确列出。但交易关系不能涵盖所有对价的基础,又以债权债务关系作为补充。

(三) 债权债务关系之多元性

债权债务关系的范围相当宽广。债之种类首先是合同之债。"债是法律关系,基于这种关系,我们受到约束必须依照我们国家的法律给付某物。""债的标的最后归结为债务人应提供的物,但是它的直接标的不是物本身,而是给予、作为或不作为等。给予(dare)指移转所有权,作为(facere)包括不作为在内,给付(praestare)指提交一物,供人使用,如租赁;有时泛指债务的履行而言。"①给付之债在本质上均一致,不过在给付之物上有区别,或为种类物,或为特定物,或为货币。交易合同产生之债大部分为给付之债,给付之物既有种类物,又有特定物。借贷合同产生之债的标的同样为给付,只不过一方当事人给付之物为货币,负担货币之债,即谓以货币一定额之给付为标的之债。货币之债与一般之债本质上相同,即使是特定货币之债,与一般特定之债也并无不同。②

合同为债产生的首要原因,可以根据以要物、口头、书面或诺成的方式缔结而细分。契约(contractus)是由于双方意思一致而产生相互间法律关系的一种

---

① 〔古罗马〕查士丁尼:《法学总论——法学阶梯》,张企泰译,商务印书馆1989年版,第158页。
② 参见史尚宽:《债法总论》,中国政法大学出版社2000年版,第252页。

约定。不是所有约定都产生法律关系,而仅以法律所规定者为限。例如(a)口头契约;(b)书面契约;(c)要物契约,包括消费借贷、使用借贷、寄托和质押;(d)诺成契约,包括买卖、租赁、合伙和委任。"此外的约定也可以作为抗辩的根据,如一方按约履行",大法官也会强制他方履行,这叫作"无名契","不外下列四种:我给你某物,为要使你给我某物;我给你某物,为要使你对我做某事;我对你做某事,为要使你给我某物;我对你做某事,为要使你对我做某事。基于这些无名契约产生特定词句诉权。"①"债权的权利和利息的享益如今是所有经济的目的,债权不复是旨在物权或物之享益的手段,而本身就是法律生活的目的","经济价值在从一项债权向另一项债权转移中始终存在,而在物法中任何时候都不会有较久的平静,即使是金钱(法律上的物,不过是为达到物权目的的一种经济上的手段),也不是经济的终极目的;一项债权所带来的塔勒(Taler,原文注:18世纪前德意志通用的一种货币),无须置于充满诗情的长筒袜中,亦不必置于宽大的衣箱内,必须立即进一步流通,以便成立新的债权。"②因此,就合同所生之债形成的债权债务关系必然为票据法所称之原因关系,构成对价关系之基础。至于是否每一种合同中债务之履行均构成《票据法》第十条第二款所称之对价支付,得依对价的判断标准而定。

"债务得再分为四种,即契约的债、准契约的债、不法行为的债和准不法行为的债。"③依我国法律,债之生成,除合同之债外,还包括侵权之债、无因管理之债和不当得利之债。那么这些种类之债,其债权债务关系是否为票据法中的债权债务关系?笔者以为,既然票据法没有对债权债务关系作出解释,那么就应该对其作通常解释,即和我国民法所确立的债权债务关系是同一个概念。无因管理之债和不当得利之债中的债权债务关系,和《票据法》第十条的对价支付没有任何冲突或疑义。但是侵权之债呢?侵权之债中的债权人若从债务人那里获得票据,以代替债务人的赔偿责任之偿付。那么债权人为取得票据支付了什么对价?侵权之债的起因是侵权行为,而侵权行为是损害了权利人的法定权利,包括人身权和财产权。之于财产,持票人支付的对价可以理解为受损之财

---

① 〔古罗马〕查士丁尼:《法学总论——法学阶梯》,张企泰译,商务印书馆1989年版,第158—159页。
② 〔德〕拉德布鲁赫:《法学导论》,米健译,中国大百科全书出版社1997年版,第64—65页。
③ 〔古罗马〕查士丁尼:《法学总论——法学阶梯》,张企泰译,商务印书馆1989年版,第158页。

产;之于人身权,人身显然不可以价值来论,当然不能以对价待之,若是身体的物质损害,我们可以把对价理解为受害人为恢复身体健康而支付的医疗费等,或者是因身体受损(比如残疾等)未来损失之财产利益。那么精神赔偿呢？这是一个难以回答的问题。显然,将债权债务关系和对价绝对地联系在一起,作为票据权利取得的合法理由是有瑕疵的。

三、票据对价的两要素新解:对价构成和对价履行

票据对价之基础为交易关系和债权债务关系,但是否所有构成原因关系的关系均为对价支付呢？将融资目的视作没有票据对价的观点,是源于对票据对价的误会。票据对价应该包括两个要素:对价构成和对价履行。我国《票据法》称票据给付之对价为"双方当事人认可的相对应的代价"。"认可的"是一个主观的标准,"相对应的"又是一个客观的标准。但主观的前提是票据取得一方所付出的代价在法律上构成对价。构成对价仅为取得票据之原因,票据权利之行使却需要对价已经履行。一项承诺是具有价值的,因此它构成对价,可以成为票据发行或转让的原因;但是当持票人行使票据权利时,未履行票据对价可能成为债务人对他的抗辩。

甲为丙向乙购买一批原材料作担保,甲签发一张以乙为收款人的银行承兑汇票。毫无疑问,乙丙之间存在交易关系,甲乙之间存在担保关系,属于票据法中的债权债务关系。但是甲乙之间存在票据关系,乙为取得票据支付了对价,支付对价的对象却不是甲。另外,上述第一部分所提到的甲为乙融资出具的票据,乙以票据到期日前还款和支付利息作为承诺而取得票据,是否构成对价？将对价支付日期设定在票据取得日期之后是否可以？

(一)要素一:对价构成是取得票据之前提

客观上说,"相对应的"对价是为法律所认可的。客观标准应简单概括为:"对价"是足以支付一份简单合同的任何对价;如果票据是作为价值(for value)发行或转让的,同样构成对价,视作作为对价发行或转让。[①] 作为价值的情形具体表现为[②]:

---

① See UCC § 3-303(b).
② See UCC Comment 2 to § 3-303.

1. 为了履行承诺而发行或转让,但限于承诺被履行的范围内。承诺不是指票据的承诺。例如 X 鉴于 Y 在将来提供服务的承诺而向 Y 发行了一张支票。尽管待履行的承诺是发行支票的对折,但它仅在承诺得到履行的范围内才是价值,否则可能构成一项抗辩。进一步说,X 鉴于 Y 在将来提供服务的承诺而向 Y 发行了一张本票。如果在本票的到期日,Y 的履行尚未到期的,Y 仍可以执行该本票,因为该本票的发行是具有合法的对价的。但是,如果在本票的到期日,Y 的履行已经到期却尚未履行的,X 就享有了一项抗辩。[1]

2. 受让人获得了担保权益或其他对票据的留置权(司法程序中获得的留置权除外),就是说票据是作为担保物而取得的。担保权益或票据的留置权作为票据取得的价值。例如,X 对 Y 享有担保权益,Y 因此签发票据或转让票据给 X;或者在留置的场合,X 占有了持票人为 Y 的票据。X 就是以担保权益为价值受让了票据。

3. 票据发行或转让是作为对在先的对任何人的债权的付款或保证,无论该请求权是否已到期。这对任何人的债权都适用,甚至对该债权是否从合同中产生都不作要求。例如,X 欠 Y 1000 美元,X 就该债务向 Y 发行了一张本票。X 就是为在先的债务发行本票,属于价值范畴。如果给予票据是作为对在先的债权的付款或担保,持票人就是支付价值而取得了票据,即使并未对时间作出延期或作出其他的让步,也无论请求权是否已到期。

4. 为了已经发行的票据签发或转让票据。例如,Y 曾经为了 X 签发一张本票,X 因此签发或转让了一张银行承兑汇票给 Y,Y 就是以已经签发的本票作为承兑汇票的对价。如果 Y 已经为本票进行付款,那么该张已经签发的本票构成汇票签发或转让的价值。如果本票未到期,Y 对本票的付款承诺是一项待履行的承诺,是否构成价值? 的确,Y 已经发行的票据是一项待履行的承诺,公认的原则为待履行的承诺不能构成价值。但因为流通票据本身就是价值,它有向正当持票人流通的可能性,在流通后,给予票据的人即 Y 有无条件付款的义务。因此,签发的票据作为一项待履行的承诺构成价值。

5. 票据是作为对取得票据的人对第三人承担的不可撤销的义务的交换而发行或转让的。不可撤销义务同样可能是待履行义务,但由于其不可撤销性,

---

[1] See Wayne K. Lewis & Steven H. Resnicoff, *The New Law of Negotiable Instruments*, Michie Law Publishers, 1996, p. 52.

从而属于价值,构成取得票据的对价。

可以构成票据对价的,一般具有可执行性。道义上之责任、不可能实现的空头承诺,均不构成票据法上的对价。① 构成票据对价,使得票据取得有了合法根据,而支付了对价的人也可能成为票据持票人而享有票据权利。② 在美国,甚至一张票据上可以有多个收款人,每一个收款人均有不同对价,这些不同对价对每一个对应的收款人产生效力。③

在上述法律认可的"相对应的"对价中,为当事人所认可的任何一种对价或价值均构成票据对价。至于票据对价大小是否应该与票据面额相当,应该由当事人决定。"对价必须足够(sufficient),但并不要求相当(adequate)。对价是对待给付,不是对等给付,因此,购买1000元价值的皮件,即便是支付1元钱,仍不失为有效的对价。对价也不简单是物质上的有偿,放弃某种诉讼权利,以此作为对价,合同将会有效成立。但对价必须具有某种经济价值,无论其大小。以毫无经济价值的物质或权利作为对价,如提供一份已过期的本票,是无效的。"④但是,对"相当"之界定并非随意,尤其在货币之债为对价的场合。票据金额与货币之债的货币价格总是应该在合理的范围内相当,否则容易被滥用,或为欺诈或为高利贷等各种非法目的所利用。货币,"有一定之购买力,而为价格之标准,其数量之单位,依抽象的观念之价额而定,为其特色。故货币之债,又有价格之债之称……通常以额面价格为准,从而如无反对之表示,应解释为额面价格。"⑤

根据分析的票据对价之构成,保证关系、借贷关系等因为保证承诺、对票据相应款项的未来支付之承诺,均构成了票据对价,可以作为票据发行或转让的原因。贷款可以作为票据签发的原因,贷款人以对贷款合同债务之未来某一期限的偿还作为支付的对价。⑥ 包括上文提到的无因管理之债和不当得利之债中的债权债务关系,取得票据之人以无因管理之给付或不当得利作为其支付的对

---

① See Ernest Amirault & Maurice Archer, *Canadian Business Law*, Methuen, 1981, p. 109.
② See Marengo State Bank v. Meyers, 89 Ill. App. 421, 232 N. E. 2d 75.
③ See Kenerson v. Federal Deposit Ins. Corp., 44 F. 3d 19 (1st Cir. 1995).
④ Michael H. Whincup, *Contract Law and Practice: The English System and Continental Comparisons*, Kluwer Law and Taxation Publishers, 1990, pp. 54-65. 转引自郑孟状:《论票据对价》,载《中外法学》1997年第1期。
⑤ 史尚宽:《债法总论》,中国政法大学出版社2000年版,第246—247页。
⑥ See Union Fin. Co. v. National Bank in N. Kan. City, 463 S. W. 2d 70(Mo. Ct. App. 1970).

价,和《票据法》第十条的对价支付在本意上没有任何冲突或疑义,构成票据对价。另外,侵权之债中的债权人若从债务人那里获得票据,以代替债务人的赔偿责任之偿付。因此,债权人为取得票据也是支付了对价的。

综上,一项符合对价或价值的债权,可以构成取得票据的对价,从更为深远的意义上说,这是对债权之价值的延伸。"债权的权利和利息的享益如今是所有经济的目的,债权不复是旨在物权或物之享益的手段,其本身就是法律生活的目的。"而票据,是所有流通中最为典型的存在。融资性票据的取得不会因为对价的特殊性而被否定效力,正如最高法专家法官解释:"实践中以票据偿还欠款是票据实现经营目的的一种方式,此时受让票据的公司、组织即为合法的持票人,并不因其未与转让人达成新的交易而否定其合法受让人地位,即票据受让人的票据权利应当认可,且能够通过贴现、兑付、再转让等方式得到实现。"[①]

(二) 要素二:对价履行是票据权利行使之条件

票据对价构成和票据对价履行,正如票据取得有效和票据权利有效是两个不同的概念。当票据的签发或转让符合法律的规定构成票据对价,此时持票人取得票据。但是持票人是否享有票据权利,需要看其是否已经履行了票据对价。若取得票据之人未支付法律规定的对价,票据的出票人或制票人就享有抗辩权;而如果票据是为了履行承诺而发行,发行人就在承诺到期尚未履行的范围内享有抗辩权。[②] 因此,票据对价之履行未必在票据取得之前,但必须是在票据权利享有之前。

为了履行承诺而发行或转让票据,但限于承诺被履行的范围内。承诺不是指票据的承诺。例如 X 鉴于 Y 在将来提供服务的承诺而向 Y 发行了一张支票。尽管待履行的承诺是发行支票的承诺,但它仅在承诺得到履行的范围内才是价值,否则可能构成一项抗辩。进一步说,X 鉴于 Y 在将来提供服务的承诺而向 Y 发行了一张本票。如果在本票的到期日,Y 的待履行承诺尚未到期的,Y 仍可以执行该本票,因为该本票的发行是具有合法的对价的。但是,如果在

[①] 吴庆宝主编:《最高人民法院专家法官阐释民商裁判疑难问题(2013—2014 年卷)》,中国法制出版社 2013 年版,第 95 页。

[②] See UCC Comment 2 to § 3-303.

本票的到期日，Y 的待履行承诺已经到期却尚未履行的，X 就享有了一项抗辩。①

诸如借贷关系中，一旦借出一方以票据代之，则出现了原因关系之义务没有任何履行；融入资金方的还款付息义务在后，那么其获得票据并不是没有对价，而是没有支付对价。取得票据之时，将对未来的一项承诺（还款付息）作为对价，且构成票据对价；但是对价未被履行，持票人可能被抗辩。这种取得票据在前、履行票据对价在后的情形并非融资性票据所独有的，在真实性票据中同样存在。例如，某年 5 月 23 日买受人甲和出卖人乙签订买卖合同，约定当天由甲签发商业承兑汇票给乙，票据到期日为 8 月 2 日，乙最晚于 7 月 30 日前交货。这个案例是票据原因关系和对价基础之典型，没有人会怀疑乙取得票据的合理性，但是乙若未在 7 月 30 日前交货，甲就可以对抗乙的票据权利。所以票据关系之建立，不代表原因关系的义务已经履行完毕，构成对价和履行对价是有区别的。持票人的票据权利只有在履行对价之后才没有瑕疵。这种观点，还可以在我国《票据法》的条文中得到支持，即十三条第二款称"票据债务人可以对不履行约定义务的与自己有直接债权债务关系的持票人，进行抗辩"。

这一条解决了票据对价履行的时间问题，即票据取得可以在对价履行之前，却引发了票据对价履行的另一个问题：即票据对价履行对象为谁。对"直接债权债务关系持票人"有抗辩权，那么对非直接的持票人呢？通常意义上，这点是针对票据流通之情形，比如票据已经从刚才的乙背书流转到了丙，丙已经向乙支付对价，此时甲不可抗辩丙。但是，现实中有时候是直接票据关系人之间不存在直接的基础债权债务关系，即约定受票人的对价是向出票人之外的其他人履行。例如，X 代替买受人 Z 向出卖人 Y 签发票据（Z 和 Y 之间存在真实交易，约定由 X 签发票据作为支付货款的方式），这是 X 向 Z 进行融资的典型事例，那么若 Y 没有按约向 Z 交货，X 能否抗辩 Y 的票据权利？根据《票据法》第十三条第二款的字面含义，X 也没有抗辩权。因为 X 和 Y 之间没有直接的债权债务关系，Y 的对价是向票据关系外的第三人 Z 履行的。

对价是可以支付给第三人的，司法实践中有很多实例。比如，上海金桥市政建设发展有限公司（原告，以下简称"金桥公司"）诉浙江德盛建设集团有限公

---

① See Wayne K. Lewis & Steven H. Resnicoff, *The New Law of Negotiable Instruments*, Michie Law Publishers, 1996, p. 52.

司(被告,以下简称"德盛公司")票据追索权纠纷案①就是一个典型。金桥公司、德胜公司与案外人上海汤臣国建混凝土有限公司(以下简称"汤臣公司")签订了一份协议书,就汤臣公司诉德胜公司买卖合同纠纷案件作出约定:德胜公司欠案外人的贷款由金桥公司支付给案外人;德胜公司应付案外人的诉讼费、违约金、执行费由德胜公司支付给金桥公司,金桥公司再将该笔款项支付给案外人;德胜公司开具远期支票给金桥公司,金桥公司于该支票付款到期日提示付款,如金桥公司未收到该款项,有权通过法院追讨。后德胜公司给金桥公司开具了支票一张,出票人为德胜公司,收款人为金桥公司,金桥公司持票向银行提示付款,该支票于2009年9月22日因出票人账户存款不足被退票。金桥公司以其已按照协议书约定向案外人支付了相应价款,其系支票的合法持有人,在向银行提示付款遭退票后,有权向开票人即德胜公司追索票据款为由,提起诉讼,请求判令德胜公司支付票据款及利息。法院认为涉案支票形式上记载完整、签章真实,系有效票据。票据的取得,应当给付票据双方当事人认可的相对应的代价。本案中,金桥公司取得上述支票,系基于与德胜公司及案外人协议书的约定,即德胜公司应付案外人的诉讼费、违约金、执行费给金桥公司,再由金桥公司支付给案外人。该约定系当事人真实意思表示,合法有效。而金桥公司已将上述费用支付给案外人,且金桥公司取得上述支票已给付了对价。综上,金桥公司系合法取得该支票,应享有票据权利。现该支票被银行退票,金桥公司向德胜公司行使追索权,要求德胜公司支付票据款及其利息的诉讼请求应予支持。虽然金桥公司未向票据出票人德胜公司直接支付对价,但代替德盛公司偿还债务,亦是一种对价,虽向票据关系之外的第三人支付,却不影响票据关系对价之履行。

笔者认为《票据法》第十三条第二款关于"直接债权债务关系"的规定是不妥当的。《票据法》第十条解决了票据取得的原因关系和对价基础,第十三条第二款没有指明该对价是和票据关系人还是票据外的第三人之间的债权债务关系,那么我们不能作出限制理解,不可以将其限定在与票据关系人之间的对价。"票据双方当事人认可的相对应的对价",应该理解为对价内容具体为票据当事人所认可,即使约定该对价是向票据关系外第三人支付,只要双方均认可,意思

---

① 参见上海市浦东新区人民法院民事判决书,(2009)浦民二(商)初字第7640号。该案被最高人民法院列入指导性案例。

表示一致,就构成对价。那么,约定的对价,就应该向约定的人履行。所以,票据对价只能根据约定来履行。当上述举例中 Y 没有向 Z 履行约定义务时,即没有履行票据对价时,X 应该有权抗辩 Y 的票据权利。如果 X 对票据享有抗辩,该抗辩应该向出卖人 Y 主张,因为出卖人为票据未给付任何价值,因而在请求实现票据权利时不是正当持票人。在 Y 取得支票时,Z 支付交易价款的义务就被中止了,但是在票据被拒绝付款时,该义务就又得以恢复了。同样,如果对货物的付款约定在货物交付时或早于货物交付到期而买受人没有付款的,出卖人就被免除履行交付货物的义务。这样,无论对出卖人还是买受人来说,利益均未因为 X 的票据抗辩受到损害。

因此,建议作出司法解释,并在《票据法》修改时修正,可以改为:"票据债务人可以对不履行约定义务的与自己有直接债权债务关系的持票人,进行抗辩;为第三人利益签发或转让票据的债务人,视作与持票人有直接债权债务关系。"正如代位求偿,"某人代替另一人执行合法的诉讼、请求或权利,那么他就代替另一人享有另一人在债权债务关系、诉讼关系的权利,行使补偿权、救济权等各种法律权利。"[1]若票据债务人代替第三人签发或转让票据,那么其就代替第三人享有在票据关系中应该享有的各项法律权利。代位求偿发生在票据案例中也是经常性的,当保证人代替借款人向贷款人履行了清偿义务之后,为了保护保证人的权利,保证人因此取得了贷款人得以对抗借款人的权利或者取得担保债务的担保物。它与一般权利不同,因为该代位求偿权利不是来源于合同,在英美法系国家是根据衡平原则,为了提高担保人获得补偿的可能性而赋予的权利。[2] 正因为代位求偿被认为是一种衡平权利,有些案例中拒绝适用代位求偿权利,认为既然它不是实质的权利,那么是否适用该权利取决于具体的案情,在确定必须适用公正原则时才会同意适用代位求偿。[3] 而我国既然无衡平原则,就需要在法律中作出明确规定。

以票据对价是否履行作为票据权利的前提,使得票据流通更为自由。在票

---

[1] J. J. Schaefer Livestock Hauling, Inc. v. Gretna State Bank, 229 Neb. 580,428 N. W. 2d 185 (1988).

[2] See Weast v. Arnold, 474 A. 2d 904 (Md. 1984); Reimann v. Hybertsen, 275 or. 235,550 P. 2d 436, modified, 276 or. 95, 553 P. 2d 1064 (1976).

[3] See American Title Ins. Co. v. Burke & Herbert Bank & Trust Co., 813 F. Supp. 423 (E. D. Va. 1993).

据伪造的情形下,也是完全可以说得通的。我国票据法反对取得票据无对价,目的也在于防止利用票据进行欺诈或者防止票据伪造。因为欺诈或者伪造的票据在签发之时就不构成对价即无对价,这与构成对价而对价未履行是完全不同的。因此,无对价的抗辩主要是针对利用票据或票据伪造进行欺诈的持票人[1],和对价未履行的抗辩不冲突。当然,由于票据伪造往往很难识别,可能造成付款人错付,为了降低风险,根据防止风险损失原则分配责任,即让处在最有利于防范伪造发生环节之人承担主要责任。[2]

四、结论:融资性票据与票据对价无冲突

行文至此,结论自然已经得出。融资性票据无对价的说法不恰当。为了融资目的,当事人之间的融资约定为债权债务关系,属于票据关系设立之原因关系;而融资合同中对未来还款付息的承诺构成票据对价;若关于对价之承诺在票据权利行使时仍未履行,票据债务人有权抗辩。因此,融资性票据是一种有对价的票据,只不过在很多情况下,对价履行在票据受让之后,相对真实性票据有较大的风险。如果开发无对价的票据是为了欺骗银行,那么这已经不是融资性票据的范畴,属于我国《票据法》第十二条第一款所说的以欺诈手段取得票据或者出于恶意取得票据之情形。

我国台湾地区对票据发行或转让的原因关系以及对价的全部描述表现为"票据法"第十四条:"以恶意或重大过失取得票据者,不得享有票据上之权利。无对价或以不相当之对价取得票据者,不得享有优于其前手之权利。"即以恶意和有重大过失取得票据是不享有票据权利的主要原因,言下之意是其他取得票据者均为合法,不为票据法所禁止。所以,没有支付对价的票据持有人并不被票据法确定为不享有票据权利;没有支付对价的持票人的票据权利可能被抗辩,即其权利不得优于前手。

为了发挥票据的各种功能,美国《统一商法典》的态度非常开放。票据不仅

---

[1] See Donald J. Rapson, Loss Allocation in Forgery and Fraud Cases: Significant Changes Under Revised Articles 3 and 4, 42 *Alabama Law Review* 435(1991).

[2] See Underpinning & Foundation Constructors v. Chase Manhattan Bank, 46 N.Y.2d 298, 302 (1979).

可以作为付款工具,也可以作为担保工具①。英国《票据法》第三条规定了汇票不会因为未说明已付之价值或过去已付之价值而无效;第二十七条中,将符合法律规定的价值和对价②作为票据的签发或转让原因。

　　日本《票据法》和德国《票据法》没有对票据发行或转让的原因作出任何规定,通篇基本上是从票据形式上展开讨论。票据权利和义务也皆因票据关系,和票据的基础关系——原因关系没有关联。但是,日本承认在实务中形成的各种票据,包括融通票据。日本实务中的票据分类很多,在融资功能上,本票发挥得最为淋漓尽致。为借贷目的专门签发的票据称"票据贷款"③,是指在进行资金借贷时,以票据替代借据,或与借据一同向贷方签发的以借方为出票人的本票。对应"票据贷款"的是"证书贷款",是指基于借据贷款的场合。证书贷款一般被用于长期贷款,而票据贷款则被用于短期贷款。日本的所谓"融通票据"就是指以获得融资为目的签发的本票,以本票形式居多,持票人再利用该本票进行融资。融通票据是日本票据实务中的用语,因为不以商事交易为基础,虽有一定风险,但在实务中发挥着不容轻视的作用。此外,与他人之间相互签发融通票据的场合被称为"通谋票据"或"互签票据"。④

　　票据现已成为一种极其特殊的证券,其融资功能被进一步开发。最高法的专家法官在对票据转让方式中的其他合法方式作出解释时,认为近些年的融资票据大量出现,对解决公司、企业资金短缺问题,促进交易繁荣发展起了极大作用。故而大量无基础合同关系、仅作流转使用的票据的作用愈加显著,票据贴现量大增,成为票据转让的一种重要方式,这亦是未来融资性票据发展的

---

① See Larry & Vivian Keesling v. T. E. K., Indiana Court of Appeals, 861 N. E. 2d 1246 (2007).
② 英国《票据法》第二十七条指出价值包括两个方面:(1) 任何足以构成单纯契约之对价;(2) 在票据签发或转让之前发生的债务或负债,无论该票据为见票即付票据还是远期票据,均将债务或负债视为价值。对价乃包含价值,持票人在任何时候为汇票支付了上述价值,那么他对于承兑人以及所有的票据前手来说,即被视为支付对价的持票人。对汇票的留置权也可以视作支付了对价,该条法律明确:如汇票持票人,不论是因为契约或法律之默示,对汇票享有留置权,则该持票人视作已经支付对价,但票据权利范围以留置权金额为限。
③ 票据贷款的场合,票据债务人只有出票人,因此这种票据在实务中被称为"单名票据"。在票据贷款中,贷方既可基于消费借贷合同也可基于票据行使权利,还可以在到期日前利用票据贴现回收贷金,因此对贷方是有利的。另外,作为贷方的银行还可以将该票据作为担保或作为价款支付的手段利用。
④ 参见张凝、〔日〕末永敏和:《日本票据法原理与实务》,中国法制出版社 2012 年版,第 23—24 页。

趋势。①

融资性票据的出现是一个需要正视的现实,但将融资性票据视作无对价的票据是不合理的,对票据对价的理解应以全新的视角。

第二节　票据无因性原则对融资性票据的支持

很多学者认为,我国《票据法》第十条未能很好地坚持无因性原则,才导致融资性票据没有《票据法》的支持。很多学者认为《票据法》第十条坚持票据有因,在指出其诟病的同时,主张票据的绝对无因,即票据权利享有不问票据原因关系,只要是票据上记载之持票人即可。毫无疑问,坚持无因性原则是融资性票据获得支持的最核心法律依据。笔者始终坚持,《票据法》第十条是宣示性条款,对有因签发的肯定和对无因性原则的否定无直接关系。即,我国票据流通制度基本坚持了票据无因性原则。

一、对我国《票据法》第十条的评价

《票据法》第十条坚持票据的签发、取得和转让必须有真实的交易关系和债权债务关系;票据持票人须支付相应的对价。对其理解首先从字面含义,对其评价从学界对其延伸意义的理解。

（一）《票据法》第十条的字面含义

《票据法》第十条的字面含义非常清楚,票据的签发、取得和转让必须有真实的交易关系和债权债务关系;票据的取得应该支付合理的对价。

本章第一节中对票据原因关系作了广义理解,同时对票据对价从两要素作出解释之后,本人认为该条规定并没有妨碍票据关系建立、票据流转以及票据权利之行使。

1. 票据的取得有原因

这是《票据法》第十条的字面含义之一。该条中所规定的"票据的签发、取得和转让",就是出票行为、票据转让行为,因为出票或转让,才有了收款人或受

---

① 参见吴庆宝主编:《最高人民法院专家法官阐释民商裁判疑难问题(2013—2014年卷)》,中国法制出版社2013年版,第92页。

让人(被背书人)的票据取得。出票行为和转让行为均为票据行为,其基础关系即为原因关系,表现为交易关系和债权债务关系。

该条中并没有说原因关系当事人和票据关系当事人一定要重合,所以,现实中即使为他人作保证而签发票据依然可以作为原因关系。要求票据取得有原因是否有错?换言之,如果对文字的含义表示否定,那么其反面(比如完全删除之)或修正之后的意思该当如何?是否可以说任何票据的取得都可以没有原因?笔者以为可以不问原因,但不是没有原因。没有原因,票据如何而来?票据存在之目的为何?

2. 票据的取得需支付对价

这是《票据法》第十条的字面含义之二。纵观我国民商事法律制度,除了赠与合同之外,任何人的权利行使都必然以相应的义务为代价。那么在票据关系中,为了票据权利之行使要求其付出相应对价,符合法律的基本原理。

3. 为票据关系和原因关系当事人不重合留下了余地

票据的取得需要支付对价,并非一定是票据关系当事人直接支付对价。故对票据关系之外的案外人支付了对价,票据仅为基于此对价基础上的融资工具未尝不可。

(二)《票据法》第十条延伸意义之评析

《票据法》第十条的规定集中反映了我国票据法对待票据行为无因性的立场。从票据法理论上讲,是为票据行为的效力或者票据的效力规定了一种要件。条款所规定的"交易关系和债权债务关系"只能理解为票据基础关系。该条如此规定,将产生两种理论:其一,交易关系和债权债务关系是出票行为、票据权利转让行为的有效要件;其二,真实的交易关系和债权债务关系是票据有效的要件。[①]

但是,笔者觉得对《票据法》第十条作如此延伸解释存在很大偏差。第十条第一款应该不是票据的效力性条款,而应该为票据的宣示性条款。学界很多人建议删除《票据法》第十条第一款的规定。从立法资料看,1995年2月21日,中国人民银行副行长周正庆在第八届全国人大常委会第十二次会议上所作的《关

---

① 参见吴庆宝主编:《最高人民法院专家法官阐释民商裁判疑难问题(2013—2014年卷)》,中国法制出版社2013年版,第237—240页。

于〈中华人民共和国票据法(草案)〉的说明》中指出:"票据属于无因证券。根据这一特征,草案没有沿用现行银行结算办法关于签发商业汇票必须以合法的商品交易为基础的规定。这是因为票据关系成立后,即与其原因关系相分离。票据关系与票据原因关系是两种不同的法律关系,应由不同的法律进行调整和规范……因此,签发票据是否有商品交易或者交易是否合法,不属于票据法规定的内容,应由其他有关的法律加以规范。"当时这段关于票据无因性的立法说明备受我国票据理论界和实务界的欢迎。至于《票据法》第十条第一款究竟是有关票据效力的规定还是宣示性条款,笔者认为应将其理解为宣示性条款,即其仅具有引导功能而非效力性规定,因此,即使违反它也不会影响票据本身的法律效力。而从最高法的一贯立场来看,也应作如此解读。①

1. 原因关系不是出票行为、票据转让行为的有效要件

票据行为是以票据权利义务设立为目的的行为,包括出票、承兑、背书等。这些行为均会存在基础关系,这些基础关系在《票据法》那里可以作为直接当事人之间抗辩的原因。第十条仅规定要有原因关系,但没有明确它是票据行为之要件。当然,从逻辑上说,既然是"应当有",就是"必须有",那么"必须有"就是"必要要件"。此番逻辑在一般的法律规范中是适用的,但是在票据法律理论中是不适用的。因为票据法律关系和基础原因关系是分离的,所谓分离,不是对基础关系的否定,是认为有基础关系存在,但是票据法律关系和基础关系之间各自独立。

《票据法》第十条没有将基础关系作为票据行为效力之要件的另一个理由是《票据法》第十三条第一款规定"票据债务人不得以自己与出票人或者与持票人的前手之间的抗辩事由,对抗持票人。但是,持票人明知存在抗辩事由而取得票据的除外"。所以,在间接当事人之间,持票人的票据权利不会因为基础关系瑕疵而无效。更进一步,持票人的票据权利还会得到满足,因为基础关系不可以成为票据债务人拒绝承担票据责任之理由。我国《票据法》第四条对票据签章承担责任作了详细规定,除法律规定的抗辩权利,签章者必承担责任。

对于《票据法》第十条是将票据基础关系作为票据行为的要件的观点,反对的第一个理由是:"首先,如此规定增加了票据行为有效的要件。公认的票据法

---

① 参见李伟群:《对我国〈票据法〉第 10 条之修改建议》,载《法学》2011 年第 9 期。

理论认为,票据行为的有效要件有两类:实质要件和形式要件。实质要件为:票据行为能力、意识。形式要件为:书面形式、记载事项、签章。这为世界各国和地区与国际票据法所公认。而按照我国《票据法》第十条规定,在上述票据行为的要件之外,又增加了票据基础关系这一票据行为有效要件。这一要件的规定,实质上是使票据行为附属于票据基础关系,票据基础关系决定票据行为的效力。这是违反票据法理论的。"① 该理由显然存在问题,因为《票据法》第十条从来没有规定成为票据行为之要件。当然可以根据逻辑推演得来。该逻辑错误可以从我国对于行为能力之要件的规定得出:票据行为能力是票据行为的实质要件,如果票据行为能力欠缺,导致票据行为无效;如果票据行为无效,相应的票据权利和义务也无效。但是我国《票据法》不会绝对地规定,票据行为无效,相应的票据权利和义务也无效;相反其表述为"无民事行为能力人或者限制民事行为能力人在票据上签章的,其签章无效,但是不影响其他签章的效力"。例如,完全民事行为能力人 A 持有票据,因为 A 和 B 之间有关于房屋买卖的合同,购房者 A 将票据背书转让给未成年人 B(房屋所有权人);B 又和完全民事行为能力人 C 签订了股权转让协议,约定 C 将某公司持有的股份转让给 B,B 遂将票据背书转让给 C,C 成为持票人;之后 C 又因为其他交易将票据背书转让给了 D。在这个案例中,根据上述观点的逻辑,A 和 B 之间的房屋买卖合同因为 B 欠缺行为能力无效,所以 A 和 B 之间的票据行为无效,A 无须承担票据责任,B 没有票据权利;同样 B 和 C 之间的股权转让协议因为 B 的无行为能力无效,票据转让同样因为 B 没有票据行为能力而无效,所以 B 无须承担票据责任,C 也没有票据权利;C 没有票据权利,就无权转让票据给 D,转让无效。最后,如果 D 的付款请求权遭到拒绝,就不能向 A、B、C 请求票据权利,因为他们的票据权利义务均无效。可是事实会是这样吗?事实上的结果是,A 和 B、B 和 C 之间的交易无效,但是票据行为并不当然无效,只是 B 作为无票据行为能力人的签章无效,D 因此不能向 B 主张票据追索权,却不影响 D 向真实签章的 A 和 C 主张票据追索权。A 和 C 因为履行票据责任造成的损失,可以根据民事法律向 B 的监护人请求赔偿。

申言之,票据是文义性证券,票据基础关系有瑕疵或无效、撤销消灭时,根

---

① 吴庆宝主编:《最高人民法院专家法官阐释民商裁判疑难问题(2013—2014 年卷)》,中国法制出版社 2013 年版,第 237—240 页。

据票据上的文字记载所产生的权利和义务却不会无效,这是我国票据法所秉持的原则。

那么持上述观点的另一个理由马上就出现了:一个完全行为能力人,在自愿追求结果发生的主观心理支配下,在票据上进行了真实的签章,但是却没有真实的交易关系和债权债务关系。这时的出票行为或者票据权利转让行为,依《票据法》第十条的规定应是无效的,否则该条款就无意义了。如果仍然承担票据债务,那么就等于《票据法》第十条的规定根本没有票据法上的法律意义,因而该条款所规定的内容就不应当在《票据法》上出现。[1]

票据法理论的特殊性在于,票据权利和票据义务不是一一对应的关系,甚至《票据法》没有使用"票据义务"一词,而用"票据责任"代替之。签章之后果即承担票据责任,但票据权利却不然。《票据法》第十条的意义和第十三条第二款有直接关联。《票据法》对票据关系和原因关系的牵连条件作了规定。《票据法》第十二条规定,"以欺诈、偷盗或者胁迫等手段取得票据的,或者明知有前列情形,出于恶意取得票据的,不得享有票据权利。持票人因重大过失取得不符合本法规定的票据的,也不得享有票据权利。"第十三条第二款规定,"票据债务人可以对不履行约定义务的与自己有直接债权债务关系的持票人,进行抗辩。"对欺诈、偷盗、胁迫、不履行约定取得票据者的票据权利的否定和约束,来源于《票据法》第十条所规定的基础关系。如果将第十条删去了,那么第十二条、第十三条第二款也就应该删去,因为票据取得既然无对价支付的要求,无原因关系之存在,那么又何必去管是从哪里取得的票据?直接当事人之间的抗辩、盗窃欺诈等抗辩均不存在了。

票据法理论认为,为了保障持票人的票据权利的安全性,为了使每一位善意取得票据的持票人都愿意受让票据,愿意信赖票据上的每一个签章,那么票据法必然要使得每一位真实签章人都对持票人承担担保责任,而不能以是否存在真实的交易关系和债权债务关系,即是否存在票据基础关系来决定是否承担票据债务,防止推卸票据责任。这样就大大增强了票据权利人的抗风险的能力,使得票据权利的安全性提高,促使票据流通,充分发挥票据的各项功能。但是,这并不是说所有的持票人均为善意,其票据权利均需要获得保护。当具体

---

[1] 参见吴庆宝主编:《最高人民法院专家法官阐释民商裁判疑难问题(2013—2014年卷)》,中国法制出版社2013年版,第237—240页。

的持票人在没有支付任何对价(除我国《票据法》规定的税收、继承和赠与外),凭空获得票据时,《票据法》在票据签章者和持票人之间,为什么要保护持票人而强迫签章者承担票据责任?我国司法审判中不会根据《票据法》第十条判定一个票据基础关系被撤销,而票据上所有的票据权利义务都无效。相反,可能会得出该恶意的直接关系的持票人不得享有票据权利。那么,判决无效的基础关系中一个直接利害关系人作为持票人的权利无效,违背了什么样的法律原理?法律是公平正义的代表,正是《票据法》第十条和第十三条,保证了任何一个正当持票人的票据权利受到保护,而任何一个恶意的、没有支付对价的持票人不可以利用票据获得额外的利益。如果删去第十条,删去第十二条、第十三条第二款,完全无视原因关系,票据将成为不法工具。很多国家,包括英国和美国这样票据法采自由主义原则的国家,对票据权利的取得对价均作了规定(本章第一节有详细阐述),说明票据权利的取得对价并非和票据无因性矛盾的规定。

2. 真实的交易关系和债权债务关系不是票据有效的要件

票据法理论认为,票据是否有效,其决定性条件是是否符合票据形式上的要件,即书面形式、记载事项、出票人签章。实质要件不影响票据的效力。此理论的产生,是着眼于票据流通功能之特殊的客观需要。世界各国及地区的票据法及国际统一票据法都在立法中贯彻这一原则,规定形式要件的欠缺是票据无效的理由,而实质要件不影响票据效力。那么,如果我国《票据法》第十条规定的"具有真实的交易关系和债权债务关系"作为票据有效的要件,就必然产生确定其为何种要件的问题。肯定地讲,没有人能承认它是形式要件,因为票据法所确认的形式要件的种类和范围是公认的。[①]

《票据法》中并未明确规定,如果票据行为人没有遵守该法第十条的规定,其希望的法律后果是票据行为无效还是票据无效。作为一个法律条款,在法律上没有明确规定违反该条款的法律后果,会造成人们理解上的混乱和适用中的不便。因此,《票据法》第十三条的规定使得第十条在操作上变得明确,即任何非直接前后手均不能以原因关系抗辩合法持票人,但是直接前手得以原因关系进行抗辩。因此第十条对票据的流通转让均无阻碍。如果善意人继受票据,但

---

① 参见吴庆宝主编:《最高人民法院专家法官阐释民商裁判疑难问题(2013—2014年卷)》,中国法制出版社2013年版,第237—240页。

继受之基础关系不合法,其是否享有票据权利？所谓善意,是不知道也不应当知道的主观表现。那么受让票据之人,为什么不知道或不应当知道票据取得的合法方式？使用或受让票据之人,均应该被视作了解票据使用基本规则的人。如果因为不了解就可以被视为善意,那么善意就有被滥用之嫌疑。

票据有因与否,对打击票据犯罪,诸如票据作假、票据诈骗等均无大的作用,因为《票据法》本来就是普通的商事法律,更多的是承担票据权利保护、票据义务履行以及抗辩权等民事权利义务明确的任务,很难承载更多。票据有因还是无因,也不是票据能否顺畅流通的关键问题。法律若是规定有因,不是绝对的有因,同时也强调无因。法律规范的作用对于普通民事主体来说很多是指导作用。《票据法》对票据行为能力为票据行为要件的规定也如此,行为能力只有在无票据行为能力的票据签章者或其监护人、代理人对持票人抗辩时,才从规范变为现实,否则只要其不抗辩,任何人都不会表示无票据行为能力人的票据签章无效。例如 A 在不知情的情况下将票据背书转让给无民事行为能力人 B,B 背书转让给同样不知情的 C。当 C 行使付款请求权遭到拒绝时,向 B 主张追索权,B 向 C 付款;然后 B 向 A 行使再追索权,此时 A 已经知道 B 为无民事行为能力人,那么 A 是否可以此为抗辩理由抗辩 B 的请求？显然不行,因为即使 A 抗辩 B,但依然不得抗辩 C,A 在票据上的真实签章使得其无论如何都得承担票据责任,C 又是善意第三人。这样的原理在其他法律关系中也同样存在,比如代理。委托人之授权委托是代理成立的要件,但是这仅在委托人拒绝承担代理后果而抗辩第三人时用,而如果委托人不抗辩,就被视作事后追认;甚至在善意第三人那里,该抗辩都是没有用的,因为法律上有关于表见代理之规定,当然善意第三人是指有理由相信代理人有代理权之人,反之,任何没有理由的、只是不知道代理人无代理权的人均不能称作为善意第三人。《票据法》第十条所规定原因关系以及对价,起着指引的作用,并保护票据责任人对直接后手票据权利行使时的合理抗辩权。

所以,笔者认为:《票据法》第十条既不是票据行为有效的要件,也不是票据有效的要件,但却是票据权利向直接前手行使的要件,是对偷盗、欺诈票据行为的约束,《票据法》第十一条规定的情形除外。

(三)《票据法》第十条是对票据相对有因的坚持

票据的无因性问题自我国《票据法》颁布以来,就受到广泛的关注。但"学说判例多皓首穷经于物权行为无因性之阐发,而略于其他无因性之法律行为。"① 认为第十条妨碍融资性票据被《票据法》所承认的逻辑在于认定该条是否定了票据的无因性,因而得出我国《票据法》坚持有因性的结论。这种逻辑并不是事实。所谓无因,指的是持票人不明示其原因所在,而主张享有票据上之权利。② 这个解释在一般情形中是正确的,但是当持票人向其直接前手主张票据权利时,该直接前手以原因关系中未支付对价抗辩之,是合理的。

事实上,当票据关系的建立不是基于直接当事人之间的交易或债权债务关系时,持票人对前手的对价支付就已经不可能。所谓票据无因性,不是绝对的无因,其衍射范围是有一定限度的。针对交易性票据,无因不是说票据的签发没有原因,仅指票据关系独立于其赖以产生的票据原因关系。

票据的无因性一般是指票据相对人之间,《票据法》第十条是作为直接相对人之间的抗辩理由而存在。如果在直接相对人之间也将无因性坚持到底的话,那么,无异于放任欺诈、胁迫等事实的存在并通过票据法中的无因性获得合法的效力。假设票据被盗,作为被盗票据之人,已经在背书栏内背书签章,偷盗者将被背书栏填写完整,从形式上看,偷盗者取得票据权利,直接前手之外的任何人都不得抗辩其权利。但是,当持票人未行使付款请求权之时,若票据仍在偷盗者手中,被盗者发现这个事实,将被盗者诉至法院,要求法院确权,法院如何以无因性原则驳回该请求?若将无因性绝对化,即使持票人从直接前手那里偷盗票据所得,前手作为债务人也不能用无交易关系对其抗辩,这在逻辑上是说不通的,也是对司法解释的误会。何况对于偷盗、欺诈之情形,任何人只要知道该种情形存在,就可以拒绝履行票据责任。

《票据法》第十条不是一个单独的法条,而是和其他法条结合为一个整体,共同构成了关于票据何时有因何时无因的完整制度体系。所以对第十条的理解应该不能独立,而应将其与其他条款结合起来。如果完全否定第十条,《票据法》中的很多抗辩都将无效。其实,即使在英美法系,票据也不是绝对无因的,同样有对相对有因的承认。如美国《统一商法典》第 3-105 条(b)款规定:"附条件发行或为特定目的而发行的票据对制票人或出票人具有约束力,但是未满足条件或未满足应实现的特定目的构成一项抗辩。"我国台湾地区"票据法"第十

---

① 陈自强:《无因债权契约论》,中国政法大学出版社 2002 年版,第 137 页。
② 参见梁宇贤:《票据法新论》(修订新版),中国人民大学出版社 2004 年版,第 21 页。

四条第二款规定:"无对价或以不相当之对价取得票据者,不得享有优于其前手之权利。"

申言之,《票据法》第十条并没有否定无因性,不过是直接相对人之间的抗辩理由。那么,相应的,融资性票据的《票据法》地位不是因为第十条对特殊情形下某些持票人的票据权利的否定,而是因为其发行在票据法立法本意上是不被包含的。

二、融资性票据与绝对无因的冲突

在融资性票据发行和转让时,同样需要原因关系存在,需要取得票据之人最终支付对价。当融资性票据的持票人行使票据权利时,票据债务人并非总是不问原因而慷慨付款。

（一）绝对无因导致融资性票据出票人抗辩权丧失

购货商甲与销售商乙签订一份销售合同,约定两个月后甲付款、乙交货。丙公司为甲的付款签发一张乙为收款人、丁银行为承兑人的银行承兑汇票,到期日为两个月后的某日。根据前文对票据原因及对价支付的论述,分析如下:

其一,乙、丙、丁之间的票据关系建立。乙和丙之间的票据关系之建立,是基于乙和甲之间有销售合同存在,三方约定该销售合同为丙签发票据的原因关系。作为甲的担保人的丙,以签发一张未来支付的汇票为甲的债务向乙作担保,且获得了乙的认可,对乙来说是获得了双重保险,既有和甲之间的原因债权作保证,又有丙的票据作为信用担保。

票据关系的前后手之间,虽然不存在交易关系或是债权债务关系,但是存在着双方认可的与第三人的交易关系,票据债务人实质上是以票据作为支付手段以偿还或承诺在未来甲应该偿还的债务。当然,不可否认的是,在远期银行承兑汇票中,因为付款是在未来,且一般由付款人承兑,对外彰显的更多是承兑人的信用。票据关系的当事人和原因关系的当事人不一致,不是阻碍票据关系建立的理由,关键是该原因关系为双方所认可。银行的承兑行为之基础关系是与出票人之间的,但是票据关系却首先是与收款人之间的(直接当事人之间的票据关系),然后是与任何合法的持票人之间的(间接当事人之间的票据关系),当承兑人到期付款之后,票据退出流通,承兑银行是根据承兑协议要求出票人支付银行垫付的票据款项的。所以丁银行之承兑行为,导致其与乙之间建立了直接票据债权债务关系。该张票据,丙的签发行为对甲来说是融资,丁的承兑对丙来说同样是融资,对乙来说丙的签发和丁的承兑也是融资,因为乙取得票据之后就可以背书转让或票据贴现。一般承兑银行与出票人之间的承兑协议都会约定,在承兑之日要求出票人向出票人在承兑行的账户内打入一定比例的保证金,在票据到期日前打入相当于票据金额的足额资金,否则以逾期贷款论处。贷款可以作为票据签发的原因,贷款人以对贷款合同债务之未来某一期限的偿还作为支付的对价。①

其二,乙向丁行使票据付款请求权,得支付合理的票据对价。乙取得票据的合理对价是到期向甲交付约定的货物。若是乙的交货期同步或早于票据付款日,当乙没有按时交货时,丁银行就可以原因债务没有履行而抗辩。

但是,当《票据法》第十条被删去,我国主张绝对无因的时候,票据权利行使完全和债权债务脱离关系时,乙无论是向承兑人丁行使票据付款请求权,还是向出票人丙主张票据追索权,丁和丙均不得抗辩,只有进行票据付款。当持票人不是原因关系中约定的持票人时,为了票据之安全,流通之顺畅,在票据上签章的债务人均应履行责任,毋庸置疑。但是当票据权利行使人为乙时,仍然不能抗辩。那么后果是丁或者甲根据票据付款,然后根据民事法律关系——行使权利,最终甲以乙没有按时交货为由,要求其返还票据款项。但是既然票据权利完全脱离于原因关系,甲也不是票据债务人,乙为什么要交还票据款项?甲是否只能要求其按时交货?若一直不交货呢?绝对无因似乎把很简单的事情推向了无限复杂。

当然司法实践中对票据原因关系存在误会,导致了个别案例中存在因无债权债务关系受让票据,而持票人不得向出票人主张票据权利的情况。北京京华国伟工贸有限公司诉北京维杰通宝装饰有限公司票据追索权纠纷案②中,原告北京京华国伟工贸有限公司因与兴业公司发生票据纠纷,遂将兴业公司诉至法院,法院判决兴业公司给付原告票据款。后原告申请强制执行。被告北京维杰通宝装饰有限公司为替兴业公司偿还债务,向原告出具转账支票一张。因被告账户余额不足,该支票所载金额未能实现转账。此后,被告先后向原告支付部分款项,但仍有部分余款未支付。原告遂诉至法院。一审法院驳回了原告的诉

---

① Union Fin. Co. v. National Bank in N. Kan. City, 463 S. W. 2d 70(Mo. Ct. App. 1970).
② 北京市通州区人民法院(2010)通民初字第674号。

讼请求。因为被告向原告出具转账支票的目的,是为替兴业公司偿还债务。原告取得票据并未向被告支付任何对价,原告与被告之间亦不存在真实的交易关系和债权债务关系,因此法院认为原告无权向被告主张票据权利。① 但是假设原告将票据转让,受让人若支付对价,出票人就要承担票据付款责任。从这个案例不难发现,我国《票据法》对票据关系建立的原因关系和对价的态度,说明了立法者主要将票据作为一种支付工具。两个主体因为交易或债务关系的存在,交易中一方交付交易合同之标的,另一方以票据作为债务履行方式。因此,出卖货物或服务的一方常常是票据权利人,其取得票据以交易合同中的债务履行为对价,购买方则为票据债务人。

理论上分析,原告的票据权利取得并不存在瑕疵。票据作为担保工具存在,比人的担保更为可靠,尤其是在远期汇票中,又融入了承兑行为,承兑人的承兑使收款人的票据权利代替了担保合同主合同的债务。当然此处是支票,被告主动替兴业公司承担还款义务,因此签发支票,原告虽没有与被告之间有交易,但与兴业公司之间有交易,对兴业公司有债权,当兴业公司债务经过债权人原告同意转让给被告,符合合同法债务转让的规定。且从合同自由原则论,原被告和兴业公司之间的关系,不仅没有侵犯公共利益,也没有损害任何第三人利益,更没有破坏金融市场的秩序,相反使原告的权益更有保障,而原告的票据权利却因为法院对原因关系的误解而被拒绝。

票据制度的构建均绕不开对票据流通功能之保护,"票据的流通功能,是票据的目的性功能。票据之所以被创造出来,最根本的目的就是为了让其代替货币进行流通,以完成商品的交换过程。虽然票据流通并不具有强制性,并不能完全等同于货币的流通,它只能在愿意接受票据转让的当事人之间流通。但是必须看到的是,票据的流通使票据功能的发展实现了实质性飞跃。甚至可以说,票据的各项功能,只能通过其流通性,才能表现出来。票据如果丧失了流通性,就只能停留在一般的债权证书的水平上。"② 何况票据流通的意义,已经不再停留在代替货币进行支付的目的之上。

所以上面关于票据债务人能够抗辩直接的未支付对价的票据权利人显然

---

① 参见山东省淄博市临淄区人民法院民事判决书,(2007)临民初字第 2654 号。该案被最高人民法院列入指导性案例。

② 于莹:《票据法》(第二版),高等教育出版社 2008 年版,第 21 页。

在现实中不会这么简单。票据背书转让的前提就是票据的受让方要向前手支付对价。如果是支付性票据,意味着受让票据一方要向转让方交付约定的货物;如果是融资性票据,意味着受让方要向前手支付约定金额的价款。如果票据受让方没有向前手支付对价,意味着双方之间形成了债权债务关系。原因关系之承认,在票据受让方尚未转让票据的情况下,前手因未获对价,可以通过原因关系要求返还票据,通过协商、诉讼方式解决均可。如果票据受让方已经另行背书转让该票据,原票据转让人则不能要求返还票据,但可以要求其后手票据受让人支付对价、交付货物或者给付票款,可通过协商或者诉讼的方式解决。① 但如果绝对否定原因关系之于票据关系建立的意义,所有这些救济都将没有意义。

(二)绝对无因抑制融资性票据发行

"票据无因性是融资性票据存在和发展的前提。从国际上票据市场相对发达的国家看,均实行票据的无因性,因此《票据法》确立融资性票据制度首先必须实行票据的无因性,二者是本与末的关系。"② 笔者认为,如果该无因性是绝对无因性,那么此观点有待商榷。

如果删去第十条,我国融资性票据是否就取得了《票据法》上的地位?答案是肯定的。因为这样一来,我国票据法原则就从相对无因性转化为绝对无因性。但是,粗暴简单地删去第十条,将无因性推向绝对,表面上是为了融资性票据的合理地位,实质上是抹杀了融资性票据和交易性票据的区别。

"尽管交易性票据可以背书转让,然而其风险较小,回报率低,可交易性不强。而且由于要与真实交易额相一致,金额往往不整齐、常有零头,造成交易上的不便。而融资性票据在国外一般通过中介机构发行承销,具有整数金额因而方便交易的优势;而且其发行的对象具有多元性,可以是金融机构,也可以是暂时出现资金闲置的各类企业甚至是个人,因而交易活跃。"③ 这反映了融资性票据和交易性票据之间的风险差异,也体现了其不同的投资价值。

但绝对无因意味着任何情况下都不得以原因关系抗辩。我国的交易性票

---

① 参见吴庆宝主编:《最高人民法院专家法官阐释民商裁判疑难问题(2013—2014年卷)》,中国法制出版社 2013 年版,第 93 页。
② 王林等:《关于〈票据法〉确立融资性票据制度的对策探究》,载《金融纵横》2008 年第 8 期。
③ 尹乃春:《融资性票据推行的法律问题探析》,载《东北财经大学学报》2005 年第 2 期。

据基本上由市场调节,《票据法》提供规范,引导票据正常交易和流通,并对票据权利予以救济。如果无因,交易性票据的合法持票人的票据权利将可能受到侵害,因为即使是直接相对人,其也不可以原因关系抗辩。最后导致的结果恐怕是交易性票据的流通秩序将出现混乱,交易性票据的风险被扩大。

融资性票据的发行包括为他人作担保,例如上文中举例的丙为了甲乙之间的交易签发票据,虽然从丙的角度来说无真实交易,但对于整张票据而言,却依然是为了甲乙之间的交易而签发的,与真实性票据存在很大重合,且这类票据不受监管。而对于纯粹的融资性票据的发行,是有监管的。我国台湾地区的"票券金融管理法"规定,票券商不得接受未经信用评等机构评等的短期票券发行人的申请,但是对于因商品交易或劳务提供而发行的票据(即交易性票据)且经金融机构保证的不在此限。我国大陆地区的态度也与此相似,对融资性票据发行人的条件规定比较严格,包括其信用以及信息披露制度,目的在于保证投资者可以和发行人之间处于平等的地位。所以,绝对无因除了帮助其获得票据法地位之外,没有太大的实际意义。

如果删去《票据法》第十条,就使我国融资性票据的发行脱离监管。融资性票据发行因为受到监管,审批程序比较多,受融资人现在只允许是机构投资者,所以发行成本总是较高。那么这些企业为什么不选择发行容易的交易性票据呢?有些企业因为不符合发行条件,受到准入条件的限制,其融资性票据不能进入市场。但是我国并无交易性票据的准入制度,发行人为什么要发行融资性票据?因为无因,即使无对价,票据仍然是有效的,所有在票据上签章的人都应该对票据承担票据责任,发行人没有能力承担最终的票据责任,被发行人即投资者承担风险损失是最后的结局。如果大家都选择自由的交易性票据,融资性票据获得了票据法地位又如何?

票据的无因性原则是票据法的基本原则,也是票据法原则中的核心,我国仍得坚持票据无因性的相对性。融资性票据的发行是纳入监管范畴的,而交易性票据发行和流通均不受监管。融资性票据具有风险性特征,因此有信息披露要求。在信息披露的情况下,无因的风险得到一定程度的防范。而交易性票据如果也是绝对无因,直接相对人不能以原因关系抗辩票据权利人,那么交易性票据的风险就明显增大。所以第十条得保留,但对适用范围应该确定。

因为第十条是我国《票据法》对融资性票据态度的集中体现,如果要承认融资性票据为《票据法》中的票据种类,必须在第十条中明确该条不适用于融资性票据,或者依照本章第一节讨论,对交易关系和债权债务关系作广义理解。当然,第十条仍然可以适用融资性票据的流通,因为一旦进入流通,融资性票据和交易性票据没什么区别。

美国《统一商法典》对融通性票据权利的享有也不是坚持绝对的无因,根据第3-419条(a)款的规定,融通性票据首先不是绝对的无对价,相反在融通当事人和被融通当事人之间是存在着对价的,不过该对价的是否支付不能影响其他持票人。同时根据第3-419条(b)、(d)、(e)款规定,在融通性票据流转中,持票人可以向融通当事人行使票据权利,请求其支付票据款项,这些持票人和融通当事人之间是非直接关系,不存在原因关系,只有票据关系。但是紧接着第3-419条(f)款表明:"对票据付款的融通当事人有权从被融通的当事人那里获得赔偿并且有权向被融通的当事人执行票据。在适当的情形下,融通当事人可以获得救济,要求被融通当事人履行他在票据上的义务。对票据付款的被融通的当事人无权向融通当事人追求,并且无权要求融通当事人予以分担。"即作为有直接关系的融通当事人和被融通当事人之间无因之说被否定,融通当事人可以向被融通当事人抗辩。

即使融资关系被当作一种没有支付对价的约定,从考虑当事人意思自治的角度,也应该不阻碍票据关系的成立。正如最高法法官主张的,单纯地从票据票面来分析,当事人的意思自治主要体现在签发票据要实现什么样的目标,这是最基本的,从原则上讲应当是不变的,然而我们更加注重票据的流通性功能,因为只有票据不断地流通才能体现出市场的活跃、当事人之间经济法律关系的繁荣。如果仅仅是一对一的支付方法,票据的利用效率低下,票据功能下降,势必大大削弱建立票据制度的初衷,这一制度存在的合理性就不大。所以,整个票据流通环节包括基础法律关系到底是出于什么目的,应当体现当事人的真实意思表示,"对于缺乏真实的交易法律关系或者缺乏相应的支付对价的都将成为重新划分法律责任的情况和条件"。当然,一旦票据流通过程中出现了变造、伪造、涂改票据的情形,也将使得票据的法律责任问题变得复杂。特别是票据受让人也就是票据持有人的利益如何维护,就成了票据法要解决的一个重要问题。举例说明,某公司从银行申请开出三张银行承兑汇票,用于其经营活动,然而票据到期后,企业并无能力归还三张票据项下的款项,于是企业与银行达成了融资协议,并由企业提供担保。在这个案例中,再坚持一味地查找取得票据时是否形成狭义上的真实交易或债权债务已经意义不大,也没有必要再执着于票据的签发是双方当事人形成的融资法律关系,既然当事人之间后来形成新的法律关系,并将原有的票据的法律关系作了相应调整;①那么只要关于融资的约定是真实的,票据法律关系就应该得到确认。

"融资性票据不以商品交易为基础的特点决定了必须对其签发人的信用等级有严格的要求。相对于银行信用,商业信用由于存在更大程度的不确定性而没有可靠的保障。如果不能够对票据签发人的信用状况有确切的了解,从维护自身资金安全的角度出发,投资者是不会接受融资性票据的,融资性票据制度也就无法运转。"②

同时,应该明确第十条不是票据效力的否定,以消除一直以来对其存在的很多误会。正如我国香港地区《香港票据条例》第三条(4)所规定:"汇票不因下列理由而失效:……(b)未注明所给予之价值或已给予任何价值;……"

综上所述,确立融资性票据在《票据法》上的地位,对第十条在保留的基础上进行修改是必要的。我国《票据法》第十条可以补充以下内容:"票据不因上述情形而无效;融资性票据的公开发行条件由其他法律法规另行规定。"因为融资性票据的发行条件不是固定不变的,可能随着市场成熟程度以及信用法律体系等其他条件的发展而不断发生变化。

三、相对无因性原则之坚持

曾有律师与笔者讨论一个案件:原告向银行申请本票,以被告为收款人。被告已经实际地请求银行付款,即实现了他的票据权利。现原告声称,本票的收款人之所以为被告,是因为原告委托被告将这笔款项作为房款支付给案外人(该案外人在被告作为中间人的情况下将房屋卖给了原告,故案外人与原告之间存在房屋买卖合同关系)。但是,被告并没有将本票款项作为房款支付给案外人,原告起诉要求被告返还所得本票款项。

假如原告声称成立,被告是否具有票据权利?在理论上就面临两个选择:

---

① 参见吴庆宝主编:《最高人民法院专家法官阐释民商裁判疑难问题(2013—2014年卷)》,中国法制出版社2013年版,第234—235页。

② 徐来:《融资性票据制度研究——兼论我国票据法的修改》,载《市场周刊》2009年第11期。

一是票据关系成立,因为票据具有无因性,票据关系的成立脱离原因关系,本案中,被告成为本票的收款人是原告的真实意思表示;而且票据是文义性票据,从票据的外观文字看被告就是合法的收款人,享有票据权利,原告无权要求被告返还票据款项。二是票据虽然是无因票据,但是在直接当事人之间,持票人票据权利的行使必须得支付对价,否则不得享有票据权利。依此,本案中原告、被告不存在真实的交易关系,但是双方之间有约定,即原告委托被告将票据款项交付给案外人,被告不享有占有票据金额的权利。原告的请求应该得到法院的支持。

这是一个关于无因性是绝对还是相对的典型案例。笔者因为坚持票据相对无因性原则,因此赞成第二种选择。票据关系成立,且被告已经实现票据权利,但是原因关系没有消失,原告可以依原因关系主张被告返还票据款项。这样处理,对利益平衡有很大帮助。坚持相对无因性原则的理由在前文中已经多有阐述,总结起来,主要有以下两个方面。

(一)票据的文义性原则、独立性原则和无因性原则并存

坚持绝对无因性原则,是为了解决票据关系绝对不受原因关系影响,最大的担忧是票据债务人动不动就以原因关系抗辩。的确这个担忧是有道理的,但是即使原因关系真得如此可怕,票据无因性原则也仅是票据法基本原则之一,而不是全部。如果坚持绝对有因,文义性原则和独立性原则均无存在之必要。可以这么说,文义性原则和独立性原则对原因抗辩之滥用起到有效约束作用。

票据法的文义性,主要是指票据的权利义务关系,只能通过票据的文义记载加以确定。换言之,票据行为的内容及效力范围,都是由票据上所记载的文义构成并加以确定,即使票据记载与实际情况不相吻合,甚至出现错误,也不允许票据关系人以票据以外的证明方法来变更或补充其票据上的权利义务关系。这个原则,绝对地排除任何口头表述对票据所作出的补充性说明。票据文义所表明的权利义务是唯一有效的票据权利义务,票据行为的意思表示的真实性和有效性仅以票据的外在表示为准则,"票据行为不以其他事实或证据探求票据关系人所谓的真实意思表示,以此变更或推翻原票据记载所作出的框定"[①]。我国《票据法》明确规定票据效力依其文义的原则,其第四条第一款规定:"票据出

---

① 郑孟状:《票据法的理论及实践》,经济科学出版社1993年版,第33页。

票人制作票据，应当按照法定条件在票据上签章，并按照所记载的事项承担票据责任。"同时该条第三款进一步规定："其他票据债务人在票据上签章的，按照票据所记载的事项承担票据责任。"这两款规定，支持了立法上以文义确定票据效力的原则。

票据法为什么要确立文义性原则？票据签发是一个专业的过程，如果票据出票人是单位，票据填写一般由该单位财务工作人员完成。根据票据出票记载的要求，我们将票据法的这些规范归为技术性规范，包括金额大小写一致的要求。在票据签发之前，出票人和收款人之间往往会有一个前提行为，即约定由票据代替支付或是偿还债务等，约定票据的金额、付款日期等事项，这些事项是票据行为人的真实意思表示，这个约定就是票据基础关系中的票据预约关系。但是，正如我们之前所述，票据预约关系其实可以忽视，因为票据行为一旦成立，预约的内容转为票据的形式记载。即使记载的内容可能和约定的内容不一致，仍然按照票据记载的内容承担责任。专业的财务工作人员也存在疏忽大意的可能，谁该为此负责？这一点完全不同于普通民事行为。在一般民事行为或是合同中，意思表示不真实或者有重大误解可以成为民事行为、合同可变更或可撤销的理由。在票据这里，行为人不可以预约关系来纠正票据上的错误记载。票据如果流转出去，它所记载的内容传达的是没有错误的真实信息，如果行为人可以因为预约关系和记载不一致而否定票据记载的真实性，那么每一个接收票据的人都可能怀疑票据记载的真实性，谁还有信心去接收一张存疑的票据？票据还会是信用工具吗？何况从某种程度说，票据记载仅是一些没有情感色彩的、纯粹代表事实的客观性记载，本来就不太可能产生歧义。通俗地讲，金额本身就是确定的，收款人、出票人等记载都是白纸黑字的，再以票据之外的理由否定票据记载的文义，这层关系不仅复杂而且不可靠。

票据的有效，首先它是一张票据，不是一张没有任何价值的纸，不能因为原因关系的无效而否定票据的效力；其次是说，票据的记载是有效的。凡是符合票据法规范的票据记载，都没有理由可以否定它的效力。票据通过出票、背书、承兑、保证等，建立的是一种复合式的合同关系，存在几份、几十份甚至上百份、上千份合同，流通性越强，流通越多，票据所产生的合同结构越是复杂。如果每一个预约都对票据记载产生影响，票据根本完不成那么多流通环节。所有在票据上记载的人，都必须先相信那是一张票据，然后相信它具有其记载的效力。

唯有这样,大家所看到的才会是同一张票据,不管其背后的原因是什么,票据的价值仅在于票据本身。如果因为预约关系产生纠纷,根据民法上的权利义务关系来主张权利、解决纠纷即可。因此,确立票据文义性原则的目的是相信票据是有效的,促进票据的顺畅流通。

当票据形式存疑时,文义性原则作为解释原则被我国票据法所承认,是为了票据流通。而票据的文义,指的是什么时候的文义记载?当票据被变造之时,法律对变造前后的记载该如何认定?票据变造,包括对票据金额、票据到期日等票据签章之外的记载的变造,实践中以对票据金额变造为多见。被变造金额的票据在流转过程中就面临了这样的困境,变造之前签章的人所看到的比如是 10 万元金额的票据,其签章的真实意思是为 10 万元票据金额承担责任;而变造之后金额为 110 万元,那么变造之后签章之人所见为 110 万元,其签章的真实意思是为 110 万元票据金额承担责任。此时,当持票人要求变造之前的签章人承担 110 万元的票据责任,法律该表现出怎样的态度?《票据法》第十四条第三款表明:"票据上其他记载事项①被变造的,在变造之前签章的人,对原记载事项负责;在变造之后签章的人,对变造之后的记载事项负责;不能辨别是在票据被变造之前或者之后签章的,视同在变造之前签章。"依此可见,文义性原则所指的文义,指的是每一个签章之人所看到的票据上的记载,不管票据以后将面临怎样被变造的风险,签章之人的责任仅在于自己所见的票据的记载。这就是票据的文义的含义。诚然,我们尊重最后的善意持票人所持票据的记载事项当得到权利保障,哪怕该记载曾经被变造;但是,票据法同样尊重的是每一个签章之人仅为所见之记载负责的事实。要做到这一点,仍然需要票据以外的事实加以证明,至少变造之前的签章之人要用基础关系加以证明。即使无法证明,法律的态度倾向于对变造之前的记载的保护,因为"不能辨别是在票据被变造之前或者之后签章的,视同在变造之前签章"。

令人疑惑的是,变造本身是一个非法的行为,变造的记载是一个非法的记载,票据法为何去保护获得非法记载的善意持票人按非法记载获得票据权利?理由当然只有一个,不可以随意说票据无效,票据在出票时有效,它已经是一张票据,就不可以轻易说它不再是一张票据,哪怕是非法记载也不导致票据无效,

---

① 根据法条上下文的意思,"其他记载事项"指的是签章之外的票据记载。

如同错误的记载仍然是票据权利义务的依据一样。为了让所有在票据流通中善意人的权利得到保护,保护善意人对票据外观的信赖,一张被变造的票据其记载就分裂为变造之前和变造之后。让每一个签章之人为自己所见的记载负责是符合民法关于真实意思的原理的,这样票据的流通就得到了最大的保障。意思自治的基本理念是保障和鼓励人们依照自己的意志参与市场交易,强调在经济行为中尊重当事人的自由选择,让当事人按照自己的意愿形成合理的预期。①

法的价值在于这种规范体系为人所重视、珍视的性状、属性和作用。票据法的价值在于保障票据权利的"确实"和助长票据流通的"迅速"。票据的文义性集中体现了这一价值内涵。② 总之,票据行为的文义性首先关注的是效率,即票据的流通、商业交易的达成、票据作为社会资源的有效利用。其次关注的是公平,即对票据受让人一方信赖利益的保护,对经济活动中信息弱势一方的保护。票据行为文义性的彰显,推动了票据制度的进步,符合经济发展的需要。③ 以票据为媒介的商业交易以信用为本,一诺千金,加之票据流通性大,几经辗转,数易人手,除票据上连续背书的签章人外,其他人很可能互不相识,如允许某一票据义务人以票据记载与其真实意思表示不符而撤销该法律行为,那就是一扣脱节切断了整个交易链条,撒了满地"珍珠"。这不是商法的风格。商法不会因小的公平而牺牲大的效率。④

票据法的独立性原则,是说每一个票据行为,都有其自身的法律效力,每一个票据的行为的主体,都对自己的行为独立地承担票据法上的责任。一个或数个票据行为的无效并不影响其他票据行为的效力,但独立性原则只是在票据实质要件无效时讲的。一个票据行为因为实质要件的欠缺,不影响另一个票据行为的完整。⑤ 票据法采用独立性原则,其根本出发点在于保护和促进票据的流通,一个前提行为的无效,并不影响以后签章的各个当事人成为票据债务人。

票据上记载的内容,既是出票人的意思表示,也是所有在票据上签章者的

---

① 参见刘凯湘、张云平:《意思自治原则的变迁及其经济分析》,载《中外法学》1997年第4期。
② 参见周树娟、李琳:《对票据行为文义性的思考》,载《景德镇高专学报》2006年第3期。
③ 参见高振勇:《票据行为要式性与文义性制度的经济分析》,载《经济纵横》2007年第4期。
④ 参见王雪莹:《维护交易安全原则在票据法中的体现》,载《哈尔滨职业技术学院学报》2002年第3期。
⑤ 参见郑孟状:《票据法研究》,北京大学出版社1999年版,第27页。

独立意思表示的内容。这种表示并无主观上的共同性和关联性,而是各自分离,互相独立的。每一个行为的效力,仅和自身相关。票据行为独立性原则的作用,正是通过对票据上每一个票据行为效力的单独确认,求得对未知善意相对人票据权利的特别保护。如果一张背书连续的票据上的所有票据行为均为实质有效,那么各个签名人只需要按照票据所载文义行使权利和履行义务,无从谈到票据行为独立性原则的适用。该项原则的意义在于票据上存在实质无效的票据行为的情况。票据存在的意义在于流通,流通中的票据上可辨别的只有它在形式上的有效性,以一般民事行为的实质有效性去划分票据关系人的权利义务,无疑是对票据流通性的极大损害。通常无效票据行为的后果表现为无权利人行使票据权利(如伪造票据签名),或者有权利人不承担票据责任(如被胁迫而出票),无论哪种结果都可能会让善意持票人的票据权利不被承认,从而阻碍票据债权的顺利实现。有了依据票据行为独立性原则的有力保护,才能使善意相对人放心接收并使用票据。票据法对善意持票人的保护意味着对票据流通性的保护。①

票据法的独立性原则,是一项世界性的票据法律原则。票据的产生是信用本身的储备,假如没有信用,或者说假如不信任组成市场的人的共同体的将来,那么就既不会有信用票据,也不会有体现于其流通性中的那种特别信用。假如对票据上的债务人以及每一票据行为没有一种高度的信奉、信任或信赖,那么把债务人将来的义务从一个债权人转移到另一个债权人的制度就无法产生和维持了。只有这种对票据上行为共同体的将来的信奉,才可能使人们信任即刻支付的价值与晚些日子支付的价值量是没有区别的,票据才得以存在和流通。

票据行为的独立性,也为票据债务人承担连带责任奠定了坚实的基础。②每一个票据行为都是独立的,相互之间在效力上不存在影响的可能。可是,正因为一个票据行为的无效,并不影响另一个行为的效力,也就是说票据上一个签章的无效,不可能使另一个签章无效。因此,即使一个票据行为无效导致该对外彰显的签章者不承担票据责任,可是票据上的其他签章者仍然要承担票据责任。这样一来,票据权利人不会因为一个票据行为无效而导致权利落空的局

---

① 参见杜宇峰:《论票据行为独立性原则对票据背书的适用——兼论票据行为无效的原因》,载《研究生法学》2001年第4期。

② 参见郑孟状:《票据法研究》,北京大学出版社1999年版,第28页。

面。每一个票据行为都因为自己不可豁免的票据责任而为其他票据行为的是否有效承担了连带担保责任,票据的效力得到了有力的保障。因此可以说,票据上签章越多越安全,越益于流通。

票据法之所以规定票据是无因证券,使之与票据基础关系相分离,票据是文义证券,使之与票据文义以外的任何约定相脱钩,票据行为的独立性,使每一票据行为之间的效力相对独立,其目的在于通过最大限度地承认票据的有效,从而满足票据是强度流通证券这一特点,促进票据的流通。因为唯有有效的票据才可能流通,票据一不小心就陷于无效,那么其流通功能自然受到质疑,这是一个毋庸置疑的真理。

依经济学的理论,票据交易畅通和有效率,才能保证票据资源的有效利用。如果没有票据文义性原则,那么,确定票据的内容和效力就要增加成本。当票据当事人对票据内容和效力发生争议时,对银行等金融机构而言,增加了其服务成本,那么其收益就会减少,银行自然会减少或放弃提供票据相关业务。如果为维持收益而提高服务价格,票据使用者的成本提高,收益减少,他们就极可能放弃或减少使用票据,转而使用其他的替代品。对一般的票据关系当事人而言,也同样存在成本和收益的问题。票据流通成本的提高,以及票据的不确定性会导致部分商事主体放弃或减少对票据的使用。票据行为文义性制度,使票据的内容和效力能直接、迅速、有效地确定,使服务成本和使用成本在一个相对可以接受的限度内,从而有利于票据关系的当事人追求利益的最大化,达到票据资源的有效利用。

(二) 票据的无因与有因

票据无因并不是说票据产生没有原因,而是说票据一旦签发,其所产生的票据关系,即独立于其赖以产生的票据原因关系。票据签发的原因可能是违法的,但票据仍然是有效的。无因是为了保证善意持票人的票据权利免受票据原因的影响。"只有票据法律关系与票据基础关系互相独立,作为基础关系的交易关系和债权债务关系才能不影响独立存在的票据关系的效力。"[①]在票据的流转过程中,作为第三人,接收票据时,无须过问和注重票据产生的原因。唯其如

---

① 夏林林:《对票据无因性原则法律适用的思考》,载《法律适用》2004年第1期。

此,票据才得以成为强度流通证券。① 通过确立无因性原则,可以使人们乐于接受票据。人们乐于接受票据,就会利用票据的种种功能,加速物资有序流动,促进贸易发展。这也就助力了票据的流通,从而发挥票据的效用,最终达到促进经济发展的社会目标。这正是票据法理论确立票据无因性原则的最终目的。

无论是大陆法系国家的票据制度还是英美法系国家的票据制度,均将票据关系与原因关系人为地割裂,票据行为不以原因关系为基础,确定了票据的无因性。日本《票据法》第十七条规定:"汇票之受票人,不得以对出票人或其他持票人前手之关系为理由而以抗辩对抗持票人。但持票人知晓对其债务人有损害而取得票据者,不在此限。"日本《支票法》第二十二条也作了类似规定。德国《汇票法》第十七条、德国《支票法》第二十二条、日内瓦《汇票本票统一公约》第十七条、日内瓦《支票统一公约》第二十二条、英国《票据法》第三十八条都有此类规定。此类规定表明票据抗辩切断了规则以及票据的无因性。票据原因关系的无效、被撤销不影响票据的效力。这就是票据的无因性。

签章者承担责任,是无因性原则的核心体现。票据行为人的签章一是表明了其对票据行为,即债权债务关系成立的真实意思表示,票据签章是票据行为的核心;二是表明行为人对该行为的确认,签章使得票据关系脱离原因关系而独立存在。真实的签章,是签章者对票据负责的唯一证据和原因,脱离了票据赖以产生的基础关系,任何真实签章者都不得以原因关系抗辩,除非是直接相对人之间。

但是,无因性作为票据法的解释原则,仅是一个相对的概念,并不具有绝对的意义。如果无因性绝对化,将违背最基本的法律行为的成立要件。民事法律行为成立一般要求具备几个要件,即行为人合格、意思表示真实、内容和形式不违反法律或社会公共利益。②

在票据行为完成之时,判断行为是否在法律上生效,同样要看该行为是否具备生效要件。行为人要求有行为能力、意思表示真实。关于是否为真实意思,从行为人真实签章的外观进行判断。而票据行为要件之不违反法律或社会公共利益,主要包括形式和内容两个方面。学者对《票据法》第十条的质疑,主要原因是对形式的绝对遵从和对内容合法的忽视,认为只要票据行为形式符合

---

① 参见郑孟状:《票据法研究》,北京大学出版社1999年版,第19页。
② 我国《民法典》第一百三十四条。

法律规范,就不能因为内容之不合法而否定其效力。史尚宽先生在这个问题上也有详细论述,他认为关于法律行为之有效要件主要包括内容之确定、内容之可能、内容之合法、社会内容之妥当性等。① 而票据行为虽为要式行为,同样要考量行为内容之有效性。票据行为不具备法定形式,行为不成立。"然如将不法之动机依法定方式于法律行为中表示时,其法律行为有反社会性,应为无效。开票人为使票据受领人取得赌本,而开发期票,以其旨意记载于票上时,因票据行为有绝对的法定内容之法律行为,虽不妨其期票本身之有效成立,然开票人所为开发之意思表示,有反社会性,依民法之规定为无效。然此事在票据上甚为明白,开票人对于任何人不负票据上之责任。然票据本身为有效,其于期票上为背书者,依票据行为独立之原则,对于该票之取得人,应负票据上之责任。"②

这番阐述清楚地表明,一个票据行为的合法,有赖于票据行为人之间的基础关系内容合法。当然,因为票据的特殊性,哪怕一个票据行为因为基础关系而无效,并不影响其他票据行为的效力,每一个票据行为都是独立的。除直接关系人之外,票据权利人还可以要求所有真实签章者承担法律责任。

这也是签章与原因的重合与分离。在直接关系人之间,签章与基础关系之间应该是重合的、一致的。而对于其他票据权利人,签章与基础关系是分离的。要求行为人之于票据取得和签发支付对价,仅仅指的是原因关系的真实。有人将此理解为对价是票据有效与否的一个要件,这是一个误会。"票据法强调对价的必要性,其着眼点在于票据'取得',而'取得'仅是票据流转中的其中一个环节,并不概括创造票据权利义务关系的票据签发,因此没有理由将取得无效与票据无效等同起来。"③

否定《票据法》第十条意味着否定诚实信用原则。无因性原则的贯彻是否意味着对诚实信用原则的否定？两者之间为什么存在矛盾？

诚实信用原则是民法的重要原则之一。现代民法以诚实信用为权利行使之基本原则。诚实信用,为市场经济活动中形成的道德规则,它要求人们在市场活动中讲究信用,恪守诺言,诚实不欺,在不损害他人利益和社会利益的前提

---

① 参见史尚宽:《民法总论》,中国政法大学出版社 2000 年版,第 326—347 页。
② 参见史尚宽:《民法总论》,中国政法大学出版社 2000 年版,第 342 页。
③ 郑孟状:《论票据对价》,载《中外法学》1997 年第 1 期。

下追求自己的利益。李开国教授认为,诚信原则是道德的法律化,诚信原则的立法目的,在于反对一切非道德的、不正当的行为,维护市民社会生活的正常秩序和安全。① 诚信原则适用于"一切权利的行使和一切义务的履行"②。《民法典》第七条确定了涵盖全部民事关系的诚信原则,意味着诚信不仅要贯穿合同关系领域,而且要贯穿物权关系甚至亲属、继承关系领域。③ 那么,票据行为至少不能被排除在民事行为之外,票据法律关系当属民事法律关系之一种,遵从诚实信用原则并无例外的理由。

纯然从票据法律关系的特征来看,遵从诚实信用原则也是必然。票据是市场经济运转的产物,它从产生开始就是信用工具。此处的"信用"有两个方面的含义:一是持有票据的人都因为真实的交易获得票据,这是票据法律关系直接相对人之间的信用;二是每个持有票据的人有理由相信除直接前手之外的签章人对于票据的签发、背书是因为有真实的原因。两层含义之间并不是割裂的,后者以前者为基础。票据作为一张纸,其本身并无信用可言,是因为票据之上签章人的信用凝结成了票据的信用。质言之,票据作为信用工具,是以签章人的诚信为基础的。行为人在签章时就承诺了自己绝不可推卸的义务。票据法律关系不比一般的法律关系,只涉及行为的相对人,它所涉及的关系是诸多票据行为的结果。因为每一个票据权利人不可能去关心其前手是否遵守诚信原则,法律为了不使行为人为他人的行为负责,而假设每一票据行为人都依诚信行事。但这并不意味着票据法律要放弃诚信原则。倘若没有真实相对人的真实的债权债务关系,就不可能衍生出真实签章人为非相对权利人负责的原则。

因此,对《票据法》第十条的质疑即是将无因性推向了一种绝对真空的状态。相反,票据无因性的相对性,可谓达到了两个诚实信用目的。一是恪守票据原因基础关系对票据相对人之间及特殊情形下票据关系的影响,基础关系的诚实守信为整张票据在实质上的信用打下了基础。试想,如果票据法连相对人之间的有因都加以否定而一味地夸大票据的有效,那么真正承担票据责任的人会是谁呢? 票据就极可能沦为不法分子犯罪的工具。二是票据关系的无因向

---

① 参见江平主编:《民法学》,中国政法大学出版社2000年版,第67页。
② 梁慧星:《诚实信用原则与漏洞补充》,载梁慧星主编:《民商法论丛》(第2卷),法律出版社1999年版,第62页。
③ 参见徐国栋:《诚实信用原则研究》,中国人民大学出版社2002年版,第21页。

持票人担保了票据上的真实签章即使原因无效仍将承担票据责任,那么票据在形式上又获得了诚信的保障,因此票据可在最大限度上实现流通。

第三节 域外融资性票据的法律地位及其借鉴意义

融资性票据是票据之一种,当然应由专门的票据法律制度予以规范。发达国家和地区融资性票据的运用,不仅在实务上为我们提供了经验,具有借鉴意义,在法律制度的安排上同样对我国具有启示作用。

一、域外融资性票据的法律地位

对于融资性票据的法律地位,一些发达国家和地区的态度分为明确的和不否认的两种。其中美国和英国是属于对融资性票据的法律地位直接予以确定的,而日本的态度相对保守,采用不否认的态度。

(一)明确融资性票据的法律地位

1. 美国法律对融资性票据的规定

美国《统一商法典》的第三编之票据法,采用了包括主义的立法模式,将汇票、本票、支票和存款单统一规定在内,但其给予票据以"流通证券"(negotiable instruments)的定义。流通证券作为商业证券之一种,与投资证券例如债券等是不同的。商业证券与投资证券的最大不同是其到期无条件付款。[①] 美国《统一商法典》第 3-419 条承认了融通票据的法律地位,并作出了详细规定。该条(a)款对融通票据予以界定:"如果票据是支付了对价而发行的并且该对价是为了票据的一方当事人('被融资当事人')的利益而被给予的,在票据的另一方当事人('融通当事人')未作为给予票据之对价的直接受益人而为了承担票据上的责任作出签名时,该票据就是由融通当事人'为了融通'而签署的。"

为了发挥票据的各种功能,美国票据法的态度非常开放。票据不仅可以作为付款工具,也可以作为担保工具。在 Larry & Vivian Keesling v. T. E. K.[②] 案中,原告在本票出票中的签章就是基于原告与被告之间存在着保证关系,法

---

① Stoerger v. Ivesdale Co-op Grain Co., 15 Ill. App. 3d 313, 304 N. E. 2d 300 (4th Dist. 1973).
② Larry & Vivian Keesling v. T. E. K., Indiana Court of Appeals, 861 N. E. 2d 1246 (2007).

院对因为保证关系签发票据的效力从无质疑,该案的纠纷在于第二张票据是否为对第一张票据的保证合同的更改。显然,美国的流通证券比我国的票据概念更为广泛,不仅在于其主要的四种形式,更在于其对于票据功能的界定。

美国对融资性票据采用宽容、理解、承认其效力的态度,这可以从票据签发或转让的原因规定中看出,即票据的取得是基于什么原因。关于对价之理由,美国《统一商法典》有明确规定。美国《统一商法典》第 3-303 条将票据的发行或转让以价值(value)和对价(consideration)为合法条件。对价和价值是上位概念和下位概念的关系,尽管不能直接从两者的字面解释得出,却可从第 3-303 条的法律条文中作出判断:因为第 3-303 条(b)款称对价的范围更为广泛,是指足以支持一份简单合同的任何对价,包括第 3-303 条(a)款所描述的价值。

该条用列举的方式确定了价值的范围,《统一商法典》正式评述,又详细解释了价值①:(1)为了履行承诺而发行或转让,但限于承诺被履行的范围内。即不具有《统一商法典》在第 3-103 条(a)款第(12)项中对承诺的特定含义②,即此处所说承诺不是指票据的承诺。例如,X 鉴于 Y 在将来提供服务的承诺而向 Y 发行了一张支票。尽管待履行的承诺是发行支票的承诺,但它仅在承诺得到履行的范围内才是价值,否则可能构成一项抗辩。进一步说,X 鉴于 Y 在将来提供服务的承诺而向 Y 发行了一张本票。如果在本票的到期日,Y 的履行尚未到期的,Y 仍可以执行该本票,因为该本票的发行是具有合法的对价的。但是,如果在本票的到期日,Y 的履行已经到期却尚未履行的,X 就享有了一项抗辩。(2)受让人获得了担保权益或其他对票据的留置权,但在司法程序中获得的留置权除外。即票据是作为担保物而取得的。(3)票据发行或转让在先的对任何人的债权的付款或保证,无论该请求权是否已到期。发票人为了过去的债务而发行票据,例如,X 欠 Y 1000 美元。后来,X 就该债务向 Y 发行了一张本票。根据第 3-303 条(a)款第(3)项,X 就是为在先的债务发行本票,属于价值范畴。如果给予票据是作为对在先的债权的付款或担保,持票人就是支付价值而取得了票据,即使并未对时间作出延期或作出其他的让步,也无论请求权是否到期。

---

① 参见美国法学会、美国统一州法委员会:《美国〈统一商法典〉及其正式评述》(第二卷),李昊等译,中国人民大学出版社 2005 年版,第 59—61 页。

② 美国《统一商法典》第 3-103(a)(12):承诺是指由承担付款义务的人签署的付款的书面允诺(undertaking)。债务人对债务的承认并不是承诺,除非债务人也承担了清偿债务的义务。

本条针对任何人的债权而适用,甚至对该债权是否从合同中产生都不作要求。特别是,该规定旨在适用于作为对第三人的债务的给付或担保而被给予的票据。(4)流通票据的交换。(5)取得票据的人对第三人承担的不可撤销的义务。

该条规定,若取得票据之人未支付法律规定的对价,票据的出票人或持票人就享有抗辩权;而如果票据是为了履行承诺而发行,发行人就在承诺到期尚未履行的范围内享有抗辩。

第3-303条(a)款对价值的定义,在涉及持票人是否为正当持票人时,特别是在票据发行人对票据享有抗辩权的情形下,该条有着非常重要的意义。假定买受人和出卖人在4月1日签订了一份货物买卖合同,合同约定货物交货时间为5月1日。在合同签订时,根据约定买受人得支付50%的货款。4月1日,买受人向出卖人交付了一张金额为货款50%的支票,该支票由X签发,买受人为收款人,现买受人将其背书转让给出卖人。4月2日,出卖人持支票向付款人请求付款遭到拒绝,理由是X已经停止付款。当时,买受人和出卖人之间的买卖合同还没有任何实际履行。如果X对支票享有抗辩权,该抗辩可以向出卖人主张,因为出卖人为票据未给付任何价值,因而不是正当持票人。第3-303条(a)款第(1)项的政策基础是作出待履行承诺的持票人在出票人知悉票据被拒绝付款时承诺尚未履行的范围内不会遭受买价与市价的差额损失。在出卖人于4月1日取得支票时,买受人支付50%的货款的义务就被中止了,但是在支票于4月2日被拒绝付款时,该义务就又得以恢复了。根据第3-303条(b)款,如果买受人在交付货物时或早于交付到期而没有付款的,出卖人就被免除履行交付货物的义务。这样,出卖人就会免遭实际损失,即使支票是不可强制执行的,正当持票人的地位对保护出卖人而言并不是必要的。

美国的票据分为银行承兑汇票和商业票据,其中,银行承兑汇票和我国真实性票据类似,需要以真实交易作为原因关系;而商业票据则是一种融资性货币市场工具,往往是高信用的大型企业和金融机构发行的用以短期融通资金的工具,其发行和流通是基于企业商业信用,不需要以真实交易为基础。由于一般商事主体作为承兑人和银行作为承兑人的信用不同,美国的商业票据市场独立于银行承兑汇票市场,自20世纪80年代末期以来得到了迅速的发展。1907年,美国经历一次严重的金融危机,以银行业危机为重。1913年,美国成立了美联储。在国家授信的背景下,美联储成立之后,有效地遏制了银行间的信用危机,市场资金的流通逐渐恢复。此时一个重要的方面就是发展了银行承兑汇票。20世纪80年代以后,美联储退出银行承兑汇票的购买,商业票据开始获得重视。截至2018年年末,美国票据市场上几乎全部是商业票据,未偿付余额达到9960亿美元,而银行承兑汇票几乎消失。①

换言之,在美国,目前商业票据已经占据票据市场的主要地位,也是最大的国际性市场。美国规范商业票据市场的法律主要是1933年《证券法》和涉及商业票据内容的其他法案②。此外,美国构建了较为完善的商业票据制度,主要包括:

第一,发行主体。商业票据在美国被视为最主要的短期融资工具,并且美国商业票据的发行形成了证券化趋势,票据的发行主体包括金融性企业和非金融性企业。金融性企业主要是指从事商业、储蓄和质押的银行业务,代理金融租赁和其他商业借贷、担保背书以及其他投资活动等的企业。非金融性企业则包括制造商、公用事业服务商、工业公司和其他服务性公司等。票据发行主体中金融性企业占了大多数。发行人不仅发行票据,还可以直接面向市场投资者销售商业票据。票据的投资者包括银行、非金融企业、投资公司、养老基金、公益基金、个人等。他们之间通过中介机构有机联系起来,票据买卖双方通过中介机构沟通信息,保证交易的顺利实施。

第二,发行和交易方式。美国商业票据的发行主要包括直接发行和证券交易商承销发行。直接发行指发行人直接向投资者销售发行,中间无须金融中介机构的参与。此种发行有利于降低发行成本,但以丰富的经验为基础。故自行销售商业票据的大多数是金融公司,这些机构需要连续不断地向市场融资以便向客户提供贷款。美国约一半的商业票据是发行人自己销售的。当然票据发行者也可以通过证券交易商或代理机构出售票据,利用交易商销售票据的机构主要是一些发行数额较小、发行频率不高的非金融类企业和一些小的银行控股公司、金融公司。这样做既可以充分利用证券交易商以及建立起来的许多发行

---

① 参见江西财经大学九银票据研究院编著:《票据史》,中国金融出版社2020年版,第309页。
② 美国有许多法案会涉及商业票据,比如1940年《投资公司法案》中对机构投资者只能投资"合格票据"的规定;2002年《萨班斯-奥克斯利法案》对审计披露信息的要求;2010年《多德-弗兰克法案》扩大了美联储的监管范围;等等。

网络,争取到尽可能好的利率和折扣,又可以节省自己建立销售网络的成本开支。

第三,商业票据市场评级体系。在发行前必须由评级机构进行评级以供投资者投资时选择参考。所有商业票据只有经过国家认可的合格评级机构评级才会被允许上市。由于商业票据实际上是一种非担保证券,市场对发行人的要求是非常高的,发行者必须有足够的实力和健全的财务制度。若想成为信誉最高的票据,必须有两家信用评级机构对将要发行的商业票据给予最高级别的评级。虽然发行者一般都有较高的信用等级,但较小或不太有名的低信用等级的企业也可以发行商业票据,但必须借助于信用等级较高的公司给予信用支持(这种票据被称为"信用支持票据"),或以高品质的资产为抵押(这种票据被称为"抵押支持商业票据")。

2. 欧洲票据市场对融资性票据的规定

欧洲票据市场是20世纪80年代国际金融创新的重要成果之一,是欧洲货币市场的重要组成部分。根据票据融资时间长短,欧洲票据分为欧洲短期票据、欧洲商业票据和欧洲中期票据三种。这些是欧洲票据市场上的主要交易工具。欧洲票据市场中最具特色的是融资便利(facility),这是一种新型的以合约形式向借款人或票据发行人提供的融资安排,由各种不同的发行方式、提款方式和承诺担保方式组合而成。融资便利可以根据企业的融资需求量身定做,不同企业设计不同组合的融资便利,因此是非常灵活的融资组合服务。

欧洲商业票据通常采用纸质的实物形态发行,承诺到期无条件付款,持票人凭票享有票据权利。其发行方式通常为记账发行方式,为了交易的方便,如非固定格式的环球票据等票据,一般由集中证券托管商存放管理。但是也有采用电子化票据的,比如法国自1993年强制规定所有的商业票据必须无纸化发行,并通过集中证券托管中心的技术连接和建设,建立了便捷的清算体系,实现了票据的T+0当日清算。这种非固定格式的环球票据,由托管所在地的法律负责维护欧洲商业票据投资者的权利。

欧共体成员国中能够发行商业票据的主体并不相同,但多数成员国的发行主体比较多元,公司和金融机构都可以发行商业票据。

3. 英国法律对融资性票据的规定

在英国,票据市场涵盖的范围较广,基本可以等价于货币市场,主要包括国库券、商业票据、政府短期债券以及大额可转让存单等。从狭义票据的角度看，英国的票据市场品种也主要包括银行承兑汇票和商业票据，其中商业票据占绝大部分。商业票据在英国企业融资中占有重要的地位，从英国2003年1月至2019年9月每月居民企业股票、债券和商业票据融资规模情况看，商业票据占企业融资来源的比例一直保持在40％左右。①

英国对融资性票据的承认，主要体现在其对票据无因性的绝对坚持上。英国《票据法》第二十八条对融通票据(intermediation instruments)和融通票据人(intermediation of people)作出规定，出票人、承兑人、背书人皆可以成为融通票据人。英国《票据法》第四条的(4)(b)规定了汇票不会因为未说明已付之价值，或过去已付之价值而无效。这条是对票据无因性的肯定。为了安全，该法第十五条还对预备付款人作出规定，当票据发行或背书转让时，可以在票据上备注一预备付款人之名。换言之，当票据遭遇拒绝承兑或拒绝付款时，持票人可向一指明之人求助，该人就是预备付款人。

英国《票据法》同样对价值和对价作了详细规定，在其第二十七条中，将价值和对价都作为票据的签发或转让原因。关于价值，主要包括两个方面：(1)任何足以构成单纯契约之对价；(2)在票据签发或转让之前发生的债务或负债，无论该票据为见票即付票据还是远期票据，均将债务或负债视为价值。对价包含价值，持票人在任何时候为汇票支付了上述价值，那么他对于承兑人以及所有的票据前手来说，即被视为支付对价的持票人。对汇票的留置权也可以被视作支付了对价，该条法律明确：如汇票持票人，不论是因为契约或法律之默示，对汇票享有留置权，则该持票人视作已经支付对价，但票据权利范围以留置权金额为限。

在英国，票据作为融资工具表现最为突出的是，英国票据市场的参与者包括商人银行、票据贴现行、商业银行、清算银行、证券经纪商号以及英格兰银行等机构，整个票据市场以贴现行为核心。票据贴现行也可称作贴现公司或贴现所，是专门的金融公司，主要是对票据进行贴现和买卖，以提升票据市场流动性，实现票据的融资。票据贴现行是英国银行系统中的一种特殊机构，主要扮演票据市场的组织者和融资桥梁的角色，通过各类银行及金融机构的即期贷款

---

① 数据转引自江西财经大学九银票据研究院编著：《票据史》，中国金融出版社2020年版，第309页。

从事票据贴现和公债买卖,以促进短期资金的正常周转。它一方面接受客户的商业票据和经过承兑所承兑的票据并办理贴现;另一方面是商业银行和英格兰银行间的纽带以及中央银行与商业银行之间的"缓冲器"。商业银行(票据承兑行)在票据市场经营票据承兑业务,主要为客户办理票据承兑,并以收取小额的手续费作为正常业务收入。票据一经承兑行承兑,就成为"银行票据",其贴现利息要比一般商业承兑汇票低。商业银行在贴现市场的活动主要是向贴现所提供"通知贷款",并从贴现行购入票据。

英格兰银行作为最后贷款人向票据贴现行贷款;以国库券的代理发行机构的身份进入贴现市场,同时通过贴现市场影响短期利率水平和银行储备水平。短期利率的高低直接影响到国内货币供应的松紧度,从而间接影响到借贷、消费、投资、产出等,最终影响到价格水平。这样,英国的票据市场就成了英格兰银行向商业银行及投资者传导其货币政策意图的渠道,英国政府货币政策意图通过票据市场进而迅速准确传递到实际经济部门。[①]

(二)不否认融资性票据的法律地位

除了一些国家和地区明确表示肯定融资性票据的法律地位之外,还有很多国家和地区采用不否认的态度对待这个问题。日本票据法和德国票据法没有对票据发行或转让的原因作出任何规定,票据法通篇基本上都是从票据形式上展开讨论。票据权利和义务也皆因票据关系,和票据的基础关系——原因关系没有关联。

但是,日本承认在实务中形成的各种票据,包括融通票据。日本的融资性票据发展有一个过程。早期,相比美国等国家,日本票据市场工具种类较少,缺乏融资性票据,主要通过票据贴现市场实现票据融资,用于贴现的也主要是具备真实交易背景的票据,包括本票和汇票。当时还有票据买卖,通过专门的中介机构短资公司完成。1998年是日本票据发展的重大转折期,票据融资方式有了标志性的转折,票据成为投资工具,发行者可以直接向投资者发行商业票据。为了降低票据投资风险,融资性票据和信用评级挂钩,即通过对发行者进行信用评级来衡量其有无资格发行商业票据,这种商业票据称作直接募集票据(Direct Paper)。自1998年以后,作为投资工具的票据发展迅速,合格的商业票

[①] 参见巴曙松:《票据市场国际经验与中国的路径选择》,载《西部论丛》2005年第4期。

据发行者由最初的170家发展到800多家,而且最初被禁止发行商业票据的证券公司、保险公司等非银行金融机构,现也被允许发行商业票据。①

日本实务中的票据分类很多,在融资功能上,本票发挥最为淋漓尽致。为借贷目的专门签发的票据称"票据贷款",是指在进行金钱借贷时,以票据替代借据,或与借据一同向贷方签发的以借方为出票人的本票。对应"票据贷款"的是"证书贷款",是指基于借据贷款的场合。证书贷款一般被用于长期贷款,而票据贷款则被用于短期贷款。票据贷款在日本被广泛运用,占日本银行贷款交易的比例很高。从银行贷款细目看,其中票据贷款占40%,而本票汇票贴现和证书贷款分别占20%和40%。那么日本的所谓"融通票据"是指用于融资目的的票据,以本票形式居多。例如,金融信用较高的甲受陷入资金周转困难的乙所托,签发以乙为收款人的本票并交付于乙。该张本票利用甲的信用,使得乙可以通过转让本票于丙从丙处获得资金,这比乙自己签发本票更为有效。这张融通本票,甲为融通人,乙为被融通人。甲乙之间在签发票据之前通常会在融通合同中事先书面约定相关事项,主要是乙的义务:乙须在该本票到期日前向丙或其他任何持票人购回该本票,或当甲已经完成本票的付款义务时向甲偿还相应票款。通过利用融通票据,被融通人乙自接受丙的贴现起至向甲提供票据金额,获得了来自融通人甲的支持,得以摆脱一时的资金周转困境。在通常情况下,签发票据是基于收款人乙向出票人提供的信用,而融通票据的场合出票人甲允许收款人乙利用自身(甲)的信用。当然,需要说明的是,融通票据并非一个法律概念,但却是日本票据实务中的用语,因此难以作出严密的定义。因为融通票据不以商事交易为基础,故票据付款的确切性较低,遭遇拒付的危险性较高,因此是不健全的。不过如果融通票据的债务人具有实际的信用力,仍旧可以在金融业者等处获得贴现,因此这种票据在实务中发挥着不容轻视的作用。此外,与他人之间相互签发融通票据的场合被称为"通谋票据"或"互签票据"。②

二、对我国融资性票据入法的借鉴意义

票据法具有很强的国际趋同性。因为流通为票据的核心特征,不仅在国内

---

① 参见曹东:《日本商业票据市场的现状分析》,载《外国经济与管理》1999年第6期。
② 参见张凝、[日]末永敏和:《日本票据法原理与实务》,中国法制出版社2012年版,第23—24页。

流通,也存在跨国流通的可能性。票据法的技术性特征比较明显,它受各国道德风俗影响小,这为票据法的国际趋同提供了可能性。①

(一)对票据发行目的自由的承认

我国融资性票据的发展是一个事实,为这个事实寻求法律的合理解释,并不是我国所特有。融资性票据在交易性票据之后获得发展,是西方国家的共同经验。"随着经济金融的发展,在西方国家的货币市场中,人们早已抛弃了真实票据理论,公司企业凭借自己的信用度来发行商业票据,已成为基本的票据融资形式。英国、美国、日本、德国等国家的融资性票据业务和市场都已迅速发展并日趋成熟,其中,最为突出的就是美国的商业票据市场和欧洲票据市场,其主要交易工具都是商业票据。所谓商业票据,是由公司或企业凭信用发行的无抵押借款凭证。它是20世纪70年代以来西方国家较为流行的短期融资工具,与较早的商业汇票不同,商业票据可以无任何贸易背景,仅凭公司的信誉签发,是一种纯粹的融资性债务凭证。"②

票据为何发行、为何流转,皆应由票据当事人决定。这是票据作为信用工具有效存在并发挥最大效力的基础。现在民间私下买卖票据(私下贴现)很常见,尤其是江浙沪一带。在最高法法官办理的二审案件中,发现对票据买卖和私下贴现的情况,有的法院认为属支付对价(善意取得),有的法院则明确属无效转让,受让人不享有票据权利。最高法法官认为:首先,票据转让应当依照《票据法》的规定进行有效背书,只有背书无瑕疵,最后一手票据持票人才是合法持票人,否则,容易因背书不连贯而影响持票人权利的行使。其次,持有票据,应当向票据转让方支付对价,即依法、依约、善意取得,法律和司法实践均不支持无对价的非善意取得。持票人未向其前手支付对价的,在票据权利有效期内,前手可以有返还票据、停止票据权利行使等抗辩请求。最后,没有经过金融主管部门批准,以营利为目的的票据贴现行为,属无效行为,应受到法律和政策限制。但是,已经办理了贴现手续,且被证明是善意取得票据的,不能主张返还票据或者以票据行为无效为由追回票款。应当认可连续背书转让行为,对金融

---

① 参见王秉乾编著:《比较票据法案例选评》,对外经济贸易大学出版社2013年版,第17页。
② 严文兵等:《论开放融资性票据业务及其监管制度安排》,载《经济评论》2002年第5期。

机构已经办理的贴现行为,应该视为已经办理贴现完毕,不能要求返还原状。①

从上述意见中不难发现,最高法对于已经私下贴现的票据,除非是恶意的,一般也不主张票据行为无效,代表了对票据融资一定程度上自由的容忍。那么我国如果能够允许票据发行和转让意愿自由,同时注重对发行人信用等级进行评估,阳光制度下的票据自由发行和转让必然是一种发展趋势。

(二) 对票据实务习惯的尊重

"商人习惯是商法逐步形成与完善起来的重要渊源。"②我国的票据融资事实对法律制度的重新构建,包括对融资性票据的承认应该具有强有力的推动。即使融资性票据再不安全,从制度妥协的角度思考,也应该承认它的正当性。何况,票据没有国籍,很多国家对融资性票据采取了包容的态度,我国若是依然以严格主义为原则,采用安全优于效率的价值选择,显然是不符合世界形势的。

2017年金融严监管之前,最高法法官对现实中自然人之间倒卖票据的行为采用了顺应习惯的宽松态度,主张制度顺应习惯。他们认为公司、组织均可以成为流通票据的转让方、受让方,但以买卖、贴现票据为主业的公司、组织的经营行为实为金融经营行为,应当经金融行政主管部门审核批准。但是,已经从事了该等票据买卖、贴现行为,只要不是以诈骗、侵吞他人合法财产为目的的,不宜认定为无效,应当在事实上作出认定与处理。同时,自然人不应当成为买卖票据的主体,金融主管部门、私营行业主管部门均应予以明令禁止,以防止个人的不法行为扰乱正常金融秩序,损害公司、单位利益和社会公共利益。③ 但是,自严监管以来,金融审判中法院的态度更为谨慎,对没有真实交易的票据签发,不承认持票人的票据权利,并按真实意思处理纠纷。这在第一章案例中有明确的阐述。

自2009年我国《刑法修正案(七)》修改了非法经营罪条文(第二百二十五条)的第三款,增加"非法从事资金清算业务",公检法将从事票据私下贴现的行为认定为按《刑法》第二百二十五条规定的非法经营罪追究刑事责任。无疑,损

---

① 参见吴庆宝主编:《最高人民法院专家法官阐释民商裁判疑难问题(2013—2014年卷)》,中国法制出版社2013年版,第94—95页。

② 〔美〕哈罗德·J.伯尔曼:《法律与革命——西方法律传统的形成》,贺卫方等译,中国大百科全书出版社1993年版,第414页。

③ 参见吴庆宝主编:《最高人民法院专家法官阐释民商裁判疑难问题(2013—2014年卷)》,中国法制出版社2013年版,第92页。

害公私财产利益,侵占公私财产的行为,应当构成违法犯罪行为。未经行业主管部门批准专门从事票据贴现业务的,属于扰乱金融秩序,按照《刑法修正案(七)》的规定构成非法经营罪,应当追究行为人的刑事责任,也是合情合法的。但是《票据法》及其司法解释都未认定私下贴现为无效的,虽《九民纪要》不承认民间"贴现"的效力,也仅限于买卖行为本身的效力,并不否认票据流通的效力。① 且20世纪90年代至21世纪初,人们并未意识到票据可以作为金融流通工具使用,少有票据贴现行为。这就能解释为何20世纪90年代《票据法》及其司法解释未认定私下贴现行为无效了。但21世纪以来,随着经济的快速发展,资金转让也在加快,在银行贷款比较难的背景下,票据作为融资工具被迅速发现,为了弥补企业、个人经营资金的不足,票据承担起了融资功能,甚至银行也非常愿意将票据作为融资工具。从立法和政策规定以及经济发展趋势看,鼓励和支持票据流通,使票据发挥融资功能,当然也支持票据的贴现行为。不过,从事票据贴现业务的企业、个人,必须经金融主管部门批准。②

概言之,法律的修订总是顺应实践的发展,既然商事习惯以及融资实践中已经认同了融资性票据,那么,法律对习惯之尊重是必然。

(三)融资性票据合法化的必要性

融资性票据的出现是票据融资不断发展的结果,也是票据市场趋于成熟的标志。作为一种新型融资工具,融资性票据已经摆脱了真实交易背景的限制,成为资本市场直接融资和银行贷款间接融资之外又一重要的融资方式。受当时的社会经济环境和票据发展程度所限,我国1995年颁布的《票据法》采取了票据交易的真实性原则,也因此禁止了融资性票据。然而,在《票据法》颁布后的几十年中,我国的经济金融环境和票据市场都进行了重大改革,也取得了巨大的进步,已经与《票据法》颁布之时大不相同,为了适应社会经济的发展,应当赋予融资性票据合法的地位。

融资性票据合法化是国际趋势。由于具有成本低、效率高、流动性强、交易灵活等其他融资方式无法超越的优势,融资性票据已成为国际票据市场上主要的交易品种。发达国家对融资性票据在融资领域的运用已经有了比较成熟

---

① 参见2019年《全国法院民商事审判工作会议纪要》第一百零一条。
② 参见吴庆宝主编:《最高人民法院专家法官阐释民商裁判疑难问题(2013—2014年卷)》,中国法制出版社2013年版,第95页。

经验,这些经验也可以为我们提供借鉴。公司企业凭借自己的信用来发行商业票据,也是发达国家票据市场中基本的票据融资形式,各国建立起了专门的商业票据发行制度,除了要求票据发行方具有良好的信誉外,往往还需要专门的资信评级机构以及从事票据经营的中介机构,如票据交易所、票据公司等。我国已经基本具备这些设施条件和技术条件。

融资性票据的合法化也有利于票据贴现业务的健康发展。虽然法律要求贴现的票据具有真实交易关系,实践中企业却为了获得票据融资虚构票据真实交易关系,银行为了招揽客户获得利润也放松了审查甚至违规办理贴现业务。票据融资的客观需求得不到满足,使得商业汇票功能异化,被作为纯粹的融资工具使用,票据贴现中欺诈现象繁多。由于我国的票据贴现以银行承兑汇票贴现为主,过于依赖银行信用从而使风险集中在银行,票据贴现业务中出现的问题必然会扩大银行的经营风险,甚至威胁到金融系统安全。只有票据融资需求得到满足,才能真正消除票据贴现中的虚构交易关系利用商业汇票融资的现象,使商业汇票的使用回归本位,促进贴现业务的健康发展。这就需要融资性票据的合法化,让其充分发挥票据融资功能。

此外,融资性票据的合法化能够拓宽融资渠道,更好地满足票据融资需求,是适应经济发展的必然选择。众所周知,企业的生存发展离不开资金支持,企业在经营中经常会面临资金周转不灵的困境而在短期内急需资金,如果企业想获得银行的短期贷款就要支付较高的利息。许多中小企业还会因为无法满足银行对企业授信资格的要求无法得到银行的短期贷款,而企业通过票据融资不仅融资成本较低,还更高效便捷。但是,目前我国企业主要是通过以具有真实交易关系的票据贴现来获得票据融资,这种方式已经无法满足企业日益增长的融资需求。因此,许多企业纯粹以融资为目的使用商业汇票,融资性票据以签发没有真实交易背景的商业汇票进行承兑和贴现这种形式存在,并且规模日益扩大。这反映出票据法对融资性票据的禁止并不能扼杀市场对融资性票据的客观需求,反而因为法律的限制导致实践中出现违法违规现象。融资性票据的合法化是顺应当前市场经济发展的必然选择,这种新型的票据融资方式,不仅能够解决企业融资难的问题,还可以为大量闲置的资金找到合适的投资对象,将资金的供需双方有效连接起来,既维护了金融安全,又有利于经济发展。

故,要从基础条件上改变以银行信贷为主的融资体制,使传统的间接融资体制真正转移到直接融资体制上来。票据市场是一个基础性的货币市场,是一个大众化的市场。当所有的经济主体都可以进入这个市场,规模不分大小,身份不论高低,地域不分南北,产业不计轻重,只要相互之间有融资需求,都有同等的资格进入市场,按照法律所规范的票据行为规则参与融资,则这个市场将是真正的大众化的市场、互惠互利的市场、透明度高的市场。这种变革,将极大地改变当前的金融结构,向真正意义上的金融现代化和金融国际化迈出有意义的一大步。[1]

三、对我国融资性票据入法保障的借鉴意义

发达国家将商业票据作为票据市场上最重要的工具,是因为其实质上就是一种无担保短期融资工具,一般由信誉好、实力雄厚的大公司和金融机构通过货币市场发行,能够方便企业,尤其是中小企业获得短期资金。当然,这对于我国的借鉴意义并非简单地将融资性票据纳入合法的范畴即可,而是借鉴发达国家在商业票据发展中形成的一系列制度保障,构建我国融资性票据入法保障体系,方能体现融资性票据在金融市场中的作用。

(一)票据市场参与主体多元化

境外有代表性的票据市场的参与者都非常广泛。例如在美国,发行人既包括大型非金融企业和 ABS 发行人,也包括商业银行、外国金融类企业、融资公司等金融机构。商业票据购买主体多来自银行、非金融企业投资公司、养老基金以及个人等。美国的票据市场没有票据专营机构,是由银行和证券公司等机构兼营票据业务,属于垂直型市场组织结构:美联储在票据市场上主要从事再贴现业务,执行中央银行的宏观调控职能;商业银行等金融机构是票据市场的中枢,集承兑、贴现和买卖交易等职能于一身,经营各项票据业务;非银行金融机构如证券投资公司、货币市场基金等也是市场的主要参与者,凭实力及投资份额决定自身在市场中的地位和作用。日本的票据市场十分活跃,票据市场的交易主体包括含日本银行、城市银行在内的银行、金融机构、外资银行和基金公司等,短资公司是市场交易的中介机构。短资公司充当交易双方"中介人"的角

---

[1] 参见张大龙:《我国融资性票据市场发展面临的障碍及对策探讨》,载《金融会计》2017年第7期。

色。而英国票据市场主体同样多元,贴现行主要从事商业票据、国库券和政府短期债券的贴现,还属于票据专营机构。概括起来,发达国家商业票据的主要买方包括大商业银行(它们经常为其信托公司或其顾客购买商业票据)、非银行金融公司、保险公司、私人年金基金、地方政府投资公司等,大量的投资则是由非金融企业投入。

而我国票据融资市场的主体比较单一,虽允许企业发行票据,且对收款人没有限制,但是因为我国仅允许发行真实性票据,所以企业不能被视作融资性票据主体。而在票据融资中,我国禁止民间票据买卖(或者叫民间贴现),那么实际上就剩下银行承兑和银行贴现,主要主体就是银行。如果我国的融资性票据合法化,则需要多元化票据融资的主体,为融资性票据的多元主体参与票据发行和流通提供制度保障。故应该允许非银行金融机构办理票据承兑、贴现业务,理顺票据权利义务关系,使商业汇票的业务量达到一个新的水平。近年来,货币市场的互助基金作为商业票据的投资者已显得十分重要。商业银行可以设立专业性的票据交易机构,其组织形式可以是有限责任公司,属非银行金融机构,开展业务范围为:(1)办理商业汇票的承兑和贴现业务;(2)办理商业票据的担保业务;(3)办理票据的买卖和转贴现业务;(4)办理票据的抵押业务;(5)办理票据咨询服务业务,为商业票据的开发、交易提供相关服务;(6)创造条件开办企业融资债券、金融债券、建设债券等买卖业务。在监管上,准许票据经营机构将所持有的已承兑、未到期贴现(含转贴现)票据,有限度地向中央银行办理再贴现;在交易品种上,先办理银行承兑汇票贴现,再过渡到办理经济效益好信誉优良企业的商业承兑汇票的贴现;在市场价格上,允许票据专业机构在经营票据买卖时,给予利率调整的浮动空间,下限至央行再贴现利率,上限到可略低于市场平均利率,真正使票据价格与市场上资金、票据两者的供求关系基本吻合。[①]

总而言之,我国可参照境外的发展经验,引入广大机构及个人投资者一起参与票据市场投资与交易,这将大大活跃票据市场。在市场准入条件明确的条件下,应允许所有合格的市场主体进入票据市场,引入更多元化的参与主体,尤其是机构投资者,包括保险公司、信托公司、基金公司、证券公司等。

---

① 参见张大龙:《我国融资性票据市场发展面临的障碍及对策探讨》,载《金融会计》2017年第7期。

（二）建立完善的票据市场评级制度

作为融资工具的商业票据的发行，本质上是基于大型企业和金融机构的商业信用。银行承兑汇票则是基于真实交易，本质上由银行信用兜底。因此，商业票据的发行与流通，是建立在完善、健全的商业信用体系基础上的，只有这样才能保证和维护整个商业票据市场的正常流转和合理定价。商业信用的价值最后反映在合格的信用评级机构给予的商业票据信用评级。评级机构的评级是投资者是否持有以及以何种价格持有商业票据的关键。

发达国家重视商业票据发行的评级机构和评级制度。在票据法之外，对于评级机构和如何评级均有详细规定。例如，美国1940年《投资公司法案》规定，只有属于1类和2类的证券才是货币市场基金可以投资的合格投资品种，而货币市场基金又是美国票据市场投资者的绝对主力。因此，在美国票据市场，达不到2类以上的票据几乎不可能成功发行。此外，美国要求票据发行前都必须由指定的评级公司中的至少两家进行评级，评级机构评级结果的公正性和科学性决定了票据的信用风险是否被真实披露。公众主要通过评级机构的评级结果来了解商业票据信用风险的真实状况。目前，全球三大评级公司都在美国。由于票据期限短，评级机构更关注流动性便利和银行信用支持等影响企业偿债能力的因素。日本在2015年出台的《信用评级机构监管指南》中对信用评级机构监管模式进行了法定限制，要求本国的金融服务局监管与此相关的信用评级业务，建立内部运营控制体系，增加评级的效率和质量，政府对信用评级机构实行统一监管，以政府信用推动商业信用。

从境外票据市场乃至整个货币市场的发展规律来看，信用制度是票据市场建设的基础，经历了一个从低级到高级的发展过程，从商业信用到银行信用和国家信用再到票据市场信用，最终形成发展资本市场所需的社会信用。我国长期以来只重视银行信用，商业信用基础薄弱，这成为制约我国票据市场发展的重要因素。党的十九大报告提出："建设网络强国、数字中国、智慧社会，推动互联网、大数据、人工智能与实体经济深度融合，发展数字经济、共享经济，培育新增长点、形成新动能"，面对新的时代背景，信用体系建设举足轻重。党的二十大报告再次强调，金融要服务实体经济，要完善包括社会信用等在内的市场经济基础制度。

我国社会信用建设以及立法之路，为融资性票据所需的信用评估提供了保障。票据评级制度的发展必然借由信用建设和信用立法的发展。我国信用立法在中央层面呈现出明显的阶段性。最初,相较政务、社会、司法领域的诚信建设,市场中金融领域的信用建设是当时最迫切需要解决的问题。因为金融领域的信用直接体现为偿还贷款的能力,当时没有统一的征信系统,一方面银行体系信贷不能按时偿还,损失严重,另一方面中小企业因为不能提供抵押物而难以借助信贷得以发展。2000年,中国人民银行率先发布《中国人民银行关于个人信用征信系统建设有关问题的通知》;2002年,中国人民银行又联合其他部门发布《关于企业和个人征信体系建设有关问题的通知》;2007年《政府信息公开条例》的公布进一步为征信系统开拓了信息获取渠道。历经十余年的运营和积累,2013年,国务院公布《征信业管理条例》。同年11月,中国人民银行发布《征信机构管理办法》,这是最早的规范征信机构的部门规章。

《征信业管理条例》是目前我国信用征信管理领域最高位阶的法律规范,其第二条规定:"本条例所称征信业务,是指对企业、事业单位等组织(以下统称企业)的信用信息和个人的信用信息进行采集、整理、保存、加工,并向信息使用者提供的活动。国家设立的金融信用信息基础数据库进行信息的采集、整理、保存、加工和提供,适用本条例第五章规定。国家机关以及法律、法规授权的具有管理公共事务职能的组织依照法律、行政法规和国务院的规定,为履行职责进行的企业和个人信息的采集、整理、保存、加工和公布,不适用本条例。"由此条可见,此行政法规的调整对象是非公共信用信息的征信活动,而且在体例上,普通市场信用信息中的金融信用信息被以专章规定。此款关于公共信用信息征信不适用本条例的规定为地方信用法制创新预留了空间,这可以从我国地方公共信用立法中得到印证;同样也为正在进行的"社会信用条例"的立法预留了空间,因为《征信业管理条例》并不是一个包含所有信用信息的统一的信用立法。

随着全国性金融征信体系的健全和征信业管理规范的出台,信用建设的信息平台已经具备,信用建设可以更进一步谋求更高的发展战略。2014年,国务院印发《社会信用体系建设规划纲要(2014—2020年)》(国发〔2014〕21号),此纲要根据党的十八大提出的"加强政务诚信、商务诚信、社会诚信和司法公信建设",党的十八届三中全会提出的"建立健全社会征信体系,褒扬诚信,惩戒失信",《中共中央、国务院关于加强和创新社会管理的意见》提出的"建立健全社会诚信制度",以及《中华人民共和国国民经济和社会发展第十二个五年规划纲要》提出的"加快社会信用体系建设"的总体要求,制定而成。2015年国务院公布规范性文件,统一了法人和其他组织的统一社会代码。2016年国务院连续公布四个文件,即《关于建立完善守信联合激励和失信联合惩戒制度加快推进社会诚信建设的指导意见》(国发〔2016〕33号)、《关于加快推进失信被执行人信用监督、警示和惩戒机制建设的意见》(中办发〔2016〕64号)、《关于加强政务诚信建设的指导意见》(国发〔2016〕76号)、《关于加强个人诚信体系建设的指导意见》(国办发〔2016〕98号),分别推进商务诚信、司法公信、政务诚信和社会诚信。此后,大力推进信用监管在各领域应用的部门规范文件层出不穷,2019年国务院办公厅《关于加快推进社会信用体系建设构建以信用为基础的新型监管机制的指导意见》的行政法规的出台,标志着信用法制建设又上新台阶。

从全国范围来看,同中央的信用建设方向一致,国内其他重要省市的信用法制建设明显可以按照时间段分为三大板块并列的格局:征信立法、公共信用信息立法和社会信用立法。自从2014年国务院印发《社会信用体系建设规划纲要(2014—2020年)》起,全国各地纷纷开启了制定地方社会信用立法的进程。截至2021年12月,全国各省(区)市已累计制定24部文件名含"社会信用"的地方立法。这些地方立法中,对失信行为进行认定是社会信用立法的核心问题之一。首先,失信行为的认定是失信联合惩戒的前提,没有失信行为的认定标准,对信用主体进行联合惩戒就丧失了规范基础;其次,在我国不断推进社会信用体系建设的过程中,诚信已经由单纯的道德范畴上升为一个需要由法治予以保障的社会价值体系[①];最后,在这样的大背景下,于法律规范层面对失信行为的范围进行界定,是发挥法律规范指引作用、促进诚信社会建设和弘扬诚信文化的必然要求。

根据国务院下发的《社会信用体系建设规划纲要(2014—2020年)》,社会信用体系诚信建设的重点领域包括政务、商务、司法等。其中商务领域信用就是指日常经济活动中,各类机构及企业之间的商业活动形成的信用关系。商业信用是社会信用体系建设的重要组成部分。未来我国一方面要加强企业信用体系建设,另一方面要努力提升企业公司治理水平,提升企业对自身商业信用的重视程度,利用商业信用降低企业融资成本,提升融资效率。在商业信用体系

---

① 参见王伟:《论社会信用法的立法模式选择》,载《中国法学》2021年第1期。

建设的基础上,提升我国评级机构对商业票据的分析和评级能力,为市场对商业票据定价提供可靠的评级依据和投资参考。

(三)建立票据中介准入制度

健全的票据市场是一个多层次的市场,从西方发达国家的经验来看,成熟的票据市场的参与主体应该大众化,具有广泛性特征,通常应该包括企业、商业银行、大型企业财务公司、票据公司、经纪人队伍、中央银行等。同时,由于票据业务具有专业性强和业务连接性强的特点,风险集中,营销独特,非常适合专业化经营。但是我国目前票据市场的参与主体仅为政策规定的金融机构、企业法人、央行及少数事业法人,其参与身份各不相同,企业和金融机构以融资者身份参与市场,只有少数商业银行以投资者身份参与其中。中国银监会的监管者身份并不清晰。尽管经过近几年的发展,我国已经基本确立了两种模式的票据市场专营机构,即以工商银行为代表设立的全国性的票据营业部和以各股份制商业银行为代表设立的票据贴现业务窗口,这些机构为票据市场的发展作出了积极贡献。但是从全国的情况来看,真正称得上票据中介专营机构的基本没有,大部分票据业务的操作仍分散于会计、信贷、资金等多个专业部门,既不利于风险防范与集约化经营优势的取得,也不利于票据市场的发展。没有专业性的有法人资格的票据公司,现有交易主体主要局限于商业银行,这是我国票据市场发展滞后一个重要原因。发达国家有票据专营制度,故有专事票据业务的中介机构。我国完全可以借鉴,有利于融资性票据的发展。

从境外票据市场多年来的发展经验看,中介机构的存在既有利于提高市场交易效率,又有利于活跃市场以及价格发现。票据专营机构作为做市商全方位发挥市场中介作用。比如,英国的票据中介机构是票据贴现行,在日本是短资公司,而美国虽然没有设立专营票据的中介机构,但隶属于大型企业集团的票据承兑公司以及消费信贷公司就是主要的商业票据发行人,证券公司也兼营商业票据业务。这些中介机构发挥着市场组织者的作用,在票据市场中经营批发、中介等业务,便利了票据的发行和流通,活跃了票据市场交易,促进了票据市场健康、有序发展。

同时,票据专营机构通常发挥着货币政策传导机制的作用。无论是日本的短资公司还是英国的票据贴现行,都为企业发行商业票据提供了授信支持和中介服务,这样通过第三方的形式降低了风险性。因为在境外票据市场上涉及的主体较多,独立的中介机构能够保证各方参与者在公平、透明的环境中竞争,一方面维护了市场的稳定性,另一方面也提高了票据运行的效率。

实际上,我国票据市场中民间票据中介由来已久,票据"民间贴现"或者票据买卖就是民间票据中介的方式。虽现在我国法律不承认其合法性,但一定程度上我们必须承认其对正规票据金融机构来说是有益的补充,活跃了票据流转,促进了我国票据市场的快速发展,对企业来说更是获得了融资的渠道。当然,票据中介存在的风险隐患也不容忽视。因此,应鼓励专业化的票据中介发展,以信息和规模优势促进票据的跨区域流通,压缩非法民间中介的地下经营活动空间,为各类票据市场投资者提供专业化的服务,加快资金流动。

未来,可以考虑探索和建立票据中介服务机构准入标准,规范发展和培育票据专营公司。与此同时,随着票据专营机构的建立,商业银行应该转变在票据市场中的定位,努力转变为票据市场的承销商、推荐商或托管商,为企业发行融资性票据提供制度便利和产品设计。①

---

① 参见江西财经大学九银票据研究院编著:《票据史》,中国金融出版社2020年版,第330—331、337—338页。

第五章　融资性票据之发行制度

融资性票据被否定基于其发行目的在于筹集资金,对金融秩序可能带来影响。融资性票据的风险性较之交易性票据而言,可能更高。故对融资性票据的发行,可以采用相对缓慢的进程,区分非公开发行和公开发行,针对是否公开,则具体制度设计也有不同。

第一节　融资性票据发行对金融管理的影响

融资性票据发行制度的构建,首先需要回答一个形而上的问题,即融资性票据的发行对我国的经济和整体金融市场秩序会带来什么影响。这是制度构建中必须要考量的因素,也是制度之目的。

一、对宏观调控影响甚微

宏观调控是国家作为经济管理主体,运用一定的手段和方法,对微观市场经济活动进行指导、间接调节和管理,并使市场总供给和总需求保持平衡的过程。

(一)对货币政策调控手段的影响利大于弊

货币均衡在社会总供给中居于举足轻重的地位,因此货币政策是宏观调控政策的主要组成部分,当然其有效性的发挥需要其他宏观调控手段的有机配合。

1. 融资性票据签发的多寡不会影响货币政策

融资性票据主要是出票人为了融资签发的票据,对货币政策比较有影响的是银行承兑和票据贴现环节,因为这是和信贷政策相关联的。货币政策一般包括三类,一是信贷政策,主要是指中央银行为了实现货币政策目标,对信用进行管理而采取的方针和各种措施。具体来说,包括通过信贷政策调节社会信用总量,合理调节社会信用的构成,最大限度地发挥资金的使用效率。二是利率政策。中央银行通过控制、调节市场利率以达到控制信用规模的各项方针政策,具体开展的各项措施有票据再贴现、公开市场业务、存款准备金率等间接措施和通过行政手段对利率直接管制等措施。三是外汇政策。[1]

为了达到宏观调控的目标,保持经济的平衡,货币政策目标表现为币值稳定、经济增长、充分就业、国际收支平衡和金融稳定。维持金融稳定和金融安全受到各国的重视,因为保持金融稳定是避免货币危机、金融危机和经济危机发生的重要前提。抽象来说,金融稳定是指金融机构、金融市场和市场基础设施运行良好,能抵御各种冲击而不会降低储蓄向投资转化效率的一种状态,反映出金融运行的良好状态,体现了市场配置资源不断得到优化,为金融发展的根本目标服务。货币政策目标的达成有赖于货币政策工具的运用,法定存款准备金制度为一般性货币政策工具,和票据相关的工具有再贴现政策、公开市场业务、直接信用控制等。

21世纪以来,中国金融市场处于重要机遇期,也是中国货币市场发展的重要机遇期。货币市场的整体战略意义非常明显,其发展有利于改变直接融资与间接融资比例失调、疏通货币政策传导机制、防止广义货币供应量过快增长、维护金融整体稳定等。因此,在货币市场发展的重要机遇期,必然会寻求一切可能保持货币市场的持续稳定发展,对宏观调控产生影响,达到保持经济总量平衡的终极调控目标。货币市场的原动力主要有三个要素,即货币市场参与者、货币市场产品和货币市场运行规则。它们既相互联系,又相互制约,唯有三者之间保持良性的关系,才可以达到货币市场的全面均衡发展。货币市场的全面均衡发展表现为:参与者市场化程度提高、金融产品日益丰富、运行规则不断完善。但是,全面均衡只不过是一个最优的状态,事实是三个要素发展并不总是齐头并进,在特定的时期和背景下会有不同侧重点,通过其中一个要素的重点发展来带动另两个要素的发展。根据我国货币市场的发展现状,产品创新是推进我国金融市场整体发展的重要突破口。通过加快金融产品创新步伐,带动市

---

[1] 参见陶广峰主编:《金融法》(第二版),中国人民大学出版社2012年版,第286页。

场规则体系完善,促使参与者市场化程度提高,是现阶段发展我国货币市场的重要政策。融资性票据是较好的金融创新产品,作为一种货币市场工具,允许其根据条件发行是促进金融整体改革的重要政策措施。但是,融资性票据仅仅是融资工具,其是否能够获得银行承兑或从银行贴现,和货币供应量本身有关系;融资性票据作为远期票据,若为商业承兑汇票,则付款人付的是自有资金,和银行的货币没有关联。

从对货币政策影响的角度,融资性票据和真实性票据甚至没有区别。"与交易性票据相比,融资性票据除签发时无须提供贸易背景外,之后票据的流通转让过程是与真实性票据基本一致的。因此,无论票据是否有真实贸易背景,银行之间的转贴现都不会扩张货币总量,只有向央行再贴现时,央行的贴现额形成增量的基础货币,再通过货币乘数效应扩张货币供给。由此可见,真实性票据与融资性票据对扩张货币的影响是相同的。"①

2. 发展融资性票据有利于完善货币政策传导机制

按照货币政策传导机制理论,货币政策的传导既有通过银行信贷渠道的传导,也有通过市场利率变化的传导。目前,我国以银行间接融资为主的融资结构决定了货币政策的传导机制还主要是依靠信贷传导途径,货币政策传导受商业银行行为的影响很大。完善商业银行治理结构、提高经营水平,使其行为对货币政策操作产生正反馈效应,是加强货币政策传导的重要手段,但实现这种转变还需要相当长的时间。目前比较现实的做法是加强货币政策的市场传导效能,即大力发展直接融资市场,使企业融资更多地通过市场进行。中央银行可以通过调节货币市场资金供求来影响货币市场利率,从而直接影响企业融资成本及投资行为。在保持货币政策信贷传导机制不变的同时,增强市场传导机制的效能。

3. 发展融资性票据有利于资本市场与货币市场的协调发展

融资性票据作为企业的主动负债工具,为企业进入货币市场融资提供了渠道。短期融资券的发行就是一个典型的例证。与一般企业相比,优质的上市公司治理结构相对完善、信息披露相对透明,具有成为短期融资券发行主体的优势。优质上市公司发行短期融资券,能够有效地拓宽融资渠道、降低财务成本、

---

① 汪办兴:《新时期建设我国多元结构化票据市场的思考——基于融资性票据发展的 SWOT 分析》,载《上海立信会计金融学院学报》2019 年第 2 期。

提高经营效益，还可以通过合格机构投资人市场强化对上市公司的外部约束，有利于改善上市公司作为资本市场微观基础的素质，有利于资本市场的长远发展。在证券公司已被批准发行短期融资券的基础上，新兴的企业短期融资券市场拓宽了证券公司的业务范围，为证券公司开展新业务、提高盈利能力创造了良好条件。短期融资券还为基金等新兴机构投资人的发展创造了有利环境，基金规模的扩大就是资本市场发展的有机组成部分。与此同时，在银行间市场引入短期融资券丰富了货币市场工具，将改变直接债务融资市场中，长短期工具发展不协调的问题，改变政府债券市场与非政府债券市场发展不平衡的问题。综上所述，发展短期融资券市场有利于资本市场与货币市场的协调发展。

融资性票据的发行，在现有的法律框架下，给宏观调控带来一定影响，主要表现在对上述货币政策工具的使用中。

（二）通过再贴现对货币政策产生影响

融资性票据签发之后，在流通过程中，仍然存在通过贴现进而进入再贴现或转贴现环节，由此影响货币政策。

贴现是指票据持有人为了融资，通过贴付一定利息的办法将未到期票据转让给商业银行或其他金融机构。再贴现则是指商业银行或其他金融机构将未到期的票据转让给中央银行以获得现实货币。我国目前的再贴现政策主要是中央银行通过对再贴现率的调整达到对货币供应量的影响，实现货币政策目标。

再贴现政策的调控作用通过两个方面反映出来：第一是通过调整再贴现率，影响金融机构准备金和货币供求。再贴现率提高，意味着票据再贴现成本增加，商业银行或其他金融机构的再贴现需求自然就会减少，金融机构的准备金相对减少，必然收缩对客户的贷款和投资规模，最终达到银根紧缩、货币供应量减少的目的。反之亦然。第二是通过规定再贴现的条件，影响资金流向。如果中国人民银行对于某种票据给予比较优越的再贴现条件，资金就会流向与该种票据相关的产业或企业，从而影响资金投向。

反过来说，中央银行的这些调整政策，亦是根据票据市场的实际状况作出的。再贴现率的提高或降低，是因市场中流通的票据、现阶段货币供应量和经济发展总体规模的比例等情况决定的；再贴现优惠条件的使用，是根据产业结构等现实情况决定的，希望通过资金流向对产业结构、投资热情等产生间接的引导和影响,从而达到调控之目的。再贴现政策的最大优点在于中央银行行使最后贷款人的职责,既可以调节货币供给总量,又可以调节信贷结构,比较容易达到政策意图。

但是,融资性票据的出现,会对通过再贴现行使的货币政策带来一定程度的干扰。融资性票据发行是为了融资,常常没有真实的交易背景,很多情况下可以不和银行发生关系。再贴现政策适用的前提是大部分票据的发行、承兑和贴现都会和银行发生关系,这些信息被银行掌握,那么中央银行只要对商业银行等开展票据业务的金融机构进行控制,就达到了对票据市场的控制。目前,我国票据的发行和转让,除了商业承兑汇票之外,银行均在当中充当票据关系人,要么是付款人,要么是出票人或承兑人,所以市场中票据发行量和流通量均能控制。但是当融资性票据被法律允许时,民间票据贴现成为合法的票据转让方式,因为其在外观上和一般票据转让没有区别,不过是从原因关系看,其转让的基础是融资,无交易。此时,中央银行就难以掌握票据市场的情况,当然也难以控制整个局面,这对宏观调控造成极大的障碍。

当然,再贴现政策本身也是存在一定的局限性的,政策适用的结果未必和政策意图完全一致。因为中央银行主动权存在不足,中央银行虽然可以调整再贴现率,但是不能强制商业银行和其他金融机构向其再贴现,所以政策效果很难控制。何况再贴现率也不宜波动过多,这会让市场主体包括商业银行和票据相关的主体无所适从。正因为如此,再贴现政策工具的重要性正在逐渐减弱,中央银行相比之下更倾向于选择其他间接的货币政策工具。比如在美国,商业银行向美联储申请贴现的前提是没有其他资金来源,且再贴现资金不能用于营利目的,使得再贴现率的调控功能大为减弱,已演变成美联储发挥最后贷款人角色的一项辅助性工具。然而,如同其他调控工具一样,是否选择运用再贴现政策工具取决于具体的经济、金融发展状况与实际国情。[①]

但是,需要注意的,票据流通环节会通过贴现、再贴现对货币政策产生影响,无论是真实性票据还是融资性票据均如此。故,"只要控制住银行的贴现数量和央行的再贴现数量,就不会对货币供给产生猛烈的冲击。相反,如果不能控制银行的贴现数量和央行的再贴现量,即便是真实性票据,也不能有效防止

---

① 参见陶广峰主编:《金融法》(第二版),中国人民大学出版社2012年版,第293页。

社会信用扩张。"①

(三) 对公开市场业务调控政策运用的影响

公开市场业务是指中央银行在公开市场上买卖证券和外汇的行为,借以改变商业银行和其他金融机构的存款准备金,进而影响货币供应量和利率,实现宏观调控的目标。中央银行参与证券买卖,不以营利为目的,而旨在货币政策意图。当中央银行买入有价证券时,意在向金融体系投入货币,增加市场货币量;反之则是为了将货币从市场收回,通过这种方式干预金融市场。

根据《中国人民银行法》的规定,中国人民银行可以在公开市场上买卖国债、其他政府债券和金融债券及外汇。这是中央银行常常采取的宏观调控手段,因为主动权掌握在中央银行手里,因此手段适用相对较灵活,比较容易达到政策目标,不会带来大的经济波动。但是,公开市场业务的调控政策存在一定的局限性,因为其具有较强的技术性,操作比较细微。又由于我国有价证券市场仍然在发育过程中,没有达到发达的水平,调控效果受到影响。融资性票据被允许发行,对有价证券市场的繁荣有积极的作用。但不能否认的是,融资性票据的发行和市场交易依然在形成中,制度和规范尚未定型甚至尚无政策,完全是在市场自发需要的背景下的被动应对。故在这样的现实背景下,融资性票据的发行在短期内必然对中国人民银行的宏观调控手段产生影响。公开市场业务的手段要求更具技术性,从而使得中国人民银行的政策目标达成更具复杂性。

(四) 对直接信用控制的影响

在需要的情况下,中央银行会直接运用行政命令或依法对商业银行和相关金融机构进行直接控制。主要有利率控制、信用配额管理、流动性比率和直接干预。其中,信用配额管理和直接干预对票据市场产生直接作用。

信用配额管理主要是中央银行对商业银行信用规模的分配和控制。银行的授信业务已经不再拘泥于单一的直接贷款业务,而为范围更广的形式所替代,承兑和贴现是常见的授信形式。而一旦融资性票据可以自由发行,银行的承兑和贴现业务必然受到影响,社会信用将有膨胀的风险。企业一直以来依赖

---

① 汪办兴:《新时期建设我国多元结构化票据市场的思考——基于融资性票据发展的 SWOT 分析》,载《上海立信会计金融学院学报》2019 年第 2 期。

银行信用,但是如果企业可以签发票据进行融资,那么票据信用会在一定程度上替代一部分银行信用。又由于企业利用票据信用时既可与银行发生联系(如贴现),也可以不与银行发生联系,票据信用行为从原来的金融机构有控制的信用行为转变为一种民间信用行为。对于企业发不发行商业票据,发行多少商业票据,中央银行难以进行控制。另外,企业为了自身的短期利益而参与融资性票据的发行、承兑和贴现,后果是票据信用的盲目扩张,最终导致全社会信用总量出现急剧膨胀,中央银行又无法对其进行直接信用管理,最终当全社会信用的增长超过实体经济的增长,就会导致经济泡沫高涨和信用危机。

直接干预是中央银行依法对商业银行的信贷业务、放款范围等加以直接干涉,具体措施根据实际情况来定,包括但不限于拒绝商业银行的不当再贴现请求、干涉商业银行在存款业务中的不当行为等。而这些直接干涉对于企业发行的融资性票据可能会无效,因为其承兑、贴现游移在中央银行的控制之外,那么其行为是否不当无从得知,当然也无法直接干预。

二、对金融市场控制的影响

融资性票据除了对宏观调控产生影响之外,同时也对微观的金融市场本身带来影响。相比宏观调控,融资性票据对微观层面有更多积极的影响。

(一) 对融资环境的影响

融资难一直是我国中小企业面对的难题。银行的授信难题,一是因为量的限度,二是因为质的要求,即对融资担保物、企业信用等的要求,目的在于尽量降低银行收回授信的风险。从商事活动的规律分析,银行的做法无可厚非。但是企业作为市场主体,其发展和市场的繁荣息息相关。

1. 有利于中小企业拓宽融资渠道

《中华人民共和国中小企业促进法》(以下简称《中小企业促进法》)对于中小企业专门作了关于资金支持的规定,试图从几个方面逐步解决中小企业的融资难题:其一,鼓励地方人民政府根据实际情况为中小企业提供财政支持;其二,国家扶持中小企业发展专项资金用于促进中小企业服务体系建设,开展支持中小企业的工作,补充中小企业发展基金和扶持中小企业发展的其他事项;其三,国家设立中小企业发展基金;其四,规定中国人民银行应加强信贷政策指导,改善中小企业融资环境,中国人民银行应当加强对中小金融机构的支持力度,鼓励商业银行调整信贷结构,加大对中小企业的信贷支持;其五,规定各金融机构应当对中小企业提供金融支持;其六,鼓励各商业银行和信用社改善信贷管理,开发适应中小企业发展的金融产品,调整信贷结构,为中小企业提供信贷、结算、财务咨询、投资管理等方面的服务;其七,国家政策性金融机构应当在其业务经营范围内,采取多种形式,为中小企业提供金融服务。

这些促进性规范对中小企业的融资肯定带来积极的影响,但是从商业银行和营利性金融机构来说,对中小企业的政策支持毕竟是有限的,营利才是其重要的经营目的,所以不能从根本上解决融资难题。正如《中小企业促进法》第十八条规定:"国家健全多层次资本市场体系,多渠道推动股权融资,发展并规范债券市场,促进中小企业利用多种方式直接融资。"直接融资是最为重要的手段,因为直接融资不仅使用银行和金融机构有限的资金,更是将民间资本、机构投资者的资本等社会资本整体调动起来,有利于资本的流动和利用。

融资性票据正是一种直接融资的工具。很多城市将融资性票据作为中小企业直接融资的一种有利方式,认为应该"继续鼓励中小企业在银行间市场运用短期融资券、中期票据、信贷资产支持证券和集合性票据等债务性融资工具进行融资,拓宽中小企业融资渠道。大力支持各专业机构以各种形式参与中小企业在银行间市场融资工具发行,降低中小企业融资成本。"①

2. 多元融资工具有利于维护金融整体稳定

实践中,以特殊形式推出的融资性票据(非本书所说的融资性票据,为广义的融资票据)给中小企业带来了良好的融资渠道。中国人民银行推出短期融资券,以及 2008 年又推出中期票据,其意义主要在于:其一,优化金融资源的配置,提高金融市场的效率。其二,替代商业银行的中期贷款,促使商业银行适应市场,适应直接融资和贷款之间呈反向发展的趋势。其三,从客观上推动企业的信用文化。因为融资票据与企业的信用直接关联,企业信用越好,票据越有人接收,融资性票据的投资者认同度越高。从而由市场对企业起到自觉的激励作用,促使企业关心自己的信用文化,不断提升市场信用度,从而从市场中获取

---

① 《关于加强和完善中小企业融资工作的意见》,http://tj.zhaoshang.net/2012-12-17/25307-2.html,2022 年 3 月 24 日最后访问。

低成本的直接融资。①

而集合票据,其将分散的中小企业信用集合起来,合力发行票据,从银行间市场融资,虽然目前审批严格,但已经为中小企业打开了另一种融资渠道,优化了融资环境。无论从融资成本还是融资途径来说,集合票据的发行与传统的融资途径相比具有明显的优势。② 其一,发行主体门槛低。银行间市场的其他债券、银行贷款等融资方式的门槛均较高,一般要求发行主体是大企业,具有雄厚的实力。集合票据却是针对中小企业的融资工具,结合中小企业的发展阶段和信用特征而开发,其信用的增加主要通过引入担保机制完成,对发行主体设立较低的门槛。所以,大部分中小企业均有发行集合票据的资格。其二,发行成本较低。集合票据的信用以发行企业的合力计算,同样成本会由这些企业共同分担,那么对每一个参与的企业来说,实际上降低了成本。另外,集合票据的发行利率较低,常常会低于同期同档次贷款利率,综合费率也比企业债券贷款更具有优势。集合票据发行的时间成本较低,一般发行时一次注册,其有效期是3年,节约了由于再次注册、审核等程序带来的时间成本。其三,发行程序简单、高效。因为融资的信用由发行企业集体决定,使得信用大大提升,发行程序变得简单灵活。且因为市场竞争力的提高,为集合票据的产品设计多样性提供了各种可能。根据我国目前的各种规定,集合票据的发行主体被赋予了较多的自主选择权。在法无禁止的前提下,在风险可控性和投资需求性相匹配的前提下,集合票据具体的产品结构设计较为自由,保证了中小企业有效获得融资。在已有的实践中,"北京顺义中小企业集合票据项目运用了反担保条款,山东诸城中小企业集合票据项目更是开创性地采用了分层结构和相关授信安排,这些规则有效地化解了资金需求者和投资者之间的风险分歧,提升了产品的信用等级,提高了投资者对中小企业集合票据的认可度。"③

无论上述票据采用广义概念还是狭义概念,其融资目的均相同,不过是在工具形式上选择不同。若论融资,融资工具的多元有利于维护金融整体稳定。以短期融资券为例,与间接融资相比,直接融资具有市场透明度高、风险分散、

---

① 参见徐星发编著:《商业银行票据经营》(第二版),中国人民大学出版社2013年版,第156—157页。

② 参见宋彬、马广亮:《中小企业集合票据发行之可操作性探析》,载《贵州警官职业学院学报》2011年第5期。

③ 同上。

有利于金融稳定的特点。债务人违约是市场经济的常态,是市场竞争优胜劣汰的必然结果。当企业违约时,由于贷款透明度很低,难以对企业形成有效的市场压力,企业风险直接转化为银行风险,不良贷款累积转化成金融体系的风险,最后需要由中央银行来处置。与短期贷款相比,短期融资券具有以下优势:一是信息透明度高,若发行过程及债券完全兑付前有严格的信息披露、信用评级贯穿始终,比如短期融资券,违约事实也会公之于众,市场约束力较强,有利于减少约束不足导致道德风险的恶意违约,降低企业风险向银行风险转化的概率;二是风险分散,短期融资券的投资者众多,风险责任分散,加上短期融资券可以在二级市场流通,发行人信用状况的变化可以通过二级市场价格变化和债券在不同投资者间转手,风险在较长时间内由较多投资者加以消化,降低了单一投资者的风险,降低了风险积聚并向系统风险转化的可能性,有利于金融稳定。

那么如果融资性票据发行能够形成一套完整的制度,则完全有可能像短期融资券这样达到良好的效果,而不是增加金融市场的风险。

(二)对金融市场信用风险的影响

诚然,融资性票据的融资成本低、灵活性强且融资迅速,但其在优化金融环境的同时也带来了风险,因为融资性票据本身存在实实在在的潜在风险。

融资性票据不能如期兑付的风险。传统票据的发行和转让均有真实的贸易关系和债权债务关系,如果持票人的票据权利无法获得满足,理论上可以通过原因关系弥补损失。但是融资性票据并没有真实的贸易背景,其发行和转让的原因关系是融资协议,所以持票人的票据权利一旦落空可能会同时面临原因关系债权的落空,最终导致损失。融资性票据是企业为短期融资目的,凭自身信用而签发的,企业获得资金进行营业活动。经营活动带有市场不确定性,因此企业信用与票据如期兑付之间并不一定有直接的关联。经营活动的胜负和投资决策、市场环境等较多的主客观因素相关,绝不是单方面的信用所决定的。如果获得资金的企业不是将资金用于生产经营,而是用来进行金融投资等非生产性经营活动,那么票据到期后的兑付资金更具有不确定性。

融资性票据的金融风险主要来源于制度原因。不管融资性票据的到期兑付风险具体是由什么原因造成的,最为重要的因素是制度:其一,对主体的信用评估无具体制度,企业信用始终是保证融资性票据规范发行、流通的根本要素。

虽然各类融资性票据的发行很多都需要审批,但审批中对企业的信用评估并无统一的标准,因此很难掌握分寸。其二,对融资性票据的资金流向及财务信息无披露途径,在法律无明确规定的情况下很难监管票据资金流向,目前也没有平台对票据发行企业的财务信息进行公开披露,导致了发行后企业资金运用完全自由。

另外,融资性票据的市场风险也是因为观念导致的,主要是投资者对融资性票据的风险估计不足。票据一般被视为相对安全的融资工具,不论是融资性票据还是真实性票据,均有风险存在,这和票据无因性直接相关。票据无因性使得票据权利的成立,只以票据具备票据法上的形式要件为必要条件,至于票据权利发生的原因,在所不问。票据权利产生的原因无效或者被撤销,对票据权利不发生影响。只要票据具备法定形式,即使签发原因不合法,票据仍然是有效的。占有票据的当事人是当然的票据权利人,谁占有票据,谁就可以行使票据上的权利。票据债务人作出付款行为时无义务也无权了解票据原因,只需查看票据形式是否齐全、合法,以及查验持票人的有效证件等即可。票据无因性制度是促进票据流通,保障交易快速安全进行的前提。① 但值得注意的是,票据形式之完整以及票据的无因性,仅是对票据流通效率起作用,却对风险完全无益,相反还增加了票据之风险。即在追求票据效率的同时,对安全价值之追求必然受到影响。票据最后是否兑付,和票据是否形式完整和有效没有关系,最终取决于发行企业、承兑人以及所有在票据上签章者的信用和偿付能力。而发行人作为最后的债务人,其信用及财务状况是在投资票据时最需要考察的信息。当然,无论如何,前文已经提到,当票据权利落空时,持票人依然可以原因关系维护自己的权利。但融资性票据离开了真实性交易背景,和很多债券等证券相同,更具有投资风险,原因关系的风险和票据关系的风险并无二致。我国投资者目前没有充分认识到票据的风险,包括银行在内,对于票据贴现、票据承兑的风险缺乏深刻的认识,以至于在投资票据时,缺乏积极主动地了解票据发行者的信用和监督其经营状况的意识。

---

① 参见王林等:《关于〈票据法〉确立融资性票据制度的对策探究》,载《金融纵横》2008 年第 8 期。

第二节 融资性票据的一般发行制度

融资性票据的一般发行，不是精准的法律概念，仅参考真实性票据，其是出票人针对特定收款人、没有真实交易以融资为目的的票据发行；在形式上与真实性票据无异，发行之后正常流通转让，持票人行使票据权利。从是否涉及投资者来看，票据一般都是非公开发行的金融工具，因发行仅涉及出票人和收款人之间的关系，所以应以自由为基本原则。一般的融资性票据的非公开发行制度的完善，主要围绕融资性票据发行面临的障碍而展开。理论上，融资性票据主要有商业汇票和商业本票两种类型，其发行制度主要围绕着这两类票据展开。

一、融资性商业汇票发行和制度障碍

根据承兑人之不同，商业汇票可以分为银行承兑汇票和商业承兑汇票两种。前者承兑人为银行，后者则为银行之外的其他组织。

(一) 融资性商业汇票发行

承兑人是承兑汇票的第一债务人，票据对外发行时，承兑人的信用最大程度上代表了票据的信用。银行承兑汇票显然比商业承兑汇票更令人信赖，银行在与出票人签订承兑协议时，为了自身的安全，对出票人一般会作尽职调查，保证出票人在票据到期日前一定时间内将票据款项存入指定账户，或银行在票据到期付款后能够收回垫付的票据款项。对于接收票据的人来说，出票人是否按照承兑协议履行约定并不重要，银行作为第一债务人总是会在票据到期日付款。所以，银行承兑汇票更倾向于出票人向银行的融资，而不是向收款人或其他接收票据的人融资。商业承兑汇票则不同，其承兑人和出票人均是企业。作为承兑人，企业和银行相比，显然在公众眼里信用度要差一些。商业承兑汇票是作为承兑人的公司为了出票人进行融资。承兑人也存在到期不付款的可能，接收票据的人同时会考察出票人的信用；故，探讨作为融资性的商业汇票的发行制度主要是针对商业承兑汇票的。

1. 融资性商业承兑汇票是企业融资的良好选择

两种承兑汇票中，使用更为频繁的是银行承兑汇票。目前我国的商业汇票

市场以银行承兑汇票为主,商业承兑汇票为辅。但是中国人民银行提出,要把发展商业汇票业务的重点放在商业承兑汇票的推广和使用上,并使之逐步成为主要的票据市场工具。因为银行承兑汇票利用银行的授信,而银行授信毕竟是有限的,无法满足市场主体的融资需要。

发行商业承兑汇票是企业融资的一种理想选择。但不可否认的是,商业承兑汇票相比银行承兑汇票风险更大,因为银行承兑人和企业承兑人的信用存在着较大的差异,在一般人的认知里,银行也比其他非金融企业更为可靠。根据我国相关规定,商业承兑汇票只适用于同城信用交易,不适用于异地交易。而且由于企业发行的商业承兑汇票信用度不高,出票人和承兑人均为企业,但并无科学客观的信用指数可以分析企业的信誉,当然也就无法预测商业承兑汇票的到期兑付风险。从融资的作用看,企业如果能够发行商业承兑汇票,对于需要融资的企业来说,确是真正地降低了融资成本。无须抵押,无须任何担保,自身的商业信誉就可以被视作无形资产,并转化为实际的有价证券,起到融资的作用。

2. 融资性商业承兑汇票的三大风险

商业承兑汇票的风险,在市场中主要表现在三个方面:

第一,超量发行。即发行企业的商业汇票发行总额和其偿债能力之间是逆差。该风险为商业汇票的最终风险,因为承兑汇票的票据最后债务人为出票人。虽然承兑人在票据到期后必须无条件付款(即使出票人没有按承兑协议的约定将一定资金转入约定账户),但承兑人付款后,享有根据承兑协议要求出票人履行责任的权利,所以承兑人对发行量的控制至关重要。

第二,不能按期承付。这个主要是来自承兑人的风险。银行承兑汇票的第一付款人为承兑银行,虽然银行也存在到期不付款的可能(非因票据有瑕疵,也非因持票人的过错),但该可能性较小。而在商业承兑汇票中,承兑人为其他商事企业,由于其资金的问题,或者由于承兑人和出票人之间的争议,承兑人到期不兑付的可能性相对较大。

第三,不守信用。具体表象不仅是承兑人没有法律依据到期拒绝付款,更多的情形包括但不限于票据上签章的人对票据债务履行之不诚信、原因交易履行不诚信导致的票据债务履行抗辩以及随意使用抗辩权等等。

3. 融资性商业承兑汇票风险产生的原因

上述风险形成的原因不外乎以下几点：

第一，商业承兑汇票的承兑人自身的信用问题。这是造成风险的主观因素。对一家企业作为承兑人信用的评定，主要有两个考量要素。一个是企业长期以来的信用积累，从其多年的契约遵守程度、违约的比例以及资金实力等方面可以考察出来。另一个则是企业在作为承兑人时，是否有相应的担保，即出票人给承兑人的担保。出票人和承兑人签订承兑协议，出票人若不提供相应的担保，若承兑人和出票人之间又不存在其他的债权债务（出票人为债权人，承兑人为债务人），那么承兑人为出票人对外承担票据责任之后因为缺乏相应的担保，其对出票人的债权就极可能落空。这些顾虑导致商业承兑汇票的承兑人在兑付票据时，信用出现问题。

第二，市场和经济因素，是造成票据各种风险的客观因素。即使是信用较好的企业，在签发或承兑商业汇票之后，当它的偿债能力因为市场或自身经营问题而下降之后，那么对票据的兑付就面临困难。尤其是商业承兑汇票签发时，往往签发人、承兑人和收款人之间为业务往来公司，或者是关联企业，一旦有市场经济政策、经济环境的波动，受到的影响是关联的，那么就可能在客观上导致该张票据不能兑付——不是不愿兑付，而是兑付不能。

（二）融资性商业汇票发行的制度障碍

1. 商业汇票发行准入制度之缺乏

《支付结算办法》对商业汇票的出票人提出基本要求，主要是在银行有开立存款账户的法律或其他组织，与付款人有委托付款约定，有支付汇票金融的资金来源。① 这些要求比较宽松，在真实性交易票据发行的应用中，符合商事交易自由的基本原则。

但是，当票据之发行是以融资为目的时，出票人可能和收款人没有直接交易，可能是替他人的交易出票，也可能就是一种融资，或者是以虚构交易为背景开立的商业汇票，那么这些规定的宽松对商业票据发行的风险防范不会起到积极的作用。

银行作为承兑人的资格，由中国人民银行决定。商业承兑汇票中，对出票

---

① 参见《支付结算办法》第七十五、七十六条。

人和承兑人,尤其是承兑人的资格没有任何规定,任何一家公司或企业,只要其自愿,均可以作为商业承兑汇票的承兑人,这在一定程度上为融资性商业承兑汇票带来了风险。

为了扩大融资渠道,应该要积极支持、鼓励和引导一些产供销关系稳定、资信优良的企业,通过签发商业承兑汇票衔接产销关系,加速资金周转,拓展融资渠道。但在融资性票据签发时,即没有真实交易的票据发行时,无论是对出票人还是承兑人,均应该有一定的条件和资格限制。

2. 没有企业信用评估及公示制度

我国目前没有企业信用制度,也没有建立全国性的平台对商业汇票发行人和承兑人的经济状况进行了解,致使商业汇票存在很大风险。从风险角度,对商业汇票的发行人和商业承兑汇票之承兑人需要了解的信息主要有以下几个方面:

第一,商业汇票发行的基础。具体为:是否有现实的货币基础,是否有可靠的销售收入回笼,或者有较近的应收账款,以及发行人的对外债务等。此外,根据发行人发行其他票据的总体情况,可以判断出发行人发行票据的数量,以及发行总量与企业净资产之间的比例。

第二,商业汇票发行的经济环境。具体为:发行人的最近投资情况,相关企业的经济状况,应收货款的回收是否及时,企业是否存在重组、并购等资产重大变动的可能性等。

第三,发行的票据与企业的经济利益关系。了解发行的票据对企业的影响,票据上签章的企业相互之间的关系,尤其经济关系,票据关系建立之原因关系的履约情况等。对原因关系的履约情况进行了解,一是担心收款人最终没有履行原因关系之义务,即对价之未支付,会影响出票人票据债务承担;二是担心出票人因为原因债权未实现,影响其履行票据债务的能力,进而会对其整个经营带来致命的影响。

第四,其他风险。包括该发行人、商业承兑汇票之承兑人是否有其他票据违约事件、票据诉讼或公示催告等情形发生。

3. 没有对违约者的票据限制发行制度

若是票据发行后违约,或失去兑付能力,对发行人和承兑人会带来什么影响?从现有的制度看,持票人可以通过诉讼等手段,根据票据法规定要求其承担票据责任,或是要求违约的票据签章者承担民事责任。但是票据发行不仅是一种普通的民事行为,更是一种商事行为。商事行为中的商人具有严格责任,其内涵不仅是应该承担应有的民事责任和票据责任,还应该承担其他不利后果,比如对其商事行为资格的影响。美国票据市场发展中,非常重视企业在票据发行中的诚信,且该诚信并非道德上的,而主要是法律上的不利后果。如果一张美国的企业发行的票据到期不兑付,那么该企业就会被逐出票据市场,这就是美国票据市场的"一票否决制"。企业在发行票据之前就应该对自己的资信有充分的估算,保证自己在票据到期后可以兑付。如果可能发生兑付不能的风险,那么企业就必须寻求银行的支持,让银行充当承兑人,否则就不应发行票据。

二、融资性本票发行和制度障碍

本票在我国仅被限定为银行本票,且签发票据之银行为经中国人民银行当地分支行批准办理银行本票业务的银行机构,同时签发的银行本票使用目的为"在同一票据交换区域需要支付各种款项"①。

(一)我国本票发行制度

我国《票据法》第七十三条第一款首先对本票作出定义,本票是出票人签发的,承诺自己在见票时无条件支付确定的金额给收款人或持票人的票据。随后,该条第二款规定,票据法之本票,仅指银行本票。"本票的使用目的较多,但主要是三种方式:一是作为金钱借贷的方式,二是作为信用购买的方式,三是作为证明既存债权债务的方式被使用。"②

银行本票,一般是由申请人向银行提出而签发给约定的收款人的,当然,申请人和收款人可以一致。银行本票是银行对申请人的授信,可以理解成申请人向银行融资。银行以自己的信用发行票据,产生票据融资的效果。我国除了银行本票之外,还有银行汇票。银行汇票是出票银行签发的,由其在见票时按照实际结算金额无条件支付给收款人或者持票人的票据。银行汇票的出票银行为银行汇票的付款人。银行汇票也是由申请人向银行提出要求而签发的票据。

---

① 参见《支付结算办法》第九十八、一百条。
② 〔美〕Richard E. Speidel、Steve H. Nickles:《票据法》(第四版),查松、金蕾注,汤树梅校,中国人民大学出版社 2003 年版,第 27 页。

这个概念和银行本票基本一致,只是在形式上银行本票无须记载付款人,而银行汇票需要记载付款人,而是否记载,都不改变出票人为实际付款人的事实。因此笔者认为,银行本票与银行汇票在票据意义上并不存在太大差异。

申请人向银行提出申请办理银行本票或银行汇票,法律上没有统一的申请条件。不过,银行为了降低风险,一般要求申请人将相当于银行本票的金额交付给银行,银行只不过是代为支付。这和支票有异曲同工之妙,当然在付款时间上有差异。若是申请人没有足够的资金,银行也可能要求申请人与收款人之间有着真实的交易。对于申请人是否可以向银行提出签发融资性的本票或银行汇票,目前我国法律无相关规定。

《票据法》第七十三条第二款的限定将银行之外的本票排除在合法范畴之外。根据本票之定义,其主要特征是出票人和付款人一致。本票的应有之义就是出票人自己付款,故无须承兑,也无须记载付款人。商业承兑汇票中若是出票人和付款人、承兑人一致呢?商业承兑汇票签发时,并没有禁止商业承兑汇票中的出票人和付款人为同一人,票据市场中对此要求比较宽松,实务中出票人和付款人、承兑人为同一人的情形比比皆是,即自己出票,设定自己为付款人,并且自己予以承兑。因为法律对商业本票之限制,出票人和承兑人一致的票据,只能冠之以商业承兑汇票的名义,但其本质上就是本票。我国限制商业本票的规定仅在票据的形式上起到作用,实质上没有任何意义。对于票据来说,将其冠名为汇票还是本票,归根结底没有区别,一张票据的信用和价值,主要在于到期谁付款以及能否付款。

(二)融资性本票发行的制度障碍

经上述分析,融资性商业本票发行的制度障碍已经得见。

1. 银行本票发行的谨慎

融资性银行本票或银行汇票是否能够发行存在制度上的障碍。当然,因为法律没有明确禁止,即使发行也不会因此无效。但是,申请人的条件却是一个需要法律关注的问题。银行作为经营者,必然会从自身经营风险出发,衡量是否同意为申请人签发融资性本票。但是银行若是总依赖自身之能力对申请人进行详细调查,其支付的成本的确过高。如果有一个外在的评价体系,即信用评价标准,银行完全可以根据该标准对申请人的申请进行风险分析,从而得出是否同意其申请的结论。

2. 商业本票发行的禁止

在我国，连商业本票都被禁止，更何况融资性商业本票。前面已经分析，从商业承兑汇票和本票的规定看，关于是否能够签发商业本票，存在制度上的自相矛盾。银行之外的主体发行本票的道理和商业承兑汇票相似。《香港票据条例》第五条(2)称："如汇票之发票人及付款人同属一人，或付款人只为虚构之人或为无订约能力之人，则执票人可按其选择视该票据为汇票或本票。"若是仅从商业承兑汇票的规定，制度已经允许出票人和付款人一致的票据存在，所以不必执着于一定要对商业本票予以特别规定。当然，作为制度，本不应该出现自相矛盾的情形。另外，即使允许签发商业本票，如同商业承兑汇票一样，是否可以只为融资之目的，而无交易之基础，这又是一个问题。关于这个问题，本书已经在前文进行讨论，此处不再赘述。

三、融资性票据非公开发行的原则

票据的最后债务人总是出票人，如果出票人到期不能承担票据责任，该票据就存在风险，必然有人面临损失。融资性票据非公开发行不涉及不特定的多数人，蒙受损失的人可能是收款人，当然也可能是其他持票人。即使是真实性票据，同样存在这样的风险。我国《银行间债券市场非金融企业债务融资工具非公开定向发行规则》规定该融资工具主要是在银行间市场对特定投资者非公开发行的，而融资性票据不受该规则约束，非公开发行之特定人并不限制在银行间市场。无论是融资性商业汇票还是本票，其发行应该确定以下几个原则。

(一) 自愿原则

根据票据权利行使的顺序和制度安排，在不出现其他票据债务人违约的情况下，票据出票人总是最后的债务人。当出票人违约之时，蒙受损失的人一般是票据收款人或者是承兑人。例如票据为承兑汇票，承兑人为票据第一债务人，持票人在票据到期后总是向承兑人请求付款。若票据形式、权利时效均符合法律规定，承兑人必须无条件付款。那么承兑人一旦付款，则票据退出流通。若承兑人存在替出票人垫付之事实，承兑人根据承兑协议向出票人请求履行还款义务，这张票据的最后风险其实由承兑人承担。如果票据为承兑汇票之外的票据，或者承兑人存在无力支付的情形，那么当持票人向出票人或承兑人的付款请求权不能实现时，其必然向前手行使追索权。而收款人是(除出票人之外)

追索权中最后一个债务人,如果出票人无力承担票据责任,最后蒙受损失的人即是收款人。

融资性票据是针对收款人发行的,当收款人为特定之人时,该票据的发行就是非公开的。若付款人为融资性票据作承兑,出票人必然无法提供真实性发票(当然,出票人也可能提供虚假的发票,这涉及欺诈,已经不属于融资性票据的讨论范畴),所以付款人对是否为融资性票据承兑,有选择的自由。若是承兑,便是自愿接受出票人违约之风险。且承兑人和出票人之间在签署承兑协议时,双方地位平等,交易公平。既然承兑人甘愿冒风险,法律自不必禁止。

同样之于收款人,收款人为出票人的融资有偿接收融资性票据,正如接受出票人的借款一样。我国目前法律未禁止企业间借贷,且企业向自然人的借贷、私募等融资方式越来越有自由空间。[①] 既然民间借贷都被允许存在,融资性票据的发行和民间借贷一样都是为了资金的融通。当政府没有能力满足全部市场主体的资金需要时,就应该考虑向政府之外的主体进行融资;当该融资对公共利益没有影响时,关于风险的评估就应该交由交易的双方完成。所以,融资性票据的非公开发行需要奉行自愿原则。

当然自愿原则的前提是自由,若无自由,自愿就无根据。法律自由下的自愿原则是融资性票据非公开发行的最重要原则。其含义主要有两层:

第一是自愿发行,即出票人非公开发行融资性票据的自由权利。出票人融资的途径是多元的,签发票据只是其中一种。在众多的融资方式中,总是选择更有利于实际需要的那种。

第二是自愿接收。自愿发行仅是出票人的单方意志,票据出票行为的完成包括交付之完成,这就需要接收票据之人即收款人的同意。收款人是获得票据的人,其支付了一定的对价取得票据。所以是否愿意支付对价取得票据,由收款人决定。当然,承兑也由承兑人的自由意志决定。作为交易票据的人,即使是自然人,当出票人与特定的自然人进行票据交易的人,就可以视作该自然人为合格的非公开发行融资性票据的投资人。法律完全没有必要替交易相对方的判断能力和承担能力担心。

[①] 《最高人民法院关于审理民间借贷案件适用法律若干问题的规定(2020 第二次修正)》第一条即明确了"民间借贷,是指自然人、法人和非法人组织之间进行资金融通的行为",说明企业之间以及企业和法人等之间的借贷为法律所允许。

(二) 风险自担原则

融资性票据的非公开发行是出票人、收款人、承兑人以及以后所有接收票据的人的自愿选择，那么选择的后果是风险自担。

基于商事活动是平等主体之间的交易活动，双方在自由自愿的原则下从事交易，法律的态度基本是被动不介入的。因此当事人应当自行承担由此带来的风险。民商事主体的交易活动或者任何民事活动，都不排除风险的产生。法律对金融投资的风险承担问题态度鲜明，即谁投资谁承担后果，当然法律不允许任何欺诈等行为的存在，否则不法行为者将承担不利后果。非公开发行的融资性票据，作为收款人或者承兑人，其接收票据和在票据上承兑签章的理由各种各样，或为投资目的，或为商业扶持。如果是民间借贷，允许约定利息，若无约定则无利息。

票据被视作对到期付款的承诺，若无相反理由，持票人理应相信付款人会付款。如同民间借贷到期，出借人相信借款人会诚信还款。那么，若希望落空，也是意外。法律不能因为意外之事而选择直接禁止该行为。虽融资性票据的付款请求权落空是因为付款人不诚信，而并非能力不行，那么法律禁止融资性票据也同样是毫无意义的。因为法律同样不能靠禁止就杜绝不诚信行为的存在，法律只能通过明确不诚信行为将负担不利法律后果来引导人们规范行事。

(三) 市场约束原则

我国票据法律不承认融资性票据，主要是担心融资性票据的发行因为双方信息不对称而引发较大的市场风险，故需要对信息等进行约束。

融资性票据非公开发行的自由化，不会带来融资者随心所欲滥发票据的结果，也不会使所有的融资性票据均以不能兑付告终，因为在市场经济的条件下，市场在资源配置中起决定性作用。投资者手中的资金是固定的、有限的，因此来自市场的投资资源是有限的，而投资者的投资总是会集中到优质的融资者那里去。当非公开发行的融资性票据被允许时，企业有发行融资性票据的意愿，却无法一直获得满足。无论是承兑人还是收款人，均会根据出票人的情况作出具体判断。所以，出票人为了获得承兑人和收款人的信赖，总是会不断增强自身的信用。

非公开发行的融资性票据是针对特定人发行的，承兑人和收款人对出票人的情况比其他公众更了解。接收融资性票据的投资者必然不愿意购买风险极高的票据,或者当出票人信用存疑时,承兑人或收款人可以要求出票人提供担保,当出票人到期无法承担票据债务时,则由担保人履行债务或在担保物上实现债权。即使是真实性票据,实务中出票人与银行签订承兑协议,银行也常常要求出票人提供担保。

故,市场的资源配置方式不会导致融资者随心所欲地达成目的,收款人也不会盲目接收融资性票据,承兑人更不会冲动地为出票人承诺担保(承兑在票据上便是为第一付款承诺担保)。三者或二者之间总是通过市场不断融合,达到共赢的结果。当然,风险不会因为投资的谨慎而完全避免,也不会因为出票人发行票据之时的信用较好而绝对不发生兑付风险。出票人若是出现了投资失败、资金困难等实际情况,就可能发生无法兑付的风险。不过,该风险发生的原因不是融资性票据本身带来的,如果出票人发生兑付危机,出票人的任何债务均面临违约的事实。此外,不是所有的融资性票据的发行均将违约,从发行人的主观愿望来说,其也不会总希望发生违约事实。一旦有违约发生,发行人就堵住了自己下次发行融资性票据的路,因为市场无法容忍它破坏信用的行为。那么,从发行的效益和违约的比例计算,显然违约情况只是一小部分,而且只要有融资市场,一定会存在违约。换言之,融资性票据的非公开发行并没有扩大融资市场的风险。

法律只要容忍融资性票据的非公开发行行为即可,市场总是会通过资源配置的方式完成资金的配置。当然,自由发行非公开的融资性票据不影响企业信用评估制度的完善。

四、融资性票据非公开发行主要制度构建

在上述原则之下,应对融资性票据非公开发行作出合理的制度安排。

(一)核准豁免制

自愿自由的发行,风险由市场约束,所以发行非公开的融资性票据不必获得审批。我国真实性票据不需要审批,就是融资性票据选择非公开发行时无须核准的理由。

非公开发行的融资性票据从本质上讲就是民间融资,和民间借贷有很多相同之处。在发行之时,收款人和出票人之间,实际上是借贷关系,收款人把票据记载资金借贷给出票人,到期由出票人或付款人或承兑人偿还。当然因为票据可以背书，还会牵连其他权利人，收款人可能成为债务人；票据到期，也不总是由收款人向出票人主张偿还票据款项，有时候是由持票人。背书的实质是一种特殊的债权转让，不会改变发行融资性票据时的借与贷的特性。因此我国法律如何对待民间借贷，就应该如何对待融资性票据的非公开发行。

对于民间借贷，基本以《民法典》的规定进行规范。在合同有效的前提下，双方权利义务均以合同规定的条款为依据。民间借贷出现很多违约现象，甚至是借款人"跑路"事件，其发生原因不是借贷的法律自由带来的，而是由于出借方即投资者自身防范意识不强等原因引起的。从各地区发生的民间借贷危机，以及被定性为民间借贷、目前已经清零的P2P现象中可以看出，这些危机具有一些共同特点：出借人被高额利息回报所迷惑，从而忽略了对借款人的信用调查等谨慎注意义务；或者根本没有想到任何债务都有被违约的可能性。一个合格的投资者，一般具有合理的理性判断、识别收益和风险关系的能力。当回报利率过多高于银行同期利率时，风险同时被无限扩大。当投资者，尤其是单个的投资者，因处于不理智状态而非因为其本身判断能力的障碍导致的投资失败，不可以成为对该项投资予以法律禁止的理由。所以，民间借贷是投资者自由的选择，高利贷出借人对高额利率的要求不受法律保护。

融资性票据非公开发行和投资者出借资金，风险相同，收款人完全可以拒绝接收，承兑人可以拒绝承兑。如果双方自愿达成发行协议，那么法律当不去限制。故，融资性票据的非公开发行无须审批，采核准豁免制度。只有这样，融资性票据才能在融资领域发挥作用。正如美国的商业票据市场，自20世纪80年代末期以来得到了迅速的发展，其主要原因是联邦储备银行收紧银根，银行信贷资金不能充分满足公司、企业资金需求，从而导致以商业票据为融资方式的直接融资的增长。商业票据的面额一般较大，平均购入规模大约是200万美元，大约70%的商业票据由相关金融公司发行。金融公司多是大型装备制造公司的附属机构，它们的主要目的是为其母公司的顾客担保融资。在美国，融资性票据与交易性票据并存。

（二）发行资格、发行限制和合格收款人

融资性票据非公开发行虽然是自由的，采用核准豁免，但是任何自由都是有限度的，豁免不等于没有条件和限制。故，融资性票据非公开发行在发行资格、发行限制（包括次数、目的和总额）和收款人方面均有一定限制。

1. 发行资格限制

融资性票据非公开发行对于发行人有一定的要求，目的在于将那些偿付能力弱、违约可能大的主体排除在发行人范围之外，以防止风险事故的发生。

我国票据法没有对签发票据的主体作很多限制，自然人同样有签发票据的资格和能力。《支付结算办法》和《票据管理实施办法》均允许自然人签发支票，却对商业汇票的出票人作了资格限制，将其限定为银行以外的企业和其他组织，即自然人被排除在汇票发行主体之外。当然由于本票只限于银行本票，自然人更无资格签发。真实性票据的签发仅限于企业和其他组织，在法理上存在一定的瑕疵。[①]

融资性票据的发行主体首先应该限定为企业。真实性票据中不排除自然人作交易，允许其发行真实性票据有一定的依据。而发行融资性票据的目的在于融资，融资是为了经营活动。我国可以从事商事经营活动的个人主要是个体工商户，其经营规模较小，可以通过现有的融资渠道贷到小额资金，且真需要签发票据还是以发行真实性票据为主，利用票据的支付功能。就个人承担的无限连带责任，其财产又无法保证，若是票据背书转让，则对持票人来说有一定风险，所以其签发融资性汇票的风险过高。且若是对于特定人签发，完全是个人与个人之间的借贷，没有必要以票据形式融资。除了企业之外的其他组织，不是我国合法的经营主体，所以不存在通过票据融资的可能。所以，融资性票据的发行主体限定为企业。

另外，不是所有的企业均有资格发行融资性票据，主要考虑到企业的还债能力。也有学者认为，"融资性票据为体现服务实体经济和控制金融风险的双重考量，签发企业准入标准应分为三个维度：行业标准、规模标准、信用标准。"[②]但笔者认为主要应该着重于信用标准，该信用对企业的资格限制主要从两个方面展开，一个是现有的经营状况，另一个则是其融资后的资产负债率。《温州市民间融资管理条例》对于企业非公开定向发行融资券时，要求企业经营状况良好，有支付融资本息的能力；要求融资后资产负债率不得高于70%。笔者认为

[①] 参见赵意奋：《票据相关法律问题研究：以票据签章为核心》，法律出版社2011年版，第109—111页。

[②] 王红霞、曾一村、吴晓均：《有序推进规范化融资性票据市场建设的实施路径》，载《上海金融》2013年第3期。

企业经营状况的良好,以上一年度的财务报表为标准,若企业上一年度有盈利,可以视为经营状况良好;对于新设立的企业,可以根据其业务开展情况予以判断。每一个发行人在发行之前都应该进行自我评估,看是否属于经营状况良好。融资性票据非公开发行之后的资产负债率可以参考温州对民间融资的限制的做法,采用70%的上限。

发行人的这些限制条件,依赖发行企业的自觉评估方能完成。当其经营状况不好,或者超过70%的负债率限制时,被发行人不一定能够完全知道。但制度的规定对行为人的行为起着指引作用,对发行人的限制条件迫使接收票据的人去仔细调查发行人的资信。对政府来说,采用的也仅是事后监管。即当企业违约,无法完成票据付款,监管部门可以对其作出一定的惩罚,可以取消其发行融资性票据的资格。

综上,参考短期融资券的做法,笔者认为企业发行融资性票据应该具备以下条件:(1)是在中华人民共和国境内依法设立的企业法人;(2)具有稳定的偿债资金来源;(3)资金流动性良好,具有较强的到期偿债能力;(4)发行融资性票据的资金用于本企业生产经营;(5)近三年没有违法和重大违规行为;(6)近三年发行的融资性票据、债券均没有延迟支付本息的情形;(7)具有健全的内部管理体系和募集资金的使用偿付管理制度。

2. 发行限制

融资性票据非公开发行的风险较公开发行的要小,一方面是因为非公开发行主要是针对特定人的,接收人对发行人的信用、经营等关系到票据责任承担的具体情况较为了解;另一方面是因为涉及的人数是有限的。公开发行的证券面对不特定对象,人数可能较多,一旦违约发生,波及面广,对证券市场的稳定带来极大的影响。票据虽不是一般的证券,收款人都是特定的,不存在对不特定对象公开发行。但是,当非公开发行的融资性票据达到一定数量或一定金额时,就可能越过非公开界限,产生公开发行的实质后果。所以,对融资性票据的签发应该有明确的限制。

首先是对签发融资性票据数量的限制。票据的融资和一般的募集资金本质上相同,采用非公开发行的方式和私募同义。根据我国《证券投资基金法》第八十七条第一款规定,非公开募集基金应当向合格投资者募集,合格投资者累计不得超过200人。《温州市民间融资管理条例》第十九条明确指出,企业因生产经营需要,可以以非公开方式向合格投资者进行定向债券融资,按照约定的期限和方式还本付息,每期定向债券融资的合格投资者不得超过 200 人。显然,对于私募的人数限制在我国被认定为 200 人。由于票据的特殊性,笔者认为融资性票据非公开发行的人数同样应该受到限制。票据是凭票行使权利的特殊证券,如果涉及人数过多,容易引起较大纠纷,所以对于非公开发行的票据,应该尽量地减少发行对象,即票据数量不得过多。对于融资性票据的非公开发行来说,200 人的限制是一个合理的上限。换言之,一家企业签发或同时存在未兑付的融资性票据不得超过 200 张。

其次是对签发的融资性票据总额的限制。若是单从票据的数量控制,仍然可能造成较大的风险。因为最终决定融资性票据风险的,不是票据数量涉及的未实现票据权利的人数,而是票据总金额是否超过了该发行人的承受能力。笔者建议参考企业非公开定向融资券,要求企业融资的所有票据记载金额的总额即资产负债率不得高于 70%。

最后是对资金使用的限制。虽然融资性票据没有真实交易基础,但其资金必须使用到企业的经营中,因为融资性票据被允许,从政策上讲是鼓励社会上各种资本能够有效支持实体经济。发行人与收款人之间无真实交易的合同,却仍然存在融资合同,该合同明确资金使用的范围,如同一般的借款合同会载明资金的用途。票据为无因性证券,无法直接对资金使用予以限制,但却可以作为发行条件,纳入对发行人的信用考核。一旦发行后,出票人最后无力承担票据责任,又无法证明自己将资金用于约定的范围,其失信行为将会影响其下一次融资以及其他经营活动。限制资金使用范围的另一个原因是,防止发行人利用发行融资性票据进行非法集资活动,或在筹集资金之后再次用于其他投资。

当然,在实务操作中,若是票据发行没有真实交易的存在,其发行仅是出于融资的目的,具体发行了几张票据,金额总计多少,持票人无从得知。例如,甲企业想要以发行票据形式向特定的人乙、丙、丁融资,金额为 200 万,那么甲会签发三张票据,分别以乙、丙、丁为持票人,所以单张票据的持票人以 1 人为比较适宜,也较为常见。但是,对于总的融资量 200 万来说,发行人数为 3 人。如果企业非公开发行的融资性票据累计金额超过一定的数量,并且和企业的净资产之比超过一定比例,就意味着企业负债率的提高,风险就非常明显。

对于接收单张票据的人来说,并不会了解企业发行的融资性票据的总金额,所以也就无法判断风险到底如何。所以,此处所说的不超过200张融资性票据和金额不超过一定限制,均需要依赖于技术监管,比如从票据在上海票据交易所登记的信息,进行数据和信息管理。

3. 合格收款人制度

融资性票据的发行对象主要是收款人,若为承兑汇票,承兑人是票据的第一债务人。当融资性票据为银行承兑汇票时,收款人接收票据基本无任何风险,因此没有必要对收款人的资格作出限制。当融资性票据采用商业承兑汇票形式时①,因为承兑人和出票人一样往往是企业,承兑人虽然是票据的第一债务人,但是到期是否能够根据票据付款,同样存在风险。

收款人必须具备风险识别和承担能力。票据收款人取得融资性票据,必然支付一定的资金,所以赋予其资金出借人身份。收款人在接收票据之时,能够对出票人和银行之外的承兑人进行调查和评估,综合判断风险之后考虑是否进行投资,同时一旦投资失败,有能力承担这个后果。因此作为投资者,最核心要求是具备相应的风险识别和承担能力。合格投资者,被认为是聪明和富裕的人。聪明在于其具有风险识别能力,而富裕则是对其承担能力的规范。聪明程度很难从法律上进行界定,而富裕程度却是可以明确计算的。因此,对合格投资者的规定仅能以财富的多少为标准。比如《温州市民间融资管理条例》第二十四条规定:"具备相应风险识别和承担能力,且自有金融资产三十万元以上的自然人或者净资产一百万元以上的企业和其他组织,为定向债券融资和定向集合资金的合格投资者。"作为民间融资性质的非公开发行的融资性票据,其合格投资者的限制完全可以参考这一条。具备相应风险识别和承担能力且自有金融资产三十万元以上的自然人或者净资产一百万元以上的企业和其他组织,可以成为融资性票据非公开发行的持票人。通过这个限制性规定,将风险识别能力弱、承担能力差的主体排除在融资性票据的收款人之外,以避免这些不合格的投资者蒙受损失。当然,若是不合格投资者执意参与融资性票据的投资,必然自行承担不利后果。法律无法保护不想被保护之人。

收款人接收融资性票据的次数和额度应该受到限制,以防止融资性票据被收款人视作规避非法放贷的工具。根据最高人民法院、最高人民检察院、公安

---

① 商业承兑汇票的承兑人若是出票人自己,其本质上就是商业本票。所以关于商业本票的合格投资者和商业承兑汇票相同,不再另行讨论。

部和司法部《关于办理非法放贷刑事案件若干问题的意见》,"违反国家规定,未经监管部门批准,或者超越经营范围,以营利为目的,经常性地向社会不特定对象发放贷款,扰乱金融市场秩序,情节严重的,依照刑法第二百二十五条第(四)项的规定,以非法经营罪定罪处罚"。同时,该意见指出经常性地向社会不特定对象发放贷款"是指 2 年内向不特定多人(包括单位和个人)以借款或其他名义出借资金 10 次以上"。从这一点上,融资性票据刚好符合以"其他名义"出借资金的情形。再参考该意见第二条①,融资性票据为了防止收款人非法放贷,应该同时符合以下几点:第一,2 年内作为融资性票据的收款人不超过 10 次;第二,个人接收融资性票据的金额累计不得超过 200 万元,单位累计不得超过 1000 万元;第三,个人接收融资性票据获利累计不得超过 80 万元,单位不得超过 400 万元。但是,出票人如果和收款人有特殊关系的,比如存在母子关系等关联关系的,除了违反法律的强制性规定,否则不应计算在次数和金额之内。

(三) 备案和自愿备案制

关于融资性票据发行人、收款人以及融资合同等相关信息,均需登记。登记机构主要是上海票据交易所。根据交易所对纸质票据电子化和电子票据的要求,将发行信息登记其中。需要自行检查是否符合发行条件,一旦登记信息为虚假,则需要承担法律责任。

融资性票据非公开发行的风险性当然是不言而喻的。尽管投融资双方地位完全平等,但投融资交易和一般交易活动有很大的区别。一般交易活动中,双方互负义务,也享有权利,权利享有和义务履行时间没有固定模式。比如购销合同,购货方有可能先付定金,然后在对方交货时才支付全部货款。所以,其

---

① 最高人民法院、最高人民检察院、公安部、司法部《关于办理非法放贷刑事案件若干问题的意见》第二条:以超过 36%的实际年利率实施符合本意见第一条规定的非法放贷行为,具有下列情形之一的,属于刑法第二百二十五条规定的"情节严重",但单次非法放贷行为实际年利率未超过 36%的,定罪量刑时不得计入:(一)个人非法放贷数额累计在 200 万元以上的,单位非法放贷数额累计在 1000 万元以上的;(二)个人违法所得数额累计在 80 万元以上的,单位违法所得数额累计在 400 万元以上的;(三)个人非法放贷对象累计在 50 人以上的,单位非法放贷对象累计在 150 人以上的;(四)造成借款人或者其近亲属自杀、死亡或者精神失常等严重后果的。

具有下列情形之一的,属于刑法第二百二十五条规定的"情节特别严重":(一)个人非法放贷数额累计在 1000 万元以上的,单位非法放贷数额累计在 5000 万元以上的;(二)个人违法所得数额累计在 400 万元以上的,单位违法所得数额累计在 2000 万元以上的;(三)个人非法放贷对象累计在 250 人以上的,单位非法放贷对象累计在 750 人以上的;(四)造成多名借款人或者其近亲属自杀、死亡或者精神失常等特别严重后果的。

风险不过是交货方是否能按期交货,因还未支付货款而不会蒙受损失。投融资关系中权利享有和义务履行时间有固定模式,融资方总是先获权利后负义务,而投资者总是先履行义务后享有权利。投资者一旦接收融资性票据,风险是单方面的,即融资方是绝对的获利方,其权利具有立即获得满足的特性,而投资者的获利权利却是一种期待利益,不可能马上实现。

那么,如何防止融资方恶意违约? 制度是否可以作出有利于投资者规避风险的设计? 温州对于民间融资的试点管理值得借鉴。根据《温州市民间融资管理条例》的规定,当民间借贷金额较大或涉及的人较多时,借款人应该自合同签订之日起一定时间内将合同副本报送地方金融管理部门或者其委托的民间融资公共服务机构备案。具体情形包括:(1) 单笔借款金额 300 万元以上的;(2) 借款余额 1000 万元以上的;(3) 向 30 人以上特定对象借款的。显然,对借款金额较大或出借人数较多、可能对出借人造成较大风险的借贷合同有备案义务。强制性备案的主要好处在于将借款人置于金融管理部门或民间融资公共服务机构的管理之下,可以通过政府监管或中间组织(民间融资公共服务机构)的监管对借款人的营业进行监督。这对于借款人会形成一定的压力,在备案之后会加强自律,努力实现到期还款。

所以,融资性票据的非公开发行,也可以借鉴上述条件对发行票据金额或发行人数达到一定规模时,强制要求其备案。笔者认为温州金融改革试点对于融资性票据强制备案金额、人数的确定有比较强的操作性可以参考。强制备案的情形,一方面是融资总金额达到要求,另一方面是人数的要求,由于票据发行的特殊性,和上述关于发行总人数 200 人的限制一样,是以累计为统计标准。即无论是融资金额还是人数的限制,均以一定时期内累计发行的融资性票据的金额和人数计算。应该备案而没有备案,一旦发现,可以进行公告,限制其发行融资性票据的资格。当然,强制性备案义务之履行,主要依赖于借款人的自觉,同时赋予出借人督促权利。所以,融资性票据非公开发行时,作为收款人和承兑人,均有权要求和监督出票人进行备案。如果它们不愿意或者怠于行使督促权,从外观上看其愿意承担一切后果,对规避风险不愿花费任何成本。

根据《温州市民间融资管理条例》,对于不符合上述情形的民间借贷,出借人和借款人可以自愿备案。融资性票据的非公开发行若是只涉及少数人,金额较小,仅在票据交易市场流通,不符合强制备案的条件的,应该也可以赋予双方自愿备案的权利。尤其对于收款人或承兑人来说,赋予其自愿备案的权利,其就可以在发行之时与发行人约定将备案作为接收票据的一个条件。该条件不存在显失公平,因为备案可能增加发行人的发行成本,但却有利于接收人的风险控制。由于票据发行中权利和义务的特殊性,接收票据的人总是处在不利的位置,所以其要求票据发行人进行备案以平衡双方的权益,是完全正当的。

(四)票据形式自由

融资性票据的形式应该是自由的,正如前面所分析,目前的主要障碍是对商业本票的制度否定。而实际上当商业承兑汇票的出票人和承兑人一致时,已经达到了商业本票的效果,那么再禁止商业本票已经没有任何意义。所以,与其为了规避法律而出现借商业承兑汇票之名行商业本票之实,不如直接承认商业本票的效力。

何况从融资的角度看,真正的融资性票据就应是商业本票。银行承兑汇票主要利用的是银行的信用,出票人没有利用自身的信用向收款人进行融资。收款人接收一张银行承兑汇票的风险并不是很高,而出票人的违约风险主要由承兑银行承担。商业承兑汇票中,若出票人和承兑人不一致,承兑人相当于为出票人的融资承担着担保责任,并且票据承担的担保作用与民事担保不同。民事担保往往是补充责任,即债权人一般是先要求被担保人履行债务,当被担保人履行债务不能时,债权人方才行使担保权。当然,在连带责任的担保中,债权人有选择首先向担保人行使债权请求权的权利,担保人和被担保人的地位是一致的。但在商业承兑汇票中,承兑人是第一债务人,持票人的请求权只能也必须向承兑人行使,唯有在票据付款请求权遭到拒绝并依法取证之后,才可以行使票据追索权。因此持票人无权首先向出票人行使票据付款请求权。这一特征使得商业承兑票据中,出票人的融资是向承兑人进行的,然后承兑人再以自己的信用代替出票人向收款人融资。但是当商业承兑汇票的出票人和承兑人一致时,或是直接采用商业本票的形式,出票人才真正利用自己的信用向收款人融资。所以,商业本票是融资性票据通常应该采用的方式。

允许商业本票的发行,对持票人的风险并不会带来任何影响。它只是融资性票据的一种方式,是否接受,选择权在收款人。而且商业本票签发简单方便,节约成本,收款人也能够在判断考量出票人的还款能力之后方才接收。

(五) 企业信用评估制度

企业信用评估制度事实上不是专门针对融资性票据的非公开发行的，不管是公开发行还是非公开发行，以及在企业其他途径的融资中，我国构建和完善企业信用评估制度均是不可阻挡的趋势。

在融资性票据的发行中，对出票人和承兑人（除银行之外，金融机构希望建立专门的信用评估制度）均需要进行信用评估。出票人的信用评估正当性显而易见，因为其是票据的最后债务人；承兑人的信用评估同样很重要，虽然当承兑人无法到期兑付时，持票人有追索权，包括对出票人的追索权。但是票据付款请求权和追索权的行使有先后顺序，必须先行使付款请求权。对持票人来说，一旦付款请求权不能满足，则增加了票据权利实现的成本。就算追索权行使时可以将追索成本计算进去，但时间成本却难以计算，因为追索权行使往往会通过诉讼，持票人投入过多的时间和精力，都无法用金钱计算。对于一项投资，投资者总是希望尽快到期获得回报，追索权的设置是对票据权利的另一层保障，但对投资者来说，并非最优选择。如果票据投资最后靠行使追索权获取回报，甚至存在诉讼风险，该项投资就不是良好的选择。因此，需要对承兑人进行信用评估，以供收款人参考。

在我国没有建立企业信用评估制度的背景下，融资性票据非公开发行时，出票人和承兑人上述涉及强制备案的情形的，应该强制要求其提供信用评估报告，在合同备案时一起上交。而对于自愿备案的情形，则允许其自愿提供信用评估报告。若收款人对出票人和承兑人的情况非常了解，那么双方自愿建立的投融资法律关系应该获得法律的尊重。

当一个企业发行的融资性票据违约时，应该将该项违约记入企业的信用记录。当要求强制备案而没有备案，一旦被发现，可以取消其发行融资性票据的资格，并对信用产生影响。

信用是考量发行资格的重要标准。有专家提出三个方向，笔者深以为然："一是建立许可证制度。在放开融资性商业汇票初期，可以考虑建立融资性票据合格发行人和发行机构标准，只允许那些以往票据业务信用记录良好，往年没有出现票据到期拒付等违规事项的企业签发不具有真实贸易背景的商业汇票或商业本票；只允许票据业务经营规范、没有监管违规记录的金融机构开展融资性票据业务的承兑和贴现业务。二是引入黑名单机制。对那些存在不恰当签发使用非真实贸易背景票据进行恶意融资或贷款违约以及其他逃废债、监管处罚记录的企业和金融机构，给予取消或暂停签发融资性票据若干年限，重新达到准入标准后再予恢复业务资格。三是推行激励机制。对于不同资信等级或以往票据使用信用记录，允许金融机构实施差异化承兑费率、贴现利率安排。"①

五、融资性票据形式自由制度保障：商业本票的承认

融资性票据在形式上主要是商业汇票和本票。笔者主张出票人有票据形式选择的自由，该自由以商业本票合法存在为前提。商业本票虽然从制度上被否定，但是从理论上分析，却存在合理的理由。

（一）商业本票符合本票的所有意义

《票据法》第七十三条第二款的限定将银行之外的本票排除在合法范畴之外。但根据本票之定义，其主要特征是出票人和付款人一致。本票的应有之义就是出票人自己付款，故无须承兑，也无须记载付款人。在这一点上，本票的意义在于出票人仅运用自己的信用发行票据。其和支票的不同之处在于，支票的付款人一般是出票人的付款行或代理付款行，且支票更注重支付功能。而"本票的使用目的较多，主要是三种方式：一是作为金钱借贷的方式，二是作为信用购买的方式，三是作为证明既存债权债务的方式被使用。"②

无论本票发行人是银行还是其他商事主体，均不改变本票的所有发行意义。商业本票的发行目的也仅是利用自身信用，或为支付，或为融资。我国《票据法》对商业本票的否定，主要是因为银行比商业主体的信用更强，依《票据法》颁布时的整体信用市场情形，法律作出这样的选择是完全可以理解的。为了票据的安全，商事主体可以向银行申请签发银行本票。银行作为经营者，必然会从自身经营风险出发，衡量是否同意为申请人签发本票。

如果有一个外在的评价体系，即信用评价标准，银行完全可以根据该标准对申请人的申请进行风险分析，从而得出是否同意其申请的结论。那么，银行本票的签发会在实际上起到作用。而事实却是，商事主体的信用评价体系并未

---

① 汪办兴：《新时期建设我国多元结构化票据市场的思考——基于融资性票据发展的SWOT分析》，载《上海立信会计金融学院学报》2019年第2期。

② 〔美〕Richard E. Speidel、Steve H. Nickles：《票据法》（第四版），查松、金蕾注，汤树梅校，中国人民大学出版社2003年版，第27页。

建立，银行若是总依赖自身之能力对申请人进行详细调查，其支付的成本的确过高。一般银行在签发本票时，仅对申请人的信用作形式审查，却需要承担绝对的票据责任，导致银行签发本票十分谨慎。若是同意签发商业本票，商事主体的信用判断由银行转为收款人，且承担不利后果。

（二）票据实务中对商业本票的变相运用

虽然我国票据法否定商业本票的效力，但是票据实务中商业本票却可能以另一种票据形式而存在，即出票人自己进行承兑的商业承兑汇票。

商业承兑汇票签发时，法律并没有禁止商业承兑汇票中的出票人和付款人为同一人。实务中出票人和付款人、承兑人为同一人的情形比比皆是，即自己出票，设定自己为付款人，并且自己予以承兑。因为我国票据法限制商业本票的发行，出票人和付款人、承兑人一致的票据，只能冠之以商业承兑汇票的名称，但其本质上就是本票，出票人均以自己的信用发行票据。

毋庸置疑，我国商业承兑汇票和本票的规定存在制度上的自相矛盾。既然法律没有禁止出票人与付款人一致，且这类商业承兑汇票实务中又已经存在，说明对商业本票之禁止并没有起到作用。显然，允许商业本票发行是更为合理的法律选择。至于商事主体是选择发行本票还是商业汇票，应该有完全的自由。《香港票据条例》第五条将汇票和本票的选择权交给持票人，但从另一个侧面反映出我国香港地区票据法律制度认为出票人、付款人一致的商业汇票和本票本质上相同。因此，若是仅从商业承兑汇票的规定看，我国票据法律制度已经允许出票人和付款人一致的票据存在，所以不必执着于一定要对商业本票予以特别规定。当然，作为制度，本不应该出现自相矛盾的情形。

（三）允许商业本票签发不改变票据风险控制的结果

比承认商业本票更为现实的是，无论是自开自兑的商业承兑汇票还是商业本票，在实务中的运用意图更多从"原来贸易背景下的应付款工具转变为融资背景下的预付款工具"[①]。银行本票的签发使银行可以从形式上审查申请人与收款人之间存在真实的交易关系和债权债务关系，控制申请人利用银行信用融资的风险。而若是允许商业本票签发，则难以控制签发者的出票目的，也扩大了票据风险。如果立法者否定商业本票的原因在这个目的，则无必要。因为上

---

① 赵慈拉：《构建全国一体化票据交易市场的路径设计》，载《上海金融》2016年第3期。

文已经阐述,实务中银行之外的商事主体可以利用自开自兑的方式签发商业承兑汇票而达到利用票据融资的目的,因此限制商业本票不可能控制风险的发生。

根据票据权利行使的顺序和制度安排,在不出现其他票据债务人违约的情况下,票据出票人总是最后的债务人。当出票人违约之时,蒙受损失的人一般是票据收款人或者是承兑人。例如票据为承兑汇票,承兑人为票据第一债务人,持票人在票据到期后总是向承兑人请求付款。若票据形式、权利时效均符合法律规定,承兑人必须无条件付款。那么承兑人一旦付款,则票据退出流通。若承兑人存在替出票人垫付之事实,承兑人根据承兑协议向出票人请求履行还款义务,这张票据的最后风险其实由承兑人承担。如果承兑人存在无力支付的情形,那么当持票人向出票人或承兑人的付款请求权不能实现时,其必然向前手行使追索权。而收款人是(除出票人之外)追索权中最后一个债务人,如果出票人无力承担票据责任,最后蒙受损失的人即是收款人。当承兑人和出票人一致时,如果出票人的信用存在问题,则承担票据风险的最后一个人是收款人。根据这个规则,我们同样可以推断出,商业本票中最后承担出票人信用带来的票据风险的是收款人。① 因此,商业本票的发行并没有改变禁止其发行的风险控制。

进一步分析,商业本票的发行如果存在一定的风险,但是出票人是对特定的收款人发行的,收款人愿意信赖出票人,并非常明确自己将承担的票据责任以及面临的相应的风险,那么法律也没有理由限制发行自由。因此,我国宜尽早完善修订现行《票据法》,将商业本票作为调整对象,给予其明确的法律地位。②

当然,如果商业本票一开始全面放开存在风险的话,逐步放开也是可行的。

第三节 融资性票据的特殊发行制度

若融资性票据采用公开方式发行,可以采用传统的汇票和本票形式,也可

---

① 认为收款人是最后的风险承担者以收款人的责任承担能力没有任何问题为前提。
② 参见汪办兴:《引入融资性商业票据创新发展票据金融》,载《上海证券报》2015年7月18日第006版。

以新的方式进行。当然,从实务看,由于我国票据法对融资性票据的否定,没有企业会公开以融资为目的,采用票据形式向社会公众募集资金,而会选择在私底下与特定的收款人约定,向其发行融资性票据。我国却又出现了企业公开融资的类似票据的新型金融工具,目前主要是集合票据和企业融资券。

一、集合票据发行及制度障碍

集合票据,是指 2 个(含)以上、10 个(含)以下具有法人资格的企业,在银行间债券市场以统一产品设计、统一券种冠名、统一信用增进、统一发行注册方式共同发行的,约定在一定期限还本付息的债务融资工具。集合发行能够解决单个企业独立发行规模小、流动性不足等问题。目前的发行制度存在着很多障碍。

(一)集合票据的发行

集合票据发行所依据的制度规定主要是两个,一个是中国人民银行在 2008 年 4 月 9 日公布的《银行间债券市场非金融企业债务融资工具管理办法》,另一个是中国银行间市场交易商协会于 2009 年 10 月通过的内部规章——《银行间债券市场中小非金融企业集合票据业务指引》(以下简称《业务指引》)。前者赋予了非金融企业进行债务融资的权利,后者则对作为债务融资之一种的集合票据作了指引性的规定,明确了集合票据的合理存在,也为集合票据的发行提供了法律依据,拓宽了中小企业的融资渠道。《业务指引》对发行集合票据的规定主要有以下几个方面的内容。

1. 发行主体的规定

《业务指引》开篇就明确规定了集合票据的发行主体,即"国家相关法律法规及政策界定为中小企业的非金融企业"。而 2002 年颁布的《中小企业促进法》第二条第一款界定了中小企业的概念,"中小企业,是指在中华人民共和国境内依法设立的有利于满足社会需要,增加就业,符合国家产业政策,生产经营规模属于中小型的各种所有制和各种形式的企业"。同时,该条第二款明确:"中小企业的划分标准由国务院负责企业工作的部门根据企业职工人数、销售额、资产总额等指标,结合行业特点制定,报国务院批准。"国务院于 2003 年 2 月 19 日公布《中小企业标准暂行规定》,对中小企业的具体标准予以明确。

2. 发行规模

《业务指引》根据中小企业的实际能力,对集合票据的融资规模作了限制性规定:"任一企业集合票据待偿还余额不得超过该企业净资产的40%,任一企业集合票据募集资金额不超过2亿元人民币,单支集合票据注册金额不超过10亿元人民币。"一支集合票据的发行主体不得超过10家中小企业,从单支集合票据的规模上作了限定。这在一定程度上预防了发行集合票据的风险,也从制度上保证票据权利到期能够实现。

3. 偿付责任的指引性规定

因为集合票据是"以统一产品设计、统一券种冠名、统一信用增进、统一发行注册方式共同发行的",因此《业务指引》明确提出"企业发行集合票据应制定偿债保障措施,并在发行文件中进行披露,包括信用增进措施、资金偿付安排以及其他偿债保障措施。"实务中,现在"发行的集合票据项目均设置了较为完善的偿债保障机制,通过发行人、信用增进机构及监管银行签订相关偿债账户资金监管协议,约定了比较严密的资金偿付安排。信用增进机构的代偿资金最晚于付息日或兑付日前一日划入相关偿债账户,使得一旦一个或多个发行人出现违约,信用增进机构的代偿资金能够前置到位。"①

4. 投资者保护的规定

《业务指引》对投资者的保护,主要表现在信息披露的制度设计上。集合票据的发行主体、产品结构以及偿付机制,均要求向投资者作公开披露。《企业指引》第九条规定:"企业发行集合票据应披露集合票据债项评级、各企业主体信用评级以及专业信用增进机构(若有)主体信用评级。"另外,强制规定集合票据文件中要有专门的"投资者保护机制,包括应对任一企业及信用增进机构主体信用评级下降或财务状况恶化、集合票据债项评级下降以及其他可能影响投资者利益情况的有效措施"。这些规定有利于保护投资者利益,使投资者利益的损害风险降低。

中小企业因为其本身规模较小,信用较弱,很难有成本较低的融资渠道。集合票据通过10家以下中小企业的联合,统一融资。但是,中小企业的集合并不必然代表信用增大,因此实务中的做法是为集合票据的发行提供不可撤销保

---

① 王云霞:《解读〈中小非金融企业集合票据业务指引〉》,http://blog.sina.com.cn/s/blog_4be9d0ce0100l6yi.html,2022年3月23日最后访问。

证义务的担保,从而为集合票据增信。担保的方式主要有两种:一种是担保公司提供担保的模式。信用增进投资公司和地方担保公司的担保,前者担保费率较低,中小企业聘请专业的信用增进投资公司为集合票据提供担保,但同时发行企业还得再聘请地方担保公司向信用增进公司提供反担保;后者则是由地方担保公司直接为发行人发行集合票据提供担保。另一种模式是由承诺人对票据作出书面的远期收购承诺。承诺人在性质上和票据的承兑人一样,即在集合票据发行时,承诺人作出票据到期无条件收购的承诺,即对投资者到期兑付。承诺人和发行人之间有承诺约定,发行人应该在票据到期日前将资金打入专项偿债基金账户,若票据到期发行人的账户资金不足以偿付票据,则承诺人无条件对外承担偿付责任。[①] 这种模式更接近汇票的做法,也更好地保障了投资的利益。

(二) 制度障碍

集合票据发行已经没有任何制度障碍。但是在票据发行中,其票据对待、风险防范、票据责任承担等方面仍然存在着诸多不确定。集合票据的发行需要在制度上进一步完善,以及对集合票据的理解需要有制度上的突破。

1. 将集合票据作为票据对待的制度障碍

法无禁止即自由,但是我国金融工具的使用一般需要法律的明确规定,而《业务指引》仅为协会的一个内部规定,属于自律性的管理文件,因此其合法性自然会受到质疑。集合票据是一个合理的存在,但未必一定是合法的。这里的合法是《票据法》意义上的。也就是说,集合票据无法根据一个协会的章程而产生票据法意义上的票据效力。

从我国目前票据发行的规定看,集合票据形式上不是票据法上的票据,是作为融资券的一种。那么其在本质上是否为票据?换言之,集合性票据在票据法意义上是否有发行的可能?

集合票据能否被以票据对待,第一个障碍来源于新的融资性票据多表现为电子形式,而非传统的纸质票据。纸质票据和电子票据在发行和流转制度上表

---

① 浙江省诸暨市 2010 年度中小企业集合票据首先采用了这个模式,由东方资产管理公司(主体信用级别 AAA)为该笔票据中的 5.94 亿优先级集合票据出具收购承诺函,提供远期收购承诺,在集合票据兑付日前的第七个工作日,如联合发行人在各自的专项偿债基金账户中的资金总和不足以兑付全部优先级集合票据的,则由东方资产在兑付日前第三个工作日无条件对全部优先级集合票据进行全额收购。

现会有差异。但究其实质,两者是一样的。发行和流转及其他票据行为,核心在于票据的签章,即行为的效力在票据外观上主要表现为票据签章。电子票据与传统票据的区别在外观上存在明显区别,但在票据行为的要件上却没有区别。票据行为能力和意思表示,无论是采用传统形式还是电子形式,都不可或缺,且这两个要件是票据行为的实质要件,形式改变对其并无影响;票据行为之形式要件主要表现在票据记载的合法性上,而票据记载中唯有票据签章必须由行为人亲自完成。关于票据签章,我国《票据法》虽给予明确界定,共有签字、盖章、签字加盖章三种形式,但由于我国《数字签名法》的颁布,数字签名的法律效力被认可,所以票据签章应该包括数字签名。电子票据的签章就是数字签名,因此电子票据的发行和流转也主要依签章决定。签章之形式既然不影响票据签章之法律效力,那么传统的纸质票据和电子票据之间并无障碍。

集合票据能否被以票据对待的第二个制度障碍是共同票据签章的效力问题。我国票据法律制度对一个以上主体出票行为的效力没有作明确规定,但根据票据签发的习惯,以及我国对票据部分付款的否定,可以推断出目前法律是不允许共同出票的。这一习惯直接为将集合票据纳入票据法意义上的票据设置了障碍。

集合票据能否被以票据对待的第三个制度障碍是票据是否可以支付利息。票据之外的债券作为投资方式,其回报方式经常表现为利息。而我国票据法律制度对于票据利息无任何规定。一般理解上,行使票据付款请求权要求支付的往往是票据上记载的金额,所以被理解成票据无利息。但是,我国现行票据法规定取得票据要支付对价,该对价并不一定要与票据金额完全一致。那么是否可以允许支付的对价是其投资票据的本金,而到期支付的票据金额已经包含了利息呢?英国《票据法》第九条规定:汇票应付金额可以包括利息。日本《票据法》第五条也规定了汇票的利息,见票即付或见票后定期付款的汇票,发票人可以在汇票上记载对票据金额支付利息的约定,其他汇票若有记载利息约定的,则视作没有约定。德国《票据法》第五条也作同样规定。美国《统一商法典》对票据支付利息也持肯定态度。所以,对票据支付利息在理论上没有障碍。

2. 集合票据风险防范制度模糊

根据现有制度,承销机构对集合票据的风险控制作用很难发挥。《银行间债券市场非金融企业债务融资工具管理办法》第八条规定:"企业发行债务融资工具应由金融机构承销。企业可自主选择主承销商。需要组织承销团的,由主承销商组织承销团。"集合票据作为非金融企业债务融资的一种工具,自然需要承销商的参与,且承销商的选择和集合票据的风险有着直接的关系。承销商在债券发行中负有尽职调查义务,即对中小企业发行集合票据的文件负有核查义务,要对发行文件的真实性、完整性和准确性进行核查,发现含有虚假记载、误导性陈述或者重大遗漏的,不得进行销售活动。承销商对集合票据的发行进行了第一道把关,因此意义重大。《业务指引》第十三条明确规定:"企业发行集合票据应由符合条件的承销机构承销。"从这条规定可看出,担任集合票据销售承销商的应为金融机构,必要时可以组成承销团。但是,集合票据的承销机构是否要比其他债券的承销机构要求更高?显然,没有规定。对承销机构的要求较低,使得在集合票据发行的过程中承销机构的选择余地较大。对于中小金融机构和投资者来说,中小企业集合票据则是一个很好的投资品种。对于资金实力雄厚的大银行来说,当前金融市场的不稳定性促使它们也在努力开拓新的产品品种,而集合票据的发行灵活、期限较短、信用良好的特点使之成为银行等金融机构的首选。[①] 基于这样的背景,承销商在集合票据风险防范中的作用很难体现。

偿债保障机制的不完善致使集合票据的风险难以控制,也会在一定程度上抑制集合票据的发展。众所周知,合理的偿债保障措施具有降低集合票据发行风险的功能。集合票据的投融资特点非常明显,融资者为中小企业,企业规模小,其融资障碍主要是企业的信用级别较低;因为投资中小企业的集合票据就意味着要承担较大风险,投资者的专业水平一定程度上决定投资行为的判断是否理性,因此目前集合票据的主要投资者是参与银行间市场的机构投资者。机构投资者的投资行为更偏向于理性,其自然对集合票据发行主体的信用和偿债保障特别关注。《业务指引》要求集合票据制定偿债保障措施,在集合票据设置了较为完善的偿债保障机制的情况下,其投资风险才会降低,才更能吸引投资者投资。但是,现有的制度中并没有对偿债保障机制进行详细规范,把保障措施安排交给集合票据发行主体本身,总体上是符合市场交易规律的。但无疑,偿债保障机制的建立最为重要的是要依靠统一信用增进的机制。这需要建立

---

① 参见宋彬、马广亮:《中小企业集合票据发行之可操作性探析》,载《贵州警官职业学院学报》2011年第5期。

并完善包括信用评价、信用担保在内的社会化信用体系。社会化信用体系的建立却不是一个完全市场化的结果,需要从监管角度作出安排。

3. 集合票据责任承担的不确定性

《业务指引》第三条明确,中小企业集合票据的发行主体应为 2 个(含)以上、10 个(含)以下具有法人资格的企业。为什么 1 个中小企业融资难,而 2—10 个企业共同融资就具有公信力了呢?公众对其信赖源于何处?是源于对中小企业准入集合票据的条件还是集合的力量?显而易见,如果只是因为准入条件,那么在符合这些准入条件后,单个企业完全可以自行发行票据,无须集合;正因为单个的责任能力还不具备融资能力,只有抱团融资,因此诞生了"集合票据"。

"集合"之法律内涵的确定是迫切需要解决的制度障碍。因为集合性票据的最突出特点,不在于其是否采用传统票据;最根本的在于其"集合"的特点。那么,在金融活动或商事活动中,"集合"代表什么?它给市场中的人们带来什么信号?"集合"在法律意义上应该代表着共同的意思,共同经营、共同担当。例如公司,是资本的集合,无论是有限责任公司还是股份有限公司,均以资合为前提。合伙企业的集合最重要的是人的集合,当然也有出资之集合,尤其是对于有限合伙人来说,其是资本集合的典型。集合票据应该不会跳出这个框架,是共同发行票据的意思。那么其集合的是什么?1 个企业无法发行票据,是因为其信用不够;2—10 个企业集合,信用增加,可以发行。不难得出结论,集合票据集合的是企业之信用。

而信用在法律含义上的对外表达为义务之承担。共同信用代表了保证共同承担的意思。一个公司,以股东共同出资为限承担责任,股东之出资不分你我,成为新的财产所有权。合伙企业之共同,是普通合伙人承担无限连带责任,有限合伙人以出资为限对合伙企业的债务对外承担责任,不区分责任是哪个合伙人引起的。那么,集合票据的共同信用向外担保什么?如果在责任承担时,依然各自为政,即只是按份责任,而不是连带责任,那么为什么要集合?对投资者来说,该集合没有任何意义。因此,发行集合票据的任何一个企业为发行金额要承担全部的连带责任,就是对其他共同发行的主体的信用承担了担保责任,这是集合票据的应有之义。但是这些共同发行集合票据的主体如何来承担共同的票据责任,以及集合票据的权利义务根据什么法律来确定,目前均无解。

二、企业融资票据发行及其制度障碍

2005年5月,中国人民银行发布了《短期融资券管理办法》《短期融资券承销规程》和《短期融资券信息披露规程》,标志着正式允许在国内银行间市场公开发行、承销和交易企业融资券。2008年4月,中国人民银行公布《银行间债券市场非金融企业债务融资工具管理办法》,上述法律文件终止执行。

(一)企业融资券发行

如果从企业发行短期融资券的角度进行分析,发行总体上非常通畅。短期融资券是指中华人民共和国境内具有法人资格的非金融企业,依照《短期融资券管理办法》规定的条件和程序,在银行间债券市场发行并约定在一定期限内还本付息的有价证券。在银行间债券市场引入短期融资券是金融市场改革和发展的重大举措,短期融资券市场的健康发展有利于改变直接融资与间接融资比例失调的状况,有利于完善货币政策传导机制,有利于维护金融整体稳定,有利于促进金融市场全面协调可持续发展。继短期融资券之后,2008年中国人民银行又同意推出中期票据。

2008年《银行间债券市场非金融企业债务融资工具管理办法》出台后,短期融资券的概念在法律上不再通行,而改为非金融企业的债务融资工具。非金融企业债务融资工具是指具有法人资格的非金融企业在银行间债券市场发行的、约定在一定期限内还本付息的有价证券。根据融资的时间长短,分为短期融资券、中期融资券和长期融资券。目前,主要有短期融资券和中期融资券。

企业融资券发行的主体要求主要是从非金融企业的信用等方面进行规约,前面介绍集合票据时已经分析过,此处不再述及。中期票据是非金融机构的直接债务融资工具,吸收了短期融资券的经验,依赖市场主体的自律管理。中期票据采用注册制,要求发行人的信息公开透明,即要求有信息披露。

(二)企业融资票据发行制度障碍

制度上之障碍主要有两个方面。和集合票据相同,首先是企业融资券的票据对待问题。

1. 企业融资券的票据对待障碍

企业融资券是否可以称为企业融资票据?企业融资券是否为传统意义上的票据?这都是具有争议的问题。我们在前面讨论融资性票据的时候,也曾经把不具有票据传统外观的票据排除在讨论的范围之外。但是,从其作用上来看,融资券确实和票据相同。

2005年《短期融资券管理办法》公布时,中国人民银行曾经在回答记者关于短期融资券引入的政策背景问题时表示:"中国货币市场发展面临的主要挑战是发展不均衡的挑战。这包括两个方面的不均衡:一是货币市场各子市场发展不均衡。同业拆借和债券回购市场规模相对较大,短期国债和短期政策性金融债券存量相对较小,融资性商业本票和大额可转让定期存单尚不存在。二是货币市场产品、参与者、中介机构和市场规则体系发展不均衡。货币市场各子市场在发展中遇到的问题大多数根源于货币市场发展的不均衡,如果仅针对这些问题采取局部性的改革措施,将很难从根本上解决上述问题,有的时候甚至会带来新的问题。"[①]从这段话中可以看出,短期融资券有弥补融资性商业本票等不存在的缺陷。中国人民银行有关人士还曾经表示:"面向银行间市场机构投资人发行的短期融资券实质上就是依据货币市场而出现的一种融资性票据。融资性票据是一种以融资为目的、直接向货币市场投资者发行的无担保的本票。"[②]短期融资券的发行是一种替代短期贷款的方式,从长远看,它是一个替代利用银行信用对部分商业汇票的承兑和贴现的直接融资方式。但是,融资券被视作企业融资票据仍无明确的制度支撑。

2. 信用评估制度不完善

第二个障碍在于判断投资非金融企业融资券的标准不统一,即没有信用评估制度。信用风险的存在具有客观性,所以企业融资券的信用风险问题是不可回避的。同时企业融资券客观上必定是一个带有信用风险的金融产品,甚至可以说不可能期待一个金融产品无任何风险。如果金融产品无风险,那就不是投资工具了。即使最为保险的存款,在引入银行破产制度以后,存款之投资也不是毫无风险的,存款保险制度就是一个明证。根据《银行间债券市场非金融企业债务融资工具管理办法》,投资者自行判断和承担投资风险。投资者的风险评估需要一个比较统一的标准,虽然非金融企业发行融资券需要报批,同时需要将信息公开发行,但是没有统一的信用制度必然导致标准的凌乱。如果信用

---

① 《央行有关负责人就〈短期融资券管理办法〉答记者问》,http://www.cnstock.com/ssnews/2005-5-25/sanban/t20050525_804633.htm,2015年3月27日最后访问。

② 徐星发编著:《商业银行票据经营》(第二版),中国人民大学出版社2013年版,第139页。

评级机构能够给出正确的标识，投资者在考量自身的承受能力并准备承受风险带来的后果，那么无论最终结果是什么，包括融资券发生违约这样严重的风险都属于正常现象，是市场交易的正态。

另外，承销商在销售中的作用并不明朗。因为承销商由发行者自主选择，这就可能因为两者之间的利益趋同，而致使承销商对发行者无任何监督作用。

投资者教育的落后，也在一定程度上阻碍企业融资票据的发行。我国的票据法律制度，在效率和安全的价值选择上，更倾向于后者。为了保护票据流转的安全，票据法条规定严苛。但是，票据流转始终是以票据的流通效率为生命的。若是同时不想牺牲安全价值，更应该做的是对投资者进行教育，引导不同性质投资者以不同方式应对信用风险。市场中有机构投资者和个人投资者，前者风险意识和风险承受能力相对较强，后者在风险判断、风险承受能力上较弱。所以，从风险承受能力的角度，监管机构在投资人市场准入上进行区别对待，将信用风险的冲击减少到最小，只允许合格的机构投资者参与企业融资券是合理的。对个人投资者的教育仍然比较落后。对个人投资者可以先鼓励其通过基金、集合理财产品等间接投资融资券市场，然后等对个人投资者的教育完成之后，可以在一定程度上允许其进行投资。当然对个人投资者依然可以根据其风险承受能力设立一定的门槛。而这些制度，在我国依然缺失。

三、融资性票据的标准确定

集合票据和企业融资券均为公开发行，且目的是融资，但它们是否能够作为票据？上文分析，它们虽不具有票据的传统外观，但都具有票据签发的意义。《票据法》对票据形式的规定和实务的发展显然脱节，需要在法律上设定票据的标准，只要符合下述标准，就应该将其视作票据。

（一）票据记载的标准

若是通过协议进行的融资，很难赋予票据的含义。因为票据是文义证券、无因证券。票据权利和义务均通过票据记载显现，即使票据之外另有协议，票据关系一旦建立，则脱离基础的协议关系而独立存在。所以，一张票据必然有票据记载。一般债券未必仅是一张协议，持债券之人的权利可能会根据协议约定而享受。而票据则采用书面形式，仅记载权利人、票据到期日期、金额以及签章。因此，若要赋予融资性债券票据之含义，首先需要有票据的外观——票据记载。

票据行为中最为核心的要素是票据签章,根据我国《票据法》第四条,票据签章者承担责任。所有记载事项中最重要的当然属于签章。融资性债券依据票据的特点完成记载,除了签章之外没有难度。但是因为电子签名的出现,融资性债券则可能以电子形式存在,上文中阐述集合票据和企业债券被视作票据的障碍中,首先是关于电子签名是否为票据签名的制度模糊性。根据发展趋势,纸质票据必然会为电子票据所取代,即电子签名在票据法上具有票据签章的意义是必然趋势。这从票据发展的历史中就可以窥见。历史上票据出现,其中一个因素是金属货币携带不便,票据作为支付凭证携带方便。效率和便利,是市场选择融资工具形式的必然考量因素。伴随着互联网的发展,网络经济势不可挡,利用互联网交易、支付、融资亦不是新鲜事,电子票据正是利用了互联网的迅速、便捷特点发展起来的。同时,相比纸质票据,电子票据更易保存,不容易丢失,虽也可能被造假,但需要更高的技术,因此造假成本更高。另外,从成本上说,纸质票据的处理成本较高。根据统计,票据发端国英国处理纸质票据的成本是每张 1 英镑,是处理电子票据成本的 4 倍。2009 年,中国人民银行推出电子票据,鼓励企业签署电子票据合作业务,并希望 3 年后电子票据可以替代纸质票据。

但是电子票据并未全面替代传统票据。原因主要有以下几个:一是网银业务制约电子商业汇票业务发展。二是电子商业汇票系统并未真正实现电子化。数字签名的效力虽然在法律上得到承认,但在发生纠纷时,数字签名是否被篡改、是否被他人盗用等证据是纯技术的电子证据。该举证责任在银行或系统平台提供方,这一方常常又是数字签名技术掌控方,其提供的证据是否具有证明力在实务中依然存在争议。故数字签名使用推广中存在很多难题。且电子商业汇票使用中,对跟单文件等要求与纸质票据相同,无法在电子商业汇票系统上实现完全的电子传输和审核,因此效率不高。三是社会认知和信任度低。由于对电子票据的认识存在一定误区,人们更愿意信任纸质的传统票据,因此使用时更青睐纸质票据。四是法律规范的不完善。虽然从理论上证明电子票据和纸质票据是同质的融资工具,但是我国《票据法》并没有为电子票据留下任何余地,也没有专门的法规或规范性文件对电子票据予以详细规定。在缺乏法律保障的背景下,电子票据的推广受到很多阻碍。

诚然,电子票据的推广困难重重,但其取代纸质票据的总体趋势不会改变。中国人民银行在 2012 年后出台了很多推广措施:规定一定金额以上的票据应使用电子票据,办理票据贴现业务时电子票据优先处理,电子票据平台推出了商业本票等新的业务种类。

(二) 流通的标准

无论如何,电子票据作为未来的票据形式,为集合票据、企业融资票据等融资为目的的票据种类打开了通畅的道路,使得融资性的债券可以因为符合票据记载要求而具有票据的初步条件。但是,票据的生命在于流通,commercial paper 和 negotiable instrument 的最大区别就在于流通性问题,前者作为一般债券而存在,后者则是流通性票据。只有当集合票据、企业融资券具备流通功能时,才具有票据的本质特征。融资性票据的发行目的在融资,但其生命价值却在于流通。

集合票据、企业融资票据均可以成为流通证券,如果采用电子票据的形式,同样可以流通。电子票据可以将票据金额分散,例如集合票据出票人为 2 人以上 10 人以下,收款人为购买集合票据的多人。那么这个票据上有 2 个以上的出票签章,无论是纸质票据还是电子票据,均不存在问题,只要我国票据法允许票据共同签章就可以。但持票人共同持有一张金额很大的票据,在转让过程中就会存在复杂性;若采用电子票据的形式,只要以持票人认购的金额为限签发一张只给予它的小面额票据,那么持票人就可以将自己这张票据进行流通,既不影响他人之权利,也不影响签章者债务之承担。如果不是采用电子票据的形式,即使是纸质票据形式,融资性票据发行中,也可以小面额发行。就是在发行总量下,将票据分成小面额,每一个认购者拥有一张票据。这样也有利于票据的流通,持票人可以将票据背书转让出去。这个道理和银行的拆分业务相同。

(三) 签章者承担票据责任的标准

从票据签章成为票据记载的核心要素就可以看出票据签章的重要性,而其重要性则主要体现在签章者承担票据责任的基本宗旨。

票据流通的前提不是因为票据的形式,而在于票据签章者承担责任所带来的效应。持票人行使票据权利的对象是所有在票据上签章的人,而不必去证明自己是否与票据签章者存在直接交易。每一个票据行为具有独立性,票据签章人不可以对票据上的间接相对人抗辩,除非有绝对抗辩的情形存在。正是这个制度,保证了票据的有效流通。

当集合票据、企业融资券参与流通之后,持票人可以凭票到期向发行人(出票人)、担保人(票据保证人)、转让人(背书人)等所有在证券上签章的人行使票据权利的话,那么该融资券就是票据法上的票据。

四、标准化票据之基础的融资性票据公开发行制度

根据2020年中国人民银行公布的《标准化票据管理办法》,标准化票据是指存托机构归集核心信用要素相似、期限相近的商业汇票组建基础资产池,以基础资产池产生的现金流为偿付支持而创设的等分化受益凭证。换言之,标准化票据是证券化之后的广义的票据,但是其基础资产却是实实在在的传统的票据。作为投资工具,为了控制金融投资风险,《标准化票据管理办法》对标准化票据的基础资产有较为严格的要求。[①] 当融资性票据被作为标准化票据的基础资产时,其作为衍生工具的风险增大,且标准化票据由投资者投资,其发行条件必然更为严格。

当融资性票据被标准化之后,即其风险是针对不特定的社会公众,作为基础资产的风险会影响到不特定公众,肯定要比一般的融资性票据更注重发行约束。针对标准化票据的公开化,为了区分不作为证券化的基础资产的一般融资性票据的发行,将这类融资性票据称作公开发行。[②]

目前公开发行集合票据和企业融资券均需要注册,为了公共利益和金融秩序,注册制度是完全必要的。除此之外,从上述第二节的分析可以看出,在融资性票据发行中,主要的制度障碍来自几个方面:发行主体、发行总量的控制、

---

① 《标准化票据管理办法》第九条:"基础资产应符合以下条件:(一)承兑人、贴现行、保证人等信用主体的核心信用要素相似、期限相近;(二)依法合规取得,权属明确、权利完整,无附带质押等权利负担;(三)可依法转让,无挂失止付、公示催告或被有关机关查封、冻结等限制票据权利的情形;(四)承兑人、贴现行、保证人等信用主体和原始持票人最近两年内无重大违法、违规行为;(五)法律法规和中国人民银行规定的其他条件。"

② 此处关于公开和非公开发行,仅仅从是否作为基础资产被证券化的角度进行区分。票据一旦被证券化,成为标准化票据,便间接地面对了社会不特定公众,从这个意义上理解其发行具有公开性。所以,公开和非公开,是间接评价票据风险面对的不同群体角度区分的,并不是准确的概念,仅仅是为了说理方便。对于票据来说,均为非公开的金融工具。其发行针对特定的收款人,根据我国的法律规定,收款人一般为一人。学理上也反对共同持票人。而且,票据发行之时可能并不知道是否将来会被作为标准化票据的基础资产。但为了安全起见,反过来要求作为基础资产的融资性票据必须符合条件,仍然有利于发行票据之时自觉提升出票人的信用。

信用评级、发行程序、信用披露等。融资性票据对我国资本市场和金融市场稳定有如此重要的作用,因此其发行必然需要制度规范。针对我国目前存在的几种融资性票据发行障碍,应该完善作为标准化票据的基础资产——融资性票据的发行制度,建议总体参考融资债券,主要是因为融资性票据资产证券化后的形式和法理逻辑相似。

（一）发行主体制度

根据《银行间债券市场非金融企业债务融资工具注册规则》,企业融资券采用注册制,注册时的审核为形式审查。虽然该规则规定,发行注册不代表交易商协会对债务融资工具的投资价值及风险进行实质性判断,但是是否通过注册需要注册会议的讨论决定,即通过初步审查的注册企业材料交给每周召开一次的注册会议,由参会委员们进行审核,并最终决定是否通过。这个制度在一定程度上对公开发行的企业有约束力,对融资性票据的公开发行制度有一定的借鉴作用,需要确定公开发行主体规则。

1. 发行主体准入制度

融资性票据发行首先对发行主体应实行市场准入制度,比一般的非公开发行要严格。融资性票据的发行没有真实的交易关系,通过票据进行的融资一般不提供担保；公开发行的方式主要是面对不特定的多数主体,因此对融资性票据的发行主体不加以任何限制,极容易引发风险事件。

2006年美国票据市场上只有1700多家企业发行商业票据,且其中金融性企业占大多数。这些金融性企业主要从事商业、储蓄和质押的银行业务,代理金融租赁和其他商业借贷,担保背书以及其他投资活动等。非金融性企业包括制造商、公用事业服务商、工业公司和其他服务性公司。美国票据市场对发行人的要求是非常高的,发行人必须有足够的实力和健全的财务制度才能发行商业票据。公开发行融资性票据的企业规模小、信用低的,应该让信用较好的企业提供信用支持（这种票据被称为信用支持票据）,或以高品质的资产为抵押（这种票据被称为抵押支持商业票据）。①

除此之外,集合票据、企业融资票据发行时,对发行企业、中介服务机构等相关主体均应该进行规范,因为它们的行为均可能对融资性票据带来风险,一

---

① 参见王林等:《关于〈票据法〉确立融资性票据制度的对策探究》,载《金融纵横》2008年第8期。

个有效的市场监管制度是必要的,其规范的主体也应覆盖到参与票据业务活动的所有方面。当然,监管的首要对象是融资性票据签发主体,一般要对签发者的信用状况作出明确的界定。监管的另一个主体则是银行,由于银行承兑汇票的运用可以增强银行的信用创造能力,因此,对银行承兑汇票市场须有严格的管理。[①] 尤其是承兑银行往往明知发行的票据为融资性票据,并没有真实交易,却依然在企业没有提供任何担保的情况下给予票据承兑。虽然最终风险后果由银行承担,目前我国银行极少出现破产的情况,但并不意味着银行没有破产的可能。银行一旦面临破产,出票人又无力承担票据责任,则违约后果最终由投资者买单。因此,需要对银行的承兑予以一定管理。

融资性票据的目的,从签发看相当于借贷,利用金融工具,则相当于债券。那么对于公开发行债券,我国《证券法》有明确的要求,此处参考作为融资性票据发行的基本条件要求,作为标准化票据基础资产的融资性票据发行应具备以下条件:"(一)具备健全且运行良好的组织机构;(二)最近三年平均可分配利润足以支付一年内发行的融资性票据的融资成本[②];(三)国务院规定的其他条件。"有下列情形之一的,不得再次公开发行融资性票据:"(一)对已公开发行的公司债券或者其他债务有违约或者延迟支付本息的事实,仍处于继续状态;(二)违反出票人和收款人约定,改变公开发行公司债券所募资金的用途。"

2. 发行人数限制

发行融资性票据的人数一般情况为1人,和一般融资性票据相同,以多次发行达到大规模融资的要求。

如果融资性票据以集合票据的形式出现。比如当一家小规模企业的信用相对较低,又找不到信用良好、规模较大的企业提供信用担保时,企业主体之间体现有效集合的精神应该获得支持。则发行人数突破我国传统票据发行人总是为1人的框架。利用集合之信用提高产品的有效性,将企业资产规模、盈利能力指标、资信状况等较为接近的发行主体联合成一个发行单元,市场对发行单元进行整体评估,符合条件的情况下允许其公开发行融资性票据。集体发行需要市场和评级机构对整体债项形成统一的估值体系。但是集合的企业数量,

---

① 参见徐来:《融资性票据制度研究——兼论我国票据法的修改》,载《市场周刊》2009年第11期。
② 融资性票据虽难以用利息衡量发行成本,但出票人、收款人和承兑人之间要求有融资合同作为原因,其一般约定融资利息或收益或成本。所以该项应支付的成本依融资合同确定。

即发行人数不可以太多,如果人数太多,评估将会是一个非常烦琐的过程,增加了发行成本。我国目前将集合人数的上限规定为 10 人,是比较合理的。

金融产品的发行必然和效率相关,融资的过程总是希望成本无限降低。在集合发行的个体选择上,更应该是相互之间有一定联系的企业。这些发行企业之间可以是一个供应链上规模相近的企业,也可以是相同行业规模相近的企业。为了有效发行集合的融资性票据,首先可以以行业为标准或者根据个体差异进行结构化选择,形成立体化的发行结构,为发行的成功奠定良好的基础;或可以考虑条件成熟时,选择合适的企业,发行更具针对性的新的集合票据产品。发行条件作为票据的"集合"形式,将多个企业联合在一起,统一产品设计、统一券种冠名、统一信用增进、统一发行以发挥"集合"的优势,各发行体之间信用差异得到统一,信用级别得到大幅度提高,提高了投资者对中小企业集合票据的认可度,对于增强集合票据的流动性有很大帮助。①

由于发行人数为集合,因此,发行人的票据责任承担宜采用票据法关于责任承担的原则。

(二) 发行总量控制制度

票据发行总量和贴现总量对市场上的融资规模、资金流动等均有重要影响,从而通过投资等手段对宏观调控起作用。因此,需要从宏观上控制票据的总量。

参考公司公开发行债券,笔者认为未偿还的融资性票据的总额即融资后资产负债率不得高于 70%,这点和一般融资性票据相同。而对于融资性票据筹集的资金,已经按照融资合同所列资金用途使用,若发现改变用途或用于弥补亏损和非生产性支出,则不得作为标准化票据的基础资产。

当然,为了控制票据发行总量,一方面是建立总量统计以及控制的常规性制度。公开发行的票据,除了对主体的限制,必然对票据发行的规模有明确控制,从而通过对每一个票据发行的规模控制达到对市场中票据总量的大致控制。我国集合票据的《业务指引》指出:"企业发行集合票据应遵守国家相关法律法规,任一企业集合票据待偿还余额不得超过该企业净资产的 40%。任一企

---

① 参见宋彬、马广亮:《中小企业集合票据发行之可操作性探析》,载《贵州警官职业学院学报》2011 年第 5 期。

业集合票据募集资金额不超过2亿元人民币,单支集合票据注册金额不超过10亿元人民币。"除了集合票据之外,单一企业的融资性票据发行应该对其发行总量有要求,尤其是其票据债务余额不得超过其净资产的40%。

另一个方面则是鼓励银行办理一些对总量无影响的业务,以满足实际的需要,也控制票据使用和票据总量之间的矛盾。比如票据拆分业务和票据池业务。票据拆分业务,也有称票据互换、票押业务,是指对大面额的票据进行等额的拆分。例如甲企业有一张4000万元的大额票据,企业可以将该张票据质押给银行,并与银行签订协议,银行在一定期限内承诺替甲企业签发的总量在4000万元之内的若干张票据承兑。因为票据质押给银行,其暂时退出流通,那么甲企业发行的若干张面额总量为4000万元的小面额票据,对市场的货币供应量在总体上没有影响。

票据池业务是指银行将集团企业、大企业的票据集中管理,帮助企业识别票据真假、保管以及委托收款等,又根据企业的需要,在票据池总额范围内给企业提供票据的承担、提取、贴现、质押开票等其他票据融资业务,是银行为企业提供的综合性票据业务。该业务深受企业的喜欢,对于企业来说,鉴别票据真假、保管票据等都需要投入一定的精力。票据法对票据权利行使以及票据转让等都有严格的规定,公司非专业人员对票据业务不一定熟悉,所以企业的票据管理具有一定的法律风险。那么票据池业务帮企业解决这些后顾之忧,节约其管理票据成本。当然,票据池业务对企业的最主要目的是可以利用手中已有的票据从银行处获得授信,享受信用承兑,并能够利用银行的专业水平从票据管理中获利,即将未到期之票据用于投资达到增值保值。自2008年民生银行与美的集团签订票据管理业务协议之后,票据池业务受到商业银行和中国人民银行的注意。2012年中国人民银行在其电子商业汇票系统上正式推出票据池业务,该系统的利用使得各商业银行无须投入成本开发自己的网络系统,同时将票据池业务统一规范,操作更有效。央行可以根据该系统掌握票据池业务、了解票据发行总量,并根据此调整调控政策、监管文件等。

(三)市场约束制度

市场约束是金融业监管的主要方式,虽然在20世纪30年代的大危机之后,官方监管逐渐取代市场的自我管理,直到最近又被重新认识。市场约束是指通过收集评价和发布被约束者的经营和信用信息来左右其市场份额,以迫使其提高资产质量,保持稳健运行。① 市场约束的运行机制主要是依靠利益相关者的利益驱动,包括存款人、债权人、股东等在内的利益相关者出于对自身利益的关注,会在不同程度上关注其利益所在企业的经营情况,并根据自身掌握的信息和对于这些信息的判断,在必要时采取一定的措施。②

因此,在促进融资性票据市场发展的过程中,必然坚持市场化取向的原则,把风险识别和风险承担的职责尽量交给投资者。投资者的识别和判断需要依赖市场中专业机构的信息揭示和识别能力,包括专业评级机构和中介服务机构。因此,市场约束制度之第一步是建立票据的专门市场,建设一批中介服务机构。

加快培养票据市场的专营机构,为融资性票据的推广提供基础条件。国际上票据业务的经营一般有三种模式:第一类是票据业务均由专门、独立的机构经营,如美国的票据业务主要由投资银行的全资子公司进行经营;英国的票据贴现所发展成为商人银行;日本的票据业务则由银行兼营模式发展成为专业的短资公司。第二类是以我国台湾地区为代表的专业票券金融公司。第三类并无专业的票据公司,而是将票据业务作为商业银行或投资银行业务的一部分来经营。③ 我国目前主要采用第三类模式,主要是由商业银行开设的票据专营窗口开展票据业务。这类模式的弊端非常明显,票据业务容易受制于银行的信贷管理制度,且发行手续烦琐,效率受到影响。实务中,银行工作人员对票据业务的专业知识掌握依然不足,一定程度上影响了票据业务发展。所以建议建立票据专营机构,独立的票据专营机构可以不再受制于商业银行的信用规模,可以有专门的工作人员,进行专门化的操作和统一规范的管理,有利于票据业务的扩展,提高融资效率。当然,建立票据专营机构不是说应该在现有系统外新建这样的独立机构,而是可以利用现有的商业银行的力量,将现有的票据业务窗口独立出去,将独立窗口转变为独立的、专门的票据专营机构。这样做的优势还在于便于对票据发行进行管理,有效影响宏观调控手段的正确使用。

为了融资性票据的流通,我国应该完善票据交易所,开辟专门的规范、高效的融资性票据流通市场。票据的生命在流通,融资性票据若离开流通,便和任

---

① 参见田光伟:《金融监管中的市场约束研究》,中国法制出版社2007年版,第48—49页。
② 参见巴曙松:《巴塞尔新资本协议研究》,中国金融出版社2003年版,第168页。
③ 参见王林等:《关于〈票据法〉确立融资性票据制度的对策探究》,载《金融纵横》2008年第8期。

何一个融资券没有区别。票据主要在市场中流通,当前我国没有专门的融资性票据交易市场;票据融资也主要是通过银行在银行与企业之间的交易(承兑和贴现),以及银行与银行之间的交易(再贴现和转贴现)。在真实性票据的背景下,这种票据流通比较合理,票据作为融资工具的参与主体主要是银行,票据的流通又是以真实交易为基础的特定人之间的流通。但融资性票据的发行以及流通,主要依靠不特定的大众。当然,一个持有融资性票据的人也可以因为交易转让票据,即流通之原因在所不问。因此,仅仅依靠银行的柜台市场和银行间市场难以解决融资性票据的流通性问题。在发展融资性票据市场的同时,必须有专门的融资性票据交易市场,所以在上海票据交易所开辟融资性票据的专门的流通市场是必要的。这样可以上海票据交易所为中心形成一个稳定的、常规性的、高效的票据市场,吸纳众多的银行、企业和个人参与投资,让融资性票据流通起来,真正体现票据的融资功能,实现资金由储蓄向投资的转化。[①]

（四）信用评级制度

信用风险应主要通过市场化手段由市场加以消化和解决。如果融资性票据公开发行采用审批的方式,主要依靠管理层对发行人资质的严格审查来防范,就会抑制市场的发展;而采用注册制,规定信用准入的门槛。集合票据发行时发行主体在人数问题上的解决仅是一个方面,但是当一个发行主体的信用较差,那么对票据兑付必然产生直接影响。注册时作形式审查,就必须要求信用评估的信息准确,否则注册制就演变成了无门槛的通道,信用评级制度因此变得必要。在美国,商业票据在发行前必须先由专门的评级机构进行评级,其评级结果是投资者进行投资选择、决策、降低风险的重要依据。[②]

融资性票据的信用评级制度主要包括对企业主体及相关票据的评级制度。融资性票据不以商品交易为基础的特点决定了必须对其签发人的信用等级有严格的要求,相对于银行信用,商业信用由于存在更大程度的不确定性而没有可靠的保障。如果不能够对票据签发人的信用状况有确切的了解,从维护自身资金安全的角度出发,投资者是不会接受融资性票据的,融资性票据制度也就无法运转。为此,就需要有为大众所认可的、独立的第三方机构对企业的信用

---

① 参见王林等:《关于〈票据法〉确立融资性票据制度的对策探究》,载《金融纵横》2008年第8期。
② 参见巴曙松:《票据市场国际经验与中国的路径选择》,载《西部论丛》2005年第4期。

状况作出较为准确的评估,以便为社会提供一个信用标准。①

制度可以规定融资性票据的信用评级决定其票据发行的规模,也可以对票据市场进行细分。正如资本市场具有多层次性一样。信用等级较高、投资风险较小的企业可以在一级主板市场发行,随后是二级市场(如我国的创业板)、三级市场(新三板市场等)。当然由于我国专业的票据交易所建立时间尚短,票据市场的细分仍需时间,所以建议在发行者支付的利息上有差别。根据美国的经验,美国主要有四家信用评级公司:穆迪投资服务公司、标准普尔公司、达夫和菲尔普斯信用评级公司和费奇投资公司。按照穆迪投资服务公司和标准普尔公司的评级标准,美国已发行的商业票据中,约75.9%的为最高等级A-1,另有13.4%的为次最高等级A-2。在美国,若想成为信誉最高的票据,必须有两家信用评级机构对将要发行的商业票据给予最高级别的等级。如果只有一家公司给予最高等级,或者两家公司给予次最高等级,则该票据是二级票据,在其发行时必须向投资者支付更高的利率。美国最高等级和中等级的商业票据,在利率上差别可达10个基点至150个基点不等。② 这一制度显然对我国具有借鉴意义。融资性票据公开发行的同时,必须加快征信体系建设,成立权威的信用评级机构,对拟发行融资性票据的企业实行信用评级,并对评级结果承担法律责任。融资性票据非公开发行人也可以通过获得信用评级,增强市场对它的票据的好感度,从而降低融资的难度,对投资者来说亦是有益的。

实务中,现行集合票据的发行也面临这个问题。在集合票据发行中,存在地方政府参与的情况。例如北京市顺义区中小企业集合票据、山东省寿光市"三农"中小企业集合票据的发行中,地方政府对担保费用予以全额补贴,代表政府实际担当了集合票据市场风险"最后兜底人"的角色。但是,发行金融产品的目的是通过市场,使融资者和投资者有效对接,信用、风险与投资完全匹配。政府的参与虽然降低了集合票据的投资风险,却不是一个好的选择,也不能成为发行常态。从这个意义来看,地方政府对中小企业集合票据发行乃至任何融资工具(除了政府发行之外)进行担保应受到限制,集合票据发行的信用增级首先应该依靠市场,依靠担保机构解决企业的信用增级问题。

故,在尊重市场模式既有措施的语境下,运用资产市场证券化模式对集合

---

① 参见徐来:《融资性票据制度研究——兼论我国票据法的修改》,载《市场周刊》2009年第11期。
② 参见王林等:《关于〈票据法〉确立融资性票据制度的对策探究》,载《金融纵横》2008年第8期。

票据结构进行管理和运作。集合票据发行中(当然任何融资性票据均可能面临)可以依赖于有效的担保措施,担保机构的参与目的是为发行的票据提升信用。目前已发行的集合票据实践中无一例外采取不可撤销连带责任担保方式,这种方式无疑在实践中取得较好的效果。为强化担保效果,可以尝试通过"担保—反担保模式"和"担保—再担保模式"形成更为有效的保障机制,通过这种担保结构创新的方式去提高担保主体的信用等级。但是担保机构的信用如何,它的参与是否真的为中小企业发行集合票据增加了信用级别,这些疑问均需要信用评级机构用信用评级的客观数据来保证。

(五)信息披露制度

融资性票据的信息披露制度和信用评级制度同等重要,均是其发行市场约束机制的重要组成部分。所谓融资性票据的信息披露,主要包括"信用信息和票据发行、交易信息的持续披露、及时了解票据签发者或债务人的状况。这是保证投资者和监管部门采取正确决策的必要条件。为此,必须建立有关票据签发者或债务人相关信息的披露制度"①。

信息披露的内容首先通过发行文件体现。根据《银行间债券市场非金融企业债务融资信息披露规则》规定,发行时发行人递交的文件包括:发行公告、募集说明书、信用评级报告和跟踪评级安排、法律意见书、企业最近三年经审计的财务报告和最近一期会计报表。

在融资性票据到期之前,发行企业应该持续披露信息,参考《银行间债券市场非金融企业债务融资信息披露规则》,内容应该包括:(1)每年4月30日以前,披露上一年度的年度报告和审计报告;(2)每年8月31日以前,披露本年度上半年的资产负债表、利润表和现金流量表;(3)每年4月30日和10月31日以前,披露本年度第一季度和第三季度的资产负债表、利润表及现金流量表。在债务融资工具存续期内,当企业发生可能影响其偿债能力的重大事项时,应及时向市场披露。下列情况为前款所称重大事项:(1)企业经营方针和经营范围发生重大变化;(2)企业生产经营外部条件发生重大变化;(3)企业涉及可能对其资产、负债、权益和经营成果产生重要影响的重大合同;(4)企业占同类资产总额20%以上资产的抵押、质押、出售、转让或报废;(5)企业发生未能清偿

---

① 徐来:《融资性票据制度研究——兼论我国票据法的修改》,载《市场周刊》2009年第11期。

到期债务的违约情况；(6)企业发生超过净资产10%的重大损失；(7)企业作出减资、合并、分立、解散及申请破产的决定；(8)企业涉及需要澄清的市场传闻；(9)企业涉及重大诉讼、仲裁事项或受到重大行政处罚；(10)企业高级管理人员涉及重大民事或刑事诉讼，或已就重大经济事件接受有关部门调查；(11)其他对投资者作出投资决策有重大影响的事项。

对于虚假信息，可以规定停止发行人发行融资券、停止中介机构从事相关中介业务、承担连带赔偿责任等多种处理措施。

信息披露制度完善后，便于打通货币市场各子市场，形成统一定价中枢。由于种种原因，我国货币市场各子市场处于分割状态，利率各异，无法形成有效统一的市场基准利率曲线结构。不同子市场之间的分割严重阻碍了交易信息的共享互通，进而阻碍了资金的自由流动和货币政策的有效传导。所以，未来我国票据市场的发展完善，应当建立在货币市场整体统一一致发展的基础上，只有实现了同一市场资金价格定价中枢一致，才能说是真正实现了货币市场一体化，才能通过利率引导资金在各个子市场间有效流动，实现货币市场资金的合理配置，票据市场才可能真正成为最直接反映短期资金价格的有效市场。而上海票据交易所的建立，票据报价交易、登记托管、清算结算、信息服务等功能都在票交所完成，票交所将成为我国票据领域的登记托管中心、交易中心、创新发展中心、风险防控中心、数据信息研究中心。未来，随着融资性商业票据的放开，可以考虑将不同货币市场互联互通，实现信息共享，形成货币市场统一的定价中枢。

第六章　融资性票据之流转制度

融资性票据发行之后进入流通环节,由于票据之无因性,其形式上与普通票据并无二致。票据在流通环节的融资功能,融资性票据同样拥有。本章以我国一般票据的流转为重点阐述票据制度的发展,旨在更好地发挥票据的融资功能。票据流转中的融资制度适用于真实性票据和融资性票据。

第一节　票据流通和流转方式

票据以流通为生命,以流转为主要方式,发挥支付、结算和融资功能。

一、票据流通之本质及流通要素

(一)票据法之流通票据

众所周知,票据之概念有广义狭义之分。凡是有价值的书面文件,皆可以"票据"称之。我国的税务发票,甚至都以票据称谓。但票据法之票据,却有特别含义。在种类区分上,各国略有区别。我国票据法之票据,包括汇票、本票和支票;美国票据主要也是上述三类,但表面上的区别在于,仅支票一类又可以细分为划线支票、出纳人支票、保付支票等等。

当然,票据法中的票据之确定,不在于种类如何,而在于是否可以流通,流通是票据的生命。美国法律明确规定,是否适用票据法,主要看其是否具有流通要件,否则即使是以票据法中的票据形式出现,并不出现票据法的后果,即当事人承担的是合同责任,而非票据责任。

举例说明:票据上记载"我允诺1991年1月6日向收款人Paul支付4000美元",并且有出票人Mary的签章。根据美国票据法,这张票据就不是流通票据,因为缺少符合法律规定的支付指令文字。为了流通,票据应该记载"我允诺1991年1月6日根据收款人Paul的指令支付4000美元"。那么票据就不是只向Paul支付了,而是向流通中被Paul同意的人。

美国票据法中规定了不可流转的票据,修订前的美国《统一商法典》(Uniform Commercial Code,简称 UCC)第 3-805 条表明:如果不符合第 3-104 条(a)款关于流通票据的要件,就被称为不可流通的票据(the nonnegotiable instrument),该票据不受美国《票据法》(指《统一商法典》第三编,本书中美国《票据法》和《统一商法典》第三编是同一概念,以下不再特别指出)条款的约束。根据修订前的《统一商法典》第 3-805 条,票据被视为流通票据,因为持票人通过票据的签发和保证签章建立了上述例子中的票据支付关系,票据债务人(obligor)负担票据权利人被拒绝付款的责任。当然,票据一般通过背书和直接交付流通,不能流通票据的背书人和流通票据的背书人很难分辨,两者唯一的区别在于前者的票面上缺失可以流通的文字记载,就可能没有正当持票人,那么《票据法》中的票据权利条款就不能被适用。

美国修订后的《统一商法典》删去了这条规定,也没有用相应的条款作替换。然而,如果支票虽不包含符合法律规定的支付指令或者携票人[1]记载,但是在其他方面刚好符合第 3-104 条关于流通的要求,那么根据第 3-104 条(c)款的规定支票也可以被作为流通票据。因此,在没有明确的指令或者持票人记载的情形下,一个人甚至可能是正当持票人。然而,除了支票,汇票或本票如果缺乏无条件支付的命令将不能适用《统一商法典》第三编的规定,就像在上述例子中一样。当然,从判决中可以看出,美国修订后的《票据法》并没有任何条款阻止法院对不可流通票据的判决类推适用《票据法》。[2]《票据法》修订后,法院也可能类推适用《票据法》法条规定。比如,一张本票被认为是不可流通票据,因为它记载了"银行利率"(interest at bank rates)——不明确的利率,然而法院依然类

---

[1] 本章为区分不同概念,在以下论述中统一使用以下翻译:持票人(holder),是指经发行、背书占有票据的人,或是根据上述之人的命令占有票据的携票人,或空白票据的占有人。携票人(bearer),是指其姓名未出现在票据记载中的占有票据且可能被付款的人;根据《统一商法典》第 1-201 条规定,携票人指占有凭交付或者空白背书即可清偿的票据、所有权证或者凭证式证券的人。正当持票人(holder in due course),根据推定,是票据合法的持有人。holder 和 bearer 都有持票人的意思,但是其真正含义不同,前者是被指明的持票人,后者不确定,泛指持有票据的人。

[2] See Wayne K. Lewis & Steven H. Resnicoff, *The New Law of Negotiable Instruments*, Michie Law Publishers,1996,p. 52.

推适用了《票据法》关于背书人责任的规定作出判决。① 另外,票据当事人甚至可以通过协商提出用《票据法》的法条来确定不可流通票据中的权利义务,但是他们的提议也可能不被法院采用。

但不可否认的是,在美国,可否流通依然被当作判断是否适用《票据法》的核心标准。尽管旧的《票据法》废除了,但仍用其来判断该文件是否为可流转的票据。票据如果被认定为不可流通的,它依然要对支付承诺承担合同义务。② 很多法院将用合同法的一般原则确定这种票据责任问题,即不可流通票据承担的是合同责任,不受正当持票人保护。③

依此可以判断,美国法律将只用于支付的票据排除在票据法上的票据之外。换言之,票据可以有支付功能,但不可以只有支付功能。票据法上的票据,必然是以流通为使命。

我国票据法虽没有明确提出流通之要求,但票据法中处处可见流通之痕迹,如汇票和本票"无条件支付"的必要记载事项、承兑行为的要求等,都可见票据的核心在于流通,而不是仅仅用于支付。

(二)流通之要素

票据是否可以流通,其判断标准包括以下几个重要因素:(1)确定的出票人。票据流通最重要在于对票据债务人的信赖。出票人是最后的票据债务人,决定一张票据自生成以来就从一张毫无意义的纸而转为权利凭证,而出票人承诺了该权利的最终实现。因此,流通中出票人的签章,对于接收票据的人来说,是最重要的考量要素。(2)确定的金额。票据流通,以其确定的价值为基础。且确定的金额关涉到票据流通之安全,既是对票据债务人的保护,也是对票据债权人权利的保障。试想流通票据金额不确定,票据关系人之间的债权债务又依赖票据记载确定,双方必然对票据价值产生不同理解,其结果是票据债务人和票据债权人之间的争议。因此,票据若不流通,票据债务人和票据债权人可以因为其他共同的意思表示确定票据的金额,而非依赖票据记载;而若票据为

---

① See A. Alport & Son v. Hotel Evans, Inc., 65 Misc. 2d 374, 317 N. Y. S. 2d 937 (1970).
② See, e.g. Mauricio v. Mendez, 723 S. W. 2d 296 (Tex. App. 1987); Gillespie v. DeWitt, 280 S. E. 2d 736(N. C. App. 1981); Federal Deposit Ins. Corp. v. Barness, 484 F. Supp. 1134 (E. D. Pa. 1980).
③ See Sunbelt Sav., FSB Dallas, Tex. v. Montross, 923 F. 2d 353 (5th Cir. 1991).

流通而生,则必然要求金额确定。(3) 无条件支付的承诺。票据之所以能够流通,还在于接收票据之人完全可以相信,若无法律规定的情形出现,票据权利人的权利必然能够实现,债务人均不可以票据之外的理由抗辩。(4) 无票据记载之外的条件。标准之生成,在于票据签发之时。因此,只要票据在签发之时包含了这些因素,票据即可被视作流通票据,受票据法调整。

纵观我国《票据法》对于汇票、本票和支票出票时的必要记载事项,主要包含的就是流通确定的出票人、确定的金额、无条件支付的承诺三个要素,同时《票据法》否定对票据权利实现附加条件。《票据法》第二十四条一言以蔽之,出票人可以自由地在汇票上记载法律规定事项以外的其他出票事项,但是该记载事项却不具有票据法之效力。而出票时的其他记载基本和是否流通无特别大的关联:(1) 记载事项中包含票据种类的记载,而在票据实务中,这个记载实际上和流通无关,因为一般票据样式印刷时已经区分了票据种类,而不是由当事人记载的。(2) 关于出票时间的规定,主要是为了确定票据债权和债务的时效。(3) 票据记载中的付款人和收款人。除了本票之外(本票无付款人记载,因为出票人就是付款人),付款人不是票据的债务人,流通中并不会增加票据的可信任度。接收票据之人在接收票据时,付款人为谁都难以成为考量因素,因为付款人不会凭借出票人记载而承担票据债务,而只因为其本人在票据上的签章而承担票据债务。同样,关于收款人的记载(除支票之外)和流通无关,收款人仅是确定票据权利人的要素。

美国《统一商法典》第 3-104 条(a)款对流通票据下了定义:指载有或未载利息或其他承诺或指令中描述的费用的无条件支付确定金额的承诺或指令。从字面含义看,没有包括确定的出票人,却包含在"承诺"和"指令"的表示中,因为"承诺是一项付款的书面保证,它应由承诺付款的人进行签名","指令是一项由发出指令的人签署的书面的付款指令",因此,流通票据就是指"指示或承诺付款并已经得到签名的文件"。[①] En Central States, Southeast & Southwest Areas, Health & Welfare Fund 诉 Pitman 案中,法院首次判决本票为不可流通票据,其原因有三:(1) 不包含无条件支付确定金额的承诺;(2) 包含其他承诺;

[①] 美国法学会、美国统一州法委员会:《美国〈统一商法典〉及其正式评述》(第二卷),李昊等译,中国人民大学出版社 2005 年版,第 14 页。

(3) 对指令或持票人不可支付。① 也可参考 Lexington Ins. Co. 诉 Gray 案,由于本票记载表明为灵活多变的利率,法院认定其不是流通票据,因而在该起抵押本票的保证人对作为抵押债务受让人的保险人提起的确权之诉中,适用合同法一般原则来判决。② 而泰勒诉雷尔德案的判决结果,一般合同法原则和票据法适用的区别表现得最为典型。泰勒作为财产所有人,为抵押贷款机构向财产前所有人签发保证本票,对本票的现有持票人提起诉讼,抗辩其命令出售那些丧失抵押品赎回权的财产。事实上泰勒已经向原来的抵押人(原来的财产所有人)——收款人善意地支付了与本票记载金额相当的款项,并且为保护这些支付寻求对现有持票人声称的本票之上的权利进行完全抗辩。根据《统一商法典》第三编,如果持票人为正当持票人,票据债务人虽然已经向原来的持票人支付票据款项,但假如出票人没有发出已付款通知的话,正当持票人不受出票人抗辩的影响。但是,根据一般的合同法原则,债务人如果没有收到债务被转让的通知且在事实上也没有意识到债务被转让,仍然向他原来的债权人履行债务,那么他的债务就已经履行完毕。当法院认为本票中包含了变化利率的记载——这使得票据金额必须通过外部信息指引才能作出计算,因此根据《统一商法典》认定该本票不具流通性。那么根据合同法原则,支持原告"已经完成支付"的抗辩理由。③

二、背书的流转方式

票据流转或转让是指票据发行后,转移票据占有的一种行为。值得注意的是,这里所说的流转有特殊含义:首先,流转主体不包括发行人,主要是持票人和汇款人,换言之,将票据发行排除在票据流通范围之外;其次,强调客观行为,或者说是一种客观上的票据移转(transfer),不关注票据持有人的主观意愿,即不管票据持有人是自愿还是非自愿,只要在客观上存在票据移转的事实,即构成法律上所说的票据流通。④ 持票人有至关重要的权利,决定让票据进一步流

---

① See Central States, Southeast & Southwest Areas, Health & Welfare Fund v. Pitman, 66 Ill. App. 3d 300, 383 N. E. 2d 793, 23 111. Dec. 26 (3d Dist. 1978).
② See Lexington Ins. Co. v. Gray, 775 S. W. 2d 679 (Tex. App. 1989);97 A. L. R. 3d 798(1980, Supp. 1993).
③ See Taylor v. Roeder, 360 S. E. 2d 191 (Va. 1987).
④ See UCC § 3-201(a).

通还是以自己的名义实现票据权利。因此,票据是否为流通票据以票据签发时票据之流通以什么形式完成,即票据的流转方式为标准。票据在完成出票行为之后,是否已经流通,从客观上判断主要是看票据是否离开出票人的控制。转让是票据流通的手段,纵观各国法律,转让方式主要有两种:背书和交付。

(一) 背书

背书是票据流转的常见方式。"所谓背书,是持票人为将票据权利转让给他人或将一定票据权利授予他人行使,在票据背面或者粘单上记载有关事项并签章,然后将票据交付被背书人的一种附属的票据行为。"[1]

背书的目的主要是持票人把自己的票据权利转让给他人。我国《票据法》第二十七条第三款就规定汇票的转让方式必须为背书。本票的转让方式和汇票相同,也为背书。但是我国规定有"现金"字样的票据(无论是汇票、本票还是支票)均不可以背书转让。从这一点也可以看出,现金票据仅有支付功能,不具有流通功能,从本质上说不是流通票据。这大概也是我国特殊时期的产物。

当然,不得不注意的是,据背书之定义,其不一定为票据流转之目的。即当持票人仅是将一定票据权利授予他人行使而非转让票据权利时,就不属于票据流通。各国票据法均在转让背书之外规定了其他种类的背书,这些种类背书的主要目的都不是转让。比如我国票据法所规定的委托收款背书和质押背书。委托收款背书的目的是持票人将收款的事项托付给代理人,而质押背书的目的是担保。不仅法律规定不许流质,即出质人不可以将票据以转让背书方式替代质押背书,而且即使到期出质人无法履行主债务,债权人享有的也不是票据权利。从理论上看,债权人享有在票据权利实现时优先受偿的权利。

(二) 背书种类

在其他国家,背书的种类更为繁多。在美国,背书的种类主要包括:空白和特殊背书、限制背书和合格背书。空白和特殊背书(black and special indorsement),是背书的两种主要方式。假如背书者对票据支付的对象进行了明确,也就是说明确记载了被背书人,那么背书就被称为"特殊背书",也即我国票据法意义上的完全背书。一张特殊背书的票据只可以向这个确定的人支付,也唯有那个人可以对票据进行背书再次流通。但是,如果持票人作出背书,被背书人

---

[1] 王小能编著:《票据法教程》(第二版),北京大学出版社2001年版,第177页。

一栏空白,被称为空白背书,此时票据应该向携票人付款,且可以仅转让占有流通。①

限制背书又具体分为限制转让背书、有条件背书、委托收款背书、信托背书、合格背书(qualified indorsement)。限制转让背书和我国的情况类似;有条件的背书是指票据背书时附加条件,该条件在支付时必须被完成。比如说,"在成功地完成了项目义务时向 Bob 支付,John Smith"这样的背书不会对票据的流通性造成影响,因为票据的可流通性只需要在签发或者首次交付给持票人持有时不附条件。② 法律同时规定,有条件背书不能影响被背书人执行这张票据的权利。然而,被背书人除了可以对抗背书人之外,不可以该条件对抗任何人。因此,有条件背书并不影响票据的流通,对于有条件背书的前后手而言,该条件完全可以忽略。

信托背书是指被背书人为第三方利益持有票据,但是因为英美法系对信托所有权一物二主的规定,信托被背书人在名义上取得票据权利,并为受益人利益可以转让票据。③为区分完全的特殊背书,信托背书在票据上记载明确,例如有如下文字:"为受益人 Billy 的信托,向受托人 Tom 付款","为 Billy 的利益向 Tom 付款",或者是"向 Billy 的代理人 Tom 付款"等。信托背书的被背书人存有对受益人的信赖义务,除非有明确的说明,其转让票据被当然地认为是为了受益人的利益。因此,在信托背书之后第一个接收票据的人,不用考虑被背书人是否为受益人的利益,即有没有违反信义义务,便可以支付相应的款项或价值给被背书人,除非根据《统一商法典》第 3-307 条已经存有违约通知。《统一商法典》第 3-206 条对此作了详细规定。④ 例如,收款人 Paula 将一张支票背书,凭借她的签名依她的指示付款,票据上载明"为 Billy 的利益向 Tom 付款"。Tom 却将票据转让给了 Cary,因为 Cary 为 Tom 建造了屋子。Cary 不能成为票据的正当持票人,因为他是票据信托背书之后的第一个接收者。依据《统一商法典》第 3-307 条,因为 Cary 明知 Tom 的交易是为了受托人自己的利益,因此他已经知道 Tom 违反了信义义务,他虽然不是 Billy 的受托人,但他和 Tom 一起

---

① See UCC § 3-109(c), 3-205(a).
② See UCC § 3-104(a)(1).
③ See Wayne K. Lewis & Steven H. Resnicoff, *The New Law of Negotiable Instruments*, Michie Law Publishers, 1996, p. 80.
④ See UCC § 3-206.

共同违反了信义义务。当然，Cary 如果为了向 Sam 支付建筑材料款项而将票据转让给他，Sam 只要不知道 Tom 转让票据给 Cary 是为了 Tom 自己的房子，就可以成为正当持票人而享有票据权利。概括来说，判断第一个接收票据的是否为正当持票人的标准是是否违反信义义务，而随后的接收者以是否知情为判断标准。两者的区别在《统一商法典》第 1-201 条第（25）项的概念中作了详尽的解释，而具体适用则详见于《统一商法典》第 3-307 条。① 可见，信托背书并不妨碍票据的转让。

（三）背书偏离的法律效力

背书转让在形式上当然应该符合法律之规定，但背书却往往发生偏离。那么当偏离发生时，背书转让的法律效力如何？

经常遇到的问题是：当票据是支付给收款人的，而收款人的名字拼写错了或者其法律上的名字与票据上签署的名字不同，然后当收款人进行背书的时候，该签署什么名字才是有效的？

举例说明，票据记载"依 Micky Mantel 的指示付款"，事实上收款人的名字拼写错误，正确的写法为 Mickey Mantle；或者票据记载"依 Lieutenant Columbo 的指示付款"，Lieutenant Columbo 只是一个别名，其法律上的真实名字是 Peter Falk。上述两种情形都可能出现票据上指令的名字和继续背书转让时的签名不同的问题。

美国《统一商法典》允许收款人用出现在票据上的名字或者法律上的名字或者两者都写上的方式背书。假如背书中只有出现在票据上的收款人的名字，虽然是合法有效的，但是在证明背书人的资格方面持票人可能会有很多困难，因为背书人的身份证件与签署的名字不一致。如果用真名进行背书，这又会带来两个难题：一是背书的真实性（因为这个签名可能与有资格发出指令者的签名不一致）；二是持票人是否为有权兑现票据的人。为了避免出现这些问题，美国《统一商法典》规定，支付票据金额或给付相当票据价值的人可以要求把票据上的名字和法律上的名字都签上。②

一般总是要求收款人背书时签署上票据上记载的姓名和真实姓名。当一

---

① See UCC § 1-201(25)，§ 3-307.
② See UCC § 3-204(d).

张票据签发时,票据记载了收款人的法律上的正式姓名,而他又常常使用别名,该收款人在背书转让时最好把正式姓名和别名都签署上。最起码,应确保签名和票据上出现的名字一致。① 从这一条可以看出,背书转让效力的认定最根本在于签章的姓名与签章之人是否具有同一性。如果在外观上能够认定签署的名字所指向的人与真正的签章行为人是一致的,即使收款人记载是错误的或是别名,只要能够确定真正的权利人,该错误不应影响票据的流通效力。在票据记载中会出现别名,是因为别名更为他人所熟知,记载了别名甚至比本名更容易找到行为人;在转让时,可以将本名和别名都签署在票据上。显然,这样的做法非常有利于票据责任人的认定,比我国只允许本名记载及本名签署(否则无效)的刚性规定更为灵活。当然,关于收款人记载的错误或别名的使用,同样适用于被背书人之名。

三、直接交付的流转方式

背书不是票据转让的唯一方式,另一种转让方式是交付,一般发生在无记名票据和空白背书转让中。

(一)交付与直接交付

交付的概念,在票据不同阶段有着不同含义。票据签发行为中有交付之动作,签发人将票据交付给收款人的目的在于创设票据法律关系,不是为转让;交付还存在于其他票据行为中,例如承兑中之交付、付款中的交付等等,但这些交付的动作均和票据转让无关。票据行为之交付,虽然主要是一个动作,但也有人将其视作票据行为的要件。② 例如出票之要件,主要包括实质要件和形式要件,实质要件是指行为能力、意思表示和行为的合法性;形式要件主要是书面形式、签章、必要记载事项。除此之外,出票人在完成对票据的出票记载之后,要求必须有交付给相对人的行为,才在法律上构成完整的出票行为,出票人方负有票据责任,否则出票人不对声称持有票据的人承担任何票据责任。完成交付之前,票据行为尚未完成,票据法律关系尚未建立,因此,交付动作的目的是完成票据行为,出票中之交付动作最终目的在于创设票据法律关系,背书行为中

---

① See Wayne K. Lewis & Steven H. Resnicoff, *The New Law of Negotiable Instruments*, Michie Law Publishers, 1996, p.86.

② 参见赵新华:《票据法论》,吉林大学出版社1998年版,第77—78页。

之交付是为最终完成票据占有的实际移转从而转让票据。从我国《票据法》第二十条对出票的定义,即"出票是指出票人签发票据并将其交付给收款人的票据行为",可判断出我国法律将交付作为票据行为成立的要件之一。

作为与背书相对应的一种转让方式,交付是一个独立的行为。尽管本人认为,不管是作为票据行为要件之一的交付动作,还是独立的交付行为,没有必要加以明确区分,但为了区别票据行为中的交付动作,本书将作为转让方式之一种的交付称为直接交付,仅指以票据权利移转为目的的交付行为。也有学者将其称为单纯交付,将其定义为"持票人将票据交与他人占有以转让票据权利的一种法律行为"①。直接交付行为可能发生在无记名票据的转让中,也可能发生在空白背书的票据转让中。

直接交付相比背书转让更加简单、高效,也因此引发票据的不安全。直接交付是流转之方式,流转和交付却又有所不同。流转强调的是票据的转让,即外观上的票据的转让占有,不强调移转之人的主观意愿;而直接交付却是票据权利人自愿转让票据的一种行为。美国《统一商法典》对此有明确的解释,根据《统一商法典》第1-201条,交付(delivery)是指自愿地移转占有;而流转却包括自愿和不自愿两种情形,流通更强调票据移转占有(transfer of possession),发生在票据签发行为之后。

(二) 直接交付的要件

直接交付发生在无记名票据和空白背书中,如果被声称转让票据的人否认自愿转让票据,而票据却已经离开了他的控制,此时,票据是否已经转让? 即不自愿的"直接交付"具有怎样的法律效力? 本人认为,在背书转让中,背书人没有将票据交付给被背书人,只要其完成背书记载,票据离开他的控制,就有可能构成票据转让的法律后果,而不管被声称转让之人有没有转让的真实意思。这一点和出票行为中的交付的效力是一致的,完全可以参照对于出票中交付效力的认定。有学者对此有明确的意见,"'交付'本身就是一种行为,票据行为人是否完成了这个行为,从票面上无从查知。如果票据行为人未完成'交付'而将票据丧失,后票据流通到善意持票人之手,该票据行为人可否以自己'尚未完成交

---

① 王小能编著:《票据法教程》(第二版),北京大学出版社2001年版,第179页。

付'为由拒绝持票人的权利主张?"①票据行为人尽管未完成交付,也得对善意持票人负票据义务。② 因此,票据行为中之交付动作,不能构成一个行为,也不是票据行为的构成要件。

美国法对票据推定交付(constructive delivery)的做法更值得我们借鉴,虽然其推定交付主要是针对出票行为中的交付而言的,但同样适用于票据转让中的直接交付。对一张签发的票据来说,要求签发者对收款人完成实际交付是没有必要的,只要推定交付就足够了;当然,决定是否构成推定交付往往并不容易。③ 交付若是出于自愿,其争议大多不会存在;而交付若不是出于自愿,却又在外观上构成了票据的流转,如此一来,对于直接交付转移的认定就不会是执着于交付之人是否自愿。另外,值得注意的是,一张票据是否已经交付,对于决定谁是票据所有人(owner)和在转让时谁可以提起诉讼也是非常重要的。④ 因此,美国《统一商法典》第3-420条(a)款表明:在既没有接受交付也没有直接交付或通过代理人或共同收款人交付的情形下,收款人或者被背书人是不可以对转让提起诉讼的。正因如此,推定交付在法律上就有其存在的必要了;而很多需要决定是否构成推定交付的案例,讨论的目的在于是否构成转让,而不在于是否为了保护出票人而认定不构成票据的签发,或者为了保护票据权利人而认为无权利人的真实意思,不构成转让。质言之,推定交付是为了保护善意取得票据之人的,更是从票据流通以及票据的本质出发的。票据的权利义务主要是从票据记载,即票据的外观予以判断。为了票据流通的效率,以及票据流通中的安全,使人们更能接受票据,票据行为人的真实意思常常为其外观所替代,当纠纷发生,法律更主张从外观证明行为人的真实意思。正因为如此,从票据出票来说,交付之动作很难成为出票行为的要件。因为判断一张票据是否已经签发取决于不同的因素,只要签发者已经"自愿"地放弃对票据的控制,伴随着可以用来抗辩他的意图,那么他应该不能为了保护自己而声称没有签发。

---

① 王小能编著:《票据法教程》(第二版),北京大学出版社2001年版,第50页。
② 参见施文森:《票据法新论》,三民书局1987年版,第29页。转引自王小能编著:《票据法教程》(第二版),北京大学出版社2001年版,第50页。
③ See Douglass v. Wones, 120 Ill. App. 3d 36, 458 N. E. 2d 514, 76 Ill. Dec. 114 (2d Dist. 1983).
④ See Wayne K. Lewis & Steven H. Resnicoff, *The New Law of Negotiable Instruments*, Michie Law Publishers, 1996, p. 81.

在实行判例法的美国,推定交付有两个基本途径,虽然并不清楚法院是否在每一个审判中都能秉持这种对分(dichotomy)原则而一贯地遵守规则。一些法院都集中在被声称的交付者是否自愿地放弃对票据的控制,以此证明其存有使票据成为可强迫其履行票据责任的意图。然而,对另外一些法院来说,仅仅控制票据或者占有票据(obtain control or ownership)是不够的,至少必须提供证据证明其对票据的控制或占有。许多法院甚至认为只要交付者真正将票据邮寄给了收款人,即使收款人没有收到票据,该行为也被认为是已经完成票据交付。①在 Patterson 诉 Livingston Bank 案中,收款人辩称支票邮寄给了他就已经足以证明推定交付的成立②;在 Guttman 诉 National Westminster Bank 案中,银行声称已经将支票邮寄给了客户,这足以证明支票已经交付,而客户成了票据所有人(owner);尽管客户否认曾经收到过支票。随后由于票据丢失,客户只能根据修订前的美国《统一商法典》第 3-804 条主张维护自己的权利,最后客户不得不根据其被迫与银行签订的赔偿条款承担损失。也就是说,法院支持了银行的主张。③

一般情形下,法院认为票据的占有人为了让自己的代理人代其将票据交付给收款人,而将票据交给代理人,这本身不构成推定交付。④ 然而,当出票人将票据交付给独立的第三方,或者为了收款人利益接收票据的第三方,因而出票人对票据失去了控制,这种情形法院一般推定为已经交付。⑤ 如果票据交付给

---

① See, e.g, Charmglow Products, Inc. v. Mitchell Street State Bank, 687 F. Supp. 448(E. D. Wis. 1988); United Home Life Ins. Co. v. Bellbrook Community Bank, 50 Ohio App. 3d 53, 552 N. E. 2d 954 (1988);Patterson v. Livingston Bank, 509 So. 2d 5, 5 UCC Rep. Serv. 2d 134 (Ct. App. La. 1st Cir. 1987);Guttman v. National Westminster Bank, 146 Misc. 2d 391, 550N. Y. S. 2d 812 (1990).

② See Patterson v. Livingston Bank, 509 So. 2d 5, 5 UCC Rep. Serv. 2d 134 (Ct. App. La. 1st Cir. 1987).

③ See Guttman v. National Westminster Bank, 146 Misc. 2d 391, 550N. Y. S. 2d 812 (1990).

④ See, e.g., State v. Barclays Bank of N. Y., N. A., 76 N. Y. 2d 533, 561 N. Y. S. 2d 697, 563 N. E. 2d 11 (1990); Caviness v. Andes & Roberts Bros. Constr. Co., 508 S. W. 2d 253 (Mo. App. 1974).

⑤ See, e.g, Midfirst Bank, SSB v. C. W. Haynes & Co., 893 F. Supp. 1304 (D. S. C. 1994); Bloempoort v. Regency Bank of Fla., 567 So. 2d 923, 12 UCC Rep. Serv. 2d 593 (Dist. Ct. App. Fla. 2d Dist. 1990); City Nat'l Bank of Miami, N. A. v. Wernick, 368 So. 2d 934 (Fla. App. 3d Dist. 1979); Lazidis v. Groidl, 564 S. W. 2d 453 (Tex. Civ. App. 1978); Billingsley v. Kelly, 261 Md. 116, 274 A. 2d 113 (1971).

了第三方代理支付机构,只有在条件符合的情况下,第三方代理支付机构才会把票据交付给收款人,这种情形就变得比较复杂。主流的观点是认为第三方代理支付机构在符合交付给收款人的条件之前是双方的代理人,此时票据未完成交付。① 然而,也有一些法院持相反观点,认为即使在第三方支付机构把票据交付给收款人之前,票据也已经完成了交付。在 Schranz 诉 I. L. Grossman,Inc. 案中,法院认为在本票放入第三方支付机构的时候,本票的交付已经完成,而不是在本票交付给受让人占有的时候才算票据交付。因为本票的持票人已经从票据的占有中被剥离出去,不可能再根据自己的意愿将票据重新占有。②

有些判例表明推定交付仅仅发生在交付者提供的文件中。比如,在 Trustees of Danvers Literary & Library Ass'n 诉 Skaggs 案中,本票的出票人同时是本票收款人的代理人,他通过收款人的文件保持对票据的实际占有,虽然票据从来没有实际地交付给收款人,但是依然推定票据已经完成交付。③ 当本票出票人既为了自身利益也为了收款人利益,向收款人发出了书面文件,也同样被推定已交付。④ 所以,推定交付与为了谁的利益并无太大关系。

另外,美国法中的推定交付可能是有条件的。假若票据的当事人双方约定票据是否生效依赖未来事件的发生,法院一般一致认为口头证据规则不排除能够证明条件成熟之后票据随后交付的口头证据。然而,在很多判例中,假如条件随后成熟的口头证据也是被接受的,例如,票据生效后将终结责任的条件随后发生。在判例中,不管是条件在先还是在后,都不会影响持有票据却没有注意到票据生效条件的人成为正当持票人。⑤ 关于这一点,可以从美国《统一商法典》第 3-117 条以及《美国〈统一商法典〉的正式评述》中看到。第 3-117 条规定,可以通过债务人和有权执行票据的人之间的约定对票据责任或失效等进行变更、补充,只要票据已经生效或者票据责任是因为信赖协议或作为导致协议产

---

① See, e. g., Borgonovo v. Henderson, 182 Cal. App. 2d 220, 6 Cal. Rptr. 236 (lst Dist. 1960); Gray v. Baron, 13 Ariz. 70, 108 P. 229 (1910); Jacobitz v. Thomsen, 238 Ill. App. 36 (1925).
② See Schranz v. I. L. Grossman, Inc., 90 Ill. App. 3d 507, 412 N. E. 2d 1378 (1st Dist. 1980).
③ Trustees of Danvers Literary & Library Ass'n v. Skaggs, 280 Ill. App. 125 (1935).
④ Lewis v. Palmer, 20 Ill. App. 3d 237, 13N. E. 2d 656 (4th Dist. 1974).
⑤ See Wayne K. Lewis & Steven H. Resnicoff, *The New Law of Negotiable Instruments*, Michie Law Publishers, 1996, pp. 63-64.

生的同一交易的一部分而产生的。①

从以上分析可以看出,美国法对票据推定交付一般包括两个要件:一是出票人或背书人失去对票据的占有或控制,外观上形成交付的意思表示;二是被交付者已经控制或占有票据。

两个要件无论对维护票据权利人的利益,还是维持票据交易秩序,或者从票据的效率和安全价值来看,都是相当合理的,因此我国票据法可以借鉴。

笔者认为,直接交付作为票据的流转方式,因为不具有票据记载的外在形式,仅靠行为来完成,而行为完成的判断往往又无法追究被声称直接交付之人的真实意思,只能从外观上进行判断,表现在被声称交付人失去对票据的控制,被交付者控制和占有票据。不过,这两个要件并不构成直接交付的全部,也可能存在例外,比如在知情的前提下以及在票据直接前后手之间,被声称交付人仍然得以没有自愿交付进行抗辩。

(三) 直接交付的对象

所谓无记名票据(携票人票据),是指无须记载收款人,持票人凭票向票据债务人主张权利的票据。那么票据可以直接交付给任何想要交付的对象。而当转让人的"想"仅是根据推定得出,即因为符合上述两个要件而被推定为已经交付的情形,转让的对象也同时被推定为任何支付对价或者有合法根据获得票据的人。因此,无记名票据之流通仅需交付。如果是支付给携票人的票据,转移占有是流通的所有要件。例如,票据出现以下三种情形:(1) 由 Dan Drawe 签章并发行的支票,记载"根据携票人的指令支付＄50";(2) 由 Dan Drawe 签章并发行的支票,记载"根据指令支付＄50";(3) 由 Dan Drawe 签章并发行的

---

① See UCC Comment 1 to 3-117. 主要是指票据记载之外存在一份协议,而该协议与票据记载相冲突的情形。比如,某人可能被引诱根据一份协议签署一张票据,协议的内容主要包含:除非一定的条件满足,否则,签章者不承担票据责任。假定 X 请求债权人给予贷款,而债权人仅在可被接受的融通当事人愿意作为共同出票人在 X 的本票上签名时才愿意贷款。Y 同意作为共同出票人,但以债权人也获得 Z 作为共同出票人签名为条件。债权人同意该条件,Y 签署了票据,但债权人实际上并没有取得 Z 的签章。根据《统一商法典》第 3-412 条和第 3-419 条(b)款的规定,Y 有对于本票付款的义务,但其可以要求适用第 3-117 条,主张票据之外的协议改变了本票的记载。这种情况实际上相当于是债权人为取得 Y 的签名而对其实行了欺诈,Y 受到引诱而签署票据,债权人的行为是一种恶意的行为。第 3-117 条将该协议视为抗辩而允许 Y 对抗债权人,当然该抗辩仅在 Y 和债权人之间有效,对债权人转让票据之后的受让人,Y 不能以该协议进行抗辩。除非根据第 3-106 条(d)款的规定不存在正当持票人(在一些特殊交易中,不能适用票据法关于正当持票人的规定,而是根据其他法律确定为不存在正当持票人)。

本票,记载"我承诺支付给携票人＄50"。上述三种情况的任何一种,假设 Ima 是占有票据的人,当 Ima 将票据转给她的朋友 Sally,就完成票据流通,Sally 成为持票人。

指示票据或记名票据(Order Paper)流通,要求背书。在空白背书中,直接交付的对象很难确定。若是持票人被推定为直接交付的对象,在我国却可能因为票据取得原因的不合法而被否定票据权利。因此,对于直接交付对象的认定,首先需要在法律理念上有一个新的认识。在美国,可以将票据交付给自己想要交付的人,甚至可以交付给非持票人,这点非常有趣。同样,美国在这个问题上不区分出票中的交付与空白背书中的交付。修订前的《统一商法典》对汇款人(remitter)没有作出概念界定,但修订后的《统一商法典》将汇款人定义为:假如票据是应向确定的人而不是购买者付款,汇款人就是从出票人手中购买票据的人。[①] 但是,交付给票据汇款人的这种行为,依然属于票据的签发。[②] 因为根据《统一商法典》,不管票据是交付给持票人还是非持票人,都属于票据发行。[③] 我国票据法律制度中没有汇款人之概念,从美国对其的定义可看出,事实上我国也有可能存在同样的情况。例如,A 向 B 购买货物,以 A 购买的银行本票作为支付的手段,该本票的收款人可以记载为 A,那么 A 要将货款支付给 B,则需要通过背书将票据转让给 B,B 方能行使票据权利。但更为常见的情形是,银行本票中记载的收款人是 B,那么此时 A 就是汇款人;票据发行的程序却并非由银行直接将票据交付给 B,而是出票人将票据签发交付给 A,然后再由 A 将票据移交给 B。虽然,当 B 为收款人时,A 不是票据的当事人,但如果 B 有欺诈等行为,A 仍然有权根据票据法的规定撤销票据流通。[④] 因此,票据交付的对象不一定是票据关系人,要视具体情形而定。需要强调的是,流通之要件主要依赖票据的特性,即当票据移转时是否可支付给携票人,还是根据指令支付。

当然,如此一来,盗窃或捡拾票据的人,也可以成为空白票据或无记名票据的持票人。例如上述描述中三种情形之任何一种,Tom 从 Ima 处偷得票据,或

---

① See UCC § 3-103(a)(11).
② See Wayne K. Lewis & Steven H. Resnicoff, *The New Law of Negotiable Instruments*, Michie Law Publishers, 1996, p.64.
③ See UCC § 3-105(a).
④ See UCC § 3-202(b).

者 Ima 丢失票据并由 Frank 拾得，根据法律规定，也可能构成流通的完成。[①] 如果导致了这样的结果，是否反过来说明交付对象灵活的规定是错误的？构成流通和正当持票人认定是两个不同概念，构成流通只是说法律确定票据已经离开了权利人的控制和占有，是认定正当持票人的前提，但并不能证明 Tom 或 Frank 是正当持票人。也就是说，即使 Tom 偷得票据或者 Frank 拾到票据，仅证明这构成票据之流通，却不能证明他们两人享有票据权利。票据流通构成的规定，是为了 Tom 或 Frank 将票据继续转让后，对票据正常流通秩序的保护，以及不构成对正当持票人认定的阻碍。比如 Tom 或 Frank 将票据继续转让给 Bob，Bob 如果对前手获得票据的方式不知情，且其获得票据有合理合法的理由，那么 Bob 就应该被认定为正当持票人，其票据权利应该得到保护。这就是关注流通的构成而不关注交付对象的本质所在。因为票据伪造、被盗或者被捡拾，对于这些直接行为人来说，被声称交付之人仍然得以没有交付意愿和交付理由而抗辩，但对于其他善意第三人而言，却因为交付对象灵活而保障了其票据权利，更符合票据流通的本质。

我国直接交付效力认定的制度处于比较保守的状态。因为直接交付主要发生在无记名票据和票据空白背书中，而我国《票据法》不承认无记名票据，也直接否定了空白背书之法律效力。因此，直接交付在我国不是合法的流转方式，而背书是唯一的转让方式。因此，可以说我国票据流通方式不灵活。当然，从《票据法》颁布当时的经济发展背景看，保守的流转方式制度是比较合理的。但从金融发展的速度，以及融资工具不断被开发、金融产品流动快等特点看，票据转让方式也势必而且是应然地朝着灵活方向发展，这点可以从司法解释对空白背书效力的认定中窥见。司法实践中，最高法专家法官也作出了明确的解释，对于直接交付的效力采用了比较灵活开放的态度。最高法专家在解答实务中"非背书转让，权利是否有保障"问题时，首先对背书转让方式的安全性进行强调，并主张采用背书方式，且背书应连续。他们认为实践中存在大量非背书转让的情况，主要是因为背书转让过程中记载过多容易出现差错，以及流通环节中各方为减少麻烦，依靠彼此的诚信意识办理票据转让、受让。票据转让时，如果受让各方均信守承诺，诚信意识较强，应当不会产生纠纷。但一旦哪一手

---

① See Wayne K. Lewis & Steven H. Resnicoff, *The New Law of Negotiable Instruments*, Michie Law Publishers, 1996, p. 85.

不信守承诺，未支付对价，或者发生损害后手的行为，就会使票据背书转让发生中断或者发生权利追索，后手的票据权利就会受到损害。因此，应当依照《票据法》规定办理背书转让，前后手背书应当具有连续性，不得有明显瑕疵。但同时，他们用变通方式处理这个问题，指出："一旦进行了无背书转让，在办理新的背书、贴现、兑付时，应当将未背书的环节衔接起来，最起码要将最后一手与背书栏记载的被背书人衔接起来，以便确保背书在形式上连续，使最后一手能够行使票据兑付权利。"①

当然，从法律位阶看，《票据法》的规定更为权威，最高法的司法解释仅是权宜之计，甚至有超出法律原本意思的嫌疑。

第二节 无记名票据及流转制度

票据是否记名，并不改变票据的融资功能，最后的持票人为票据权利人。在流转过程中，票据通过直接交付支付或融资，只是未予记名，票据上签章之人减少，票据风险增大。我国《票据法》目前不承认无记名票据，但实务中却常有无记名票据存在。票据作为融资工具，若是接收票据的人愿意，即使只有一个出票人签章，代表了持票人愿意为出票人的信用被融资。此种自由对我国的交易秩序不会带来影响，反而不利于票据在流通中发挥融资功能。

一、我国无记名票据制度

在美国，票据分为记名（或者说是指示票据）和无记名。无记名票据，显而易见没有收款人名称；因此其流转无须背书，只要交付就完成了权利的转移。无记名票据的转让方式是直接交付转让的典型方式，是真正的直接交付的类型。而空白背书票据的转让，实质上是对背书转让和直接交付的结合。美国《统一商法典》第3-202条规定："流通是使受让人成为持票人的票据转让方式，若是票据向确定的人付款，则根据背书方式流通转让；若是向持票人付款，则依交付流通。"此处所说的"向持票人付款"，就是指没有明确持票人的票据，即无记名票据。

---

① 吴庆宝主编：《最高人民法院专家法官阐释民商裁判疑难问题（2013—2014年卷）》，中国法制出版社2013年版，第93页。

我国台湾地区也有关于无记名票据的规定，其"票据法"第二十四条第一款虽然明确规定受款人（同收款人）为必要记载事项，但该条第四款规定"未载受款人者，以执票人为受款人"，本票也作了同样规定。同时，第三十条第一款明确规定："无记名汇票得仅依交付转让之。"

为什么会有无记名票据的存在？原因很多。在美国，根据法律规定，付款行、受托行和代付行对伪造背书的票据进行背书，要对收款人、出票人承担返还票据款项的义务。因此，记名票据对于银行来说，具有更大的风险。所以，如果是无记名的票据，减轻了银行的风险责任。所以，从银行的角度，无记名票据的存在对其票据业务的开展是比较合理的。

我国法律是否认同无记名票据？

首先，法律直接否认了无记名汇票和本票的效力。这点可以从关于汇票和本票的出票记载规定中看出，出票的必要记载事项中明确包含收款人名称，而必要记载事项之空缺，导致的结果是票据无效。即在汇票和本票中，若是收款人一栏空缺，就视作票据没有签发。那么收款人如果明确，其转让必须以背书完成，除非是票据法规定的特殊情形。所以，我国对于汇票和本票的无记名形式在法律上是予以否定的。

其次，对无记名支票的效力，我国法律态度含糊。《票据法》第八十一条规定："支票是出票人签发的，委托办理支票存款业务的银行或者其他金融机构在见票时无条件支付确定的金额给收款人或者持票人的票据。"从《票据法》对支票出票记载事项的规定判断，仿佛是承认支票的无记名方式。支票出票的绝对必要记载事项包括：支票的字样、无条件支付的委托、确定的金额、付款人名称、出票日期、出票人签章。这些记载事项中并没有包括收款人名称。换言之，支票出票之时没有记载收款人，该支票已经完成了出票行为，设立了票据关系，明确了票据权利人和票据债务人，票据权利人即为携票人。在未记载收款人名称的情形下，任何持票人都可以到付款行要求付款，只要该支票出票签章真实、签发者账户不空头。《支付结算办法》第一百一十八条对支票出票记载事项也作了明确规定，和《票据法》第八十四条关于支票出票的绝对必要记载的规定完全一致，即对收款人之记载无强制性要求。由此判断我国法律承认了无记名支票的形式，同时可以这么说，支票更多的是无记名形式；至于出票时填上收款人的，则为记名支票。但是，票据法律制度却没有明确出现过"无记名支票"的字眼。关于金融活动,因为不能简单地套用"法不禁止即自由"这样的原则,一般只有明确允许的才是可以做的,否则就为禁止之事项。《票据法》第八十六条第一款规定:"支票上未记载收款人名称的,经出票人授权,可以补记。"对于这条的理解可以有多方面的,一种可以理解为强调的是收款人的记载可以由出票人自己完成,也可以由出票人授权完成;另一种理解是收款人的记载由谁完成由出票人决定,但前提是收款人是必须记载的。支持后一种理解的,更有《支付结算办法》第一百一十九条的规定:"支票的金额、收款人名称,可以由出票人授权补记。未补记前不得背书转让和提示付款。"认为补记收款人之前的支票,是不可以仅凭票享有票据权利的。

二、我国无记名支票制度

如前所述,我国对于是否承认无记名支票,法律上态度含糊。由此带来的后果很多,比如将无记名支票和空白支票混淆,将没有记名的支票视作空白支票的一种。因此,需要对两者的界限作澄清,同时应该明确无记名支票的法律效力。

(一) 无记名支票区别于空白支票

无记名支票和空白支票是完全不同的两种支票形式。无记名支票,指的仅是没有记载收款人的完全支票。而何谓空白支票?空白支票,或称为空白授权支票,或称未完成支票,是指出票人签发支票时,出于自己的本意将支票上的必要记载事项不记载完全即交付给收款人,同时授权收款人补充未记载事项并承认对补记完全的支票负票据责任的支票凭证。①

两者的区别非常明显:(1) 无记名支票是已经完成出票的支票;空白支票是未完成出票的凭证;(2) 无记名支票是完全票据,空白支票为未完全票据。

我国法律对无记名支票的态度是模糊的,业内自然会有两种截然相反的理解。一种为肯定说,另一种为否定说。而无记名支票与空白支票之间的界限在哪里,关于这个问题的不同回答,其实也是上述分歧带来的产物。肯定说认我国是承认无记名支票的,主要理由就是我国《票据法》规定的支票出票的绝对必要记载事项中没有包括收款人。因此,持这种观点的学者自然不认为对收款人

---

① 参见郑孟状等:《支票法论》,中国人民公安大学出版社 2000 年版,第 142—143 页。

的补记是一种空白支票。① 否定说则否认我国存在无记名支票，因此将无记名支票当作是空白支票的一种，是支票缺乏收款人记载的未完成状态。主要理由在于：(1) 法律没有明确无记名支票的种类。(2) 根据《支付结算办法》第一百一十九条的规定，实务中收款人名称未补记的支票不得背书转让和提示付款；同时《票据法司法解释》第四十四条规定："空白授权票据的持票人行使票据权利时未对票据必须记载事项补充完全，因付款人或者代理付款人拒绝接收该票据而提起诉讼的，人民法院不予支持。"因此认为，如果承认无记名支票，则持票人提示付款时无须补记收款人名称。(3) 无记名支票可以背书转让，也可以交付转让，但我国票据法规定票据只能依背书转让，且第一次背书的被背书人应为票据上记载的收款人。根据这些理由，得出结论为我国不承认无记名支票，而没有记载收款人的支票，只能是空白支票，不具备支票效力。②

笔者赞成肯定说。我国法律虽然没有明确地使用"无记名支票"的文字，但并不能因此认为我国法律否定了无记名支票的存在形式。否定说的几条反对理由，事实上存在瑕疵：

1. 《票据法》没有将收款人作为支票出票绝对必要记载事项是对无记名支票予以肯定的明确态度

虽然，法律没有使用"无记名支票"概念。但是，汇票和本票中关于出票绝对必要记载事项，都有明确将"收款人"放入其中，那么说明《票据法》第八十四条是故意没有将"收款人"放置其中的。且此处没有将"收款人"列为必要记载事项，并不是为空白支票的规定作铺垫。因为我们可以仔细分析接下来的第八十五条和八十六条的规定。我国《票据法》第八十五条："支票上的金额可以由出票人授权补记，未补记前的支票，不得使用。"而第八十六条主要是关于收款人、付款地、出票地未记载情形的处理，其中第一款是关于收款人补记的规定，第四款则规定出票人可以为收款人。如果金额和收款人空缺是空白支票的两种常态，为什么不把金额和收款人补记之情形放在同一条予以规定，而反而将收款人和不是空白支票情形的付款地、出票地等放在一起？因为金额记载是绝对必要记载事项，而第八十六条都是关于自由记载的事项的法律规定。倒过来

---

① 参见刘家琛主编：《票据法原理与法律适用》，人民法院出版社1996年版，第551页；姜建初、章烈华：《票据法》，人民法院出版社1998年版，第363页。

② 参见郑孟状等：《支票法论》，中国人民公安大学出版社2000年版，第5页。

再一次证明,立法者对于收款人不作为必要记载事项这一点,是毫不含糊的。

2. 其他票据法律制度都难以证明无记名支票的不存在

《票据法司法解释》第四十四条分明是规定"未对票据必须记载事项补充完全"被拒付而提起诉讼的情形,司法解释的法律用语应该和法律是一致的,既然《票据法》从来没有将收款人作为必要记载事项,最高法这条规定中的"必须记载事项"是不应该包括"收款人"这项的。

至于银行支票实务中,根据《支付结算办法》的规定,要求持票人在请求付款时将收款人这栏明确填写,持票人必须出示有效证件证明其身份,银行方为其付款。这种做法不能否定我国法律对无记名支票的承认,只是说明银行要确认最后请求付款的为何人,而在该持票人之前,支票经过何人之手,银行并不干涉。至于该收款人的记载,是出票人所为还是持票人自己所为,银行均不关心。不过,进一步分析,未填写收款人的持票人能否主张付款人付款?《票据法》第八十六条第一款规定的是"可以补记",而不是一定要补记,即持票人可以不补记。而《支付结算办法》关于收款人"未补记前不得背书转让和提示付款"的规定效力如何? 未经补记,不得背书,这点没有任何问题,因为背书要求背书连续,当然首先得先将收款人那栏填写清楚,才能保证背书连续。但是说"不得提示付款",在《票据法》未作出这样的禁止性规定的情形下,中国人民银行是否可以限制持票人的合法权利? 这一点本来就值得商榷。笔者认为,《支付结算办法》的这条规定不能作为我国否定无记名支票的理由。也不能说《支付结算办法》第一百一十九条是将《票据法》第八十五条中的"不得使用"细化为"不得背书转让和提示付款"。因为《票据法》第八十五条是规定在金额记载未补记之前不得使用,关于"收款人"空缺的法律后果,我国《票据法》其实从来没有涉及。《支付结算办法》没有权限对《票据法》作扩大解释。

也许由于银行的实务操作,导致将支票收款人空缺作为空白支票对待,但是正如有些学者所言,"严格说来不属于空白票据问题……支票上绝对应当记载的事项中未包括'收款人'名称,也就是说,即使不补记,也不影响支票的效力"[①]。

3. 我国《票据法》没有否定直接交付的效力

对于汇票和本票,因为收款人是必要记载事项,所以其付款根据记名或指

---

① 王小能编著:《票据法教程》(第二版),北京大学出版社 2001 年版,第 139 页。

示。但是,《票据法》中从来没有一个法条规定支票不可以直接交付。事实上,直接交付的转让是否在无记名支票中存在,没有人可以判断,所以也无法禁止,任何一个最后的持票人都可以请求付款。例如,甲签发一张支票给乙,收款人一栏空缺,乙收到支票之后,以直接交付的方式转让给了丙,丙又转让出去,最后一个持票人为丁,根据银行的要求,丁在收款人一栏填上自己的姓名,然后持票到付款行请求付款,此时银行有什么理由拒绝丁?那么在此之前的一系列转让不都是以直接交付方式完成的吗?

(二)无记名支票的效力确定与法条修改

既然法律对无记名支票的效力是持肯定态度的,但事实上又引发了不同理解的争议,说明需要改变模棱两可的法律条文,完善无记名支票制度。

1. 明确承认无记名支票的效力

我国《票据法》要在条文中明确无记名支票的类型,首先需要解决基本理论问题:无记名支票在法律上是否有效?其有效的理由是什么?

有效与否,依其法理依据和我国的现实。从法理上看,是否记名,由出票人决定。如果出票人认为该支票应由确定的人或按照该人的指示来行使票据权利,那么其就可以签发记名支票。如果出票人决定支票款项可以支付给任何来人,其有权签发无记名支票。因为支票的票据法律关系中,出票人是真正的票据债务人。付款人不是支票的债务人,其只不过代为支付,支票款项从出票人在付款人处的账户中支付,至于是支付给记名人还是无记名的来人,对付款人来说没有任何风险。因此,出票人有权决定支票为记名还是无记名类型。

法律禁止发行无记名支票主要是为了票据的安全。所以,这里需要回答一个重要的问题:为了谁的安全?持票人的,出票人的,还是付款银行的?

其一,对持票人来说,记名与否对其自然是有影响的。当支票为记名时,任何非经背书获得票据的人都不可能成为票据权利人,因而记名人的票据权利是可以得到充分保障的。当票据为无记名支票时,持票人若是出于自愿将票据直接交付给他人,那么最后一个持票人就可以当然地成为票据权利人而享有票据权利。而事实往往是,持票人可能不是自愿地将票据交付他人,而是票据丢失或被盗。需要引起注意的是,我国目前的票据法律是否可以保护该种情形下持票人的权利?答案是否定的。因为在支付环节,只要将空缺之收款人记载补充完整即可。虽然法律规定,收款人之补记,需要出票人的授权。而现实的做法只能从外观上推断填补之人得到出票人的授权。所以，任何来人最终都可以成为支票的权利人，即使他们被诉，只要他们通过出示自己取得票据的合法理由而证明自己是正当持票人。不过，当来人为捡拾或盗窃票据之人，合法的持票人可以依据来人的补记找到他们，并对他们提起诉讼，证明他们不是正当持票人，并要求返还已经享有的票据权利。

其二，对于出票人来说，否定无记名支票对其安全基本没有什么影响。因为正如前文所述，记名或无记名本来就是由出票人决定的。如果出票人出于安全考虑，在支票签发时就应该选择记名支票；如果选择了无记名支票，证明其对无记名支票的风险是明确并愿意承担的。

其三，对付款银行来说。无记名支票若被承认，付款银行受到的最大的影响是银行不可以再要求来人在收款人一栏作补记。笔者认为，就银行自身来说，这不失为一种安全的方式。当法律没有要求时，对相关人员来说就是将其置于法律义务之外，无义务自然无责任。

综上所述，承认无记名支票和维持现状在安全问题上的最大区别在于一种情形下对持票人的保护，即当来人为捡拾或盗窃票据之人，合法的持票人可以依据来人的补记，确定他们为谁，并救济自己的权利。票据法属于商法范畴，商法秉持交易简便、迅速原则。商事交易之目标在于充分利用现有资源追求最大经济效益，而资金和商品的流转频率与其所获得的效益成正比。因此，商品流转规律客观上要求法律应充分保证商品交易之简便、迅捷。各国商事立法几乎都将交易简便、迅捷作为原则，并贯穿于具体的法律规范。而无记名支票显然是一种简便的交易方式。虽然现代商法具有很强的公法色彩，其法律规范必然包含强制性的内容，以加强国家对商事活动的干涉；但是干涉的目的不是保护某一个交易主体，而是通过建立良好的交易秩序保障交易、促成交易，具体体现在最大程度维护商事交易的有效性等方面。① 因此，票据法没有理由为了持票人的一种情况下的安全而否定无记名支票。何况持票人和出票人都是商事主体，地位平等，出票人无法通过其地位对持票人进行利益侵害。持票人若是为了自身安全，可以在收到票据之后，立即在收款人那栏记载自己的名称，那么票据若是丢失或被盗，非法持票人也不能携票获得票据款项。

---

① 参见范健主编：《商法》（第三版），高等教育出版社、北京大学出版社2007年版，第11—12页。

无记名支票作为一种简单的权利凭证，其流转也相当简便，从法理上完全有存在的合理性。而从实务分析，我国支票提示付款的时效非常之短，自出票之日起只有10天。所以，支票通常被作为一种支付工具，即使流转，因为时效的缘故，也常常作为短期融资的方式。因此，无记名支票对实务不会带来大的影响。

进一步说，若是从安全角度出发，有一种比较安全的支票形式——划线支票，我国虽没有采用，但其安全性却是无可否认的。

2. 在票据法的条文中明确"无记名支票"的类型

无论是日本《票据法》，还是美国《统一商法典》，都对无记名支票（或称来人支票）有明确规定。日内瓦《统一支票法》第五条将支票分为记名支票和来人支票，以记名人为收款人的，为记名支票，填写来人或是未记载收款人的则为来人支票。来人支票尽管没有直接采用"无记名"的措辞，但含义是相同的，任何来人在不违反法律的禁止性规定的前提下都可以成为正当持票人，享有票据权利。该条法律还规定，当支票以记名人为收款人，票据上却又载有"或来人"或其他同义字样者，视为来人支票。所以说，记名支票是指收款人明确的情形，当收款人未记载或记载模糊等，一律为来人支票。

当然，并不是说，上述这些国家的票据法明确规定了无记名支票或来人支票，就成为我国在法律条文中明确无记名支票的理由，而是说，既然票据法从来没有否定过无记名支票，在对支票出票绝对必要记载事项的规定中，区别于汇票和本票，没有将"收款人"列入，那就表示了对无记名支票的承认。但我国《票据法》在第八十四条之后，就语焉不详了，从法律的逻辑上来说也是不合理的。当收款人没有记载时，支票是完整有效的，那么出票人可以授权补记。而不补记会怎样？法律应该有一个明确的态度。当完整有效的支票签发后，最后因为对票据效力无影响的收款人记载成为持票人享有票据权利的障碍，其法律依据是什么？与其让人猜测，不如用法条表明态度。所以，建议在《票据法》第八十四条之后，或者在第八十六条第一款中增加"收款人未填写的，视作无记名支票"或类似的规定。

3. 无记名支票转让方式之规定

我国关于支票的转让本来就无太多规定，背书之转让依汇票的规定；汇票中又否定无记名汇票，所以即使本票中有未记载收款人之模式，也只是在补记一事上作了规定,关于转让再无具体规定。这也是部分学者将收款人一栏空缺划为空白支票的原因之一。

作为未完成的支票——空白支票,要参加转让,将空缺之项补记完整,然后采用背书方式进行流转就可以了。但是,当无记名支票作为独立的、完整的支票形式存在时,该如何流转呢?概括来说,非常容易,直接交付即可。

日内瓦《统一支票法》明确规定记名支票采用背书转让方式,而对来人支票,无须规定,当然地以直接交付的方式流转。这可以从该法第二十条和第二十一条获得证明。第二十条规定:"在来人支票上作背书者,背书人应依有关追索权之规定承担责任,但其票据并不因此成为抬头支票。"即无记名支票可以背书,但该背书之效力,仅为背书人承担票据责任的根据,却不改变无记名支票的本质。所以,由此看出,无记名支票是无须用背书形式转让的。第二十一条规定:"有人因任何原因失去其支票时(不论其为来人支票,或为可背书支票而其执票人已依第十九条规定①证明其权利者),已占有该支票之执票人,无放弃该支票之责任,但其取得支票有恶意或有重大过失者,不在此限。"此条对于来人支票采用直接交付的效力予以肯定,当然将有恶意或有重大过失的持票人予以否认。

4. 修改完善《支付结算办法》的相关规定

《支付结算办法》第一百一十九条关于未补记收款人的支票不得使用的规定,显然是不符合法律的原意的。在目前法律不作任何规定的前提下,该条超越《票据法》限制了持票人的权利。

就实务操作而言,银行柜台根据这条展开具体业务,笔者觉得没有太大的问题。但凡到付款行请求付款,从出票人到最后的持票人已经完成了所有的转让程序,持票人已经作好了退出票据流通的准备。因此,付款行要求持票人将收款人补记完整,对持票人的实体权利来说,不会带来实质性的影响;不过就程序上来说,付款行没有这样的权力而已。无论持票人是否补记收款人,付款行都无法判断来人是否为正当持票人,只能凭票付款,将来人视作出票人授权补记之人。至于付款行为什么要这么做,主要出于对自身安全的考虑,担心和出

---

① 日内瓦《统一支票法》第十九条:"可背书之支票持有者,以背书之连续证明其对支票之权利时,即使最后之背书为空白背书,亦视为合法持票人。在背书之连续中,涂销之背书应不置理。空白背书又接另一背书时,其后一背书人视为是由空白背书取得支票之人。"

票人产生纠纷,而不是对持票人的权利限制。笔者认为,付款行的担心是有一定道理的,但落实的办法却用错了。

付款行可以要求无记名支票的持票人在请求付款时携带有效证件,银行有权复印来人的证件。这个方法的效果应该和在支票上补记收款人是一样的,也解决了持票人的安全问题,即当支票无记名时,持票人丢失票据,可以通过付款行的记录找到请求付款之人。

5. 对划线支票予以规定

所谓划线支票,是指出票人或持票人在支票的正面划两道平行线,并在其线内记载银行或其他法定金融机构,付款人仅对银行或其他法定金融机构支付票据金额的支票。[①] 划线的目的是防止其他人获得票据并获付款。当普通的支票被划上两道平行斜线之后,支票的安全性能大大提高,所以若是担心支票的安全,划线支票是非常好的选择。当然,因为划线支票仅向划线内填写的银行或其他金融机构付款,其流通性受到影响。划线支票的票据关系和普通支票是基本相同的。在很多国家和地区,无论是在票据法律还是票据实务中,都有划线支票存在。我国《票据法》未将划线支票列为支票的一种,建议将其作为一种支票种类在《票据管理实施办法》和《支付结算办法》中予以规定,以确定它的合法性,供票据使用者选择。

三、我国无记名汇票和本票制度

所谓无记名汇票和本票,是指在票据签发之时,未记载收款人的汇票和本票。无记名汇票和本票在脱离出票人的控制之后,和无记名支票其实没有本质上的区别,但由于法律对三种不同票据的收款人记载的态度不同,导致分析它们的法律效力时存在差别。

(一) 我国无记名汇票和本票的规定

和支票不同,收款人对汇票和本票来说,均为应当记载事项,若空缺,导致的法律后果是票据无效。大部分的国家都将收款人作为汇票和本票签发的应记载事项。但是当票据签发之后,收款人那栏空缺且票据已经不再由签发人控

---

① 参见王小能编著:《票据法教程》(第二版),北京大学出版社 2001 年版,第 364—365 页。

制,此时应怎么办？我国票据法对无记名汇票和本票①作了明确的否定。

　　基于我国的实际情况,这样规定的确是比较合理的。支票签发之后,付款人不是票据的债务人,出票人始终是第一也是最后的票据责任人,所以支票是否记名对付款人来说没有影响,银行办理支票业务没有任何风险。现代市场活动中,在我国汇票和本票的签发最主要的不是为了其支付功能,而是融资功能。

　　而汇票签发由出票人完成,并由出票人记载付款人,但付款人同样未必是债务人。除了见票即付的汇票之外,一般要求经过承兑。付款人一经承兑,成为第一债务人。承兑人之所以承兑,是基于其与出票人之间的承兑协议。出票人未必在付款人处存有足额的资金。如果承兑人为银行,承兑常常会是银行对出票人的融资方式。银行的融资业务中,对于资金的去向,包括借款人的借款用途等都会有约定。银行有权利和义务监督所融资金的支出情况,以确保借款人最终能够如期偿还贷款。同样,银行在承兑之后,成为票据的第一债务人,且承兑是无条件付款的承诺,如果出票人违反承兑协议的约定,承兑人对持票人始终负有无条件付款的义务。银行希望汇票有明确的付款人,要求汇票出票时清楚明确地记载收款人,以便掌握资金的流向,风险更加透明,银行方可作出是否承兑的决定,以此降低其承兑的风险。

　　关于本票是否可以为无记名的讨论有些特殊。本票无承兑行为,因为出票人即为付款人,按此含义,出票人完全根据自己的意愿决定本票记名还是不记名。所以,我国台湾地区"票据法"对于本票是否记名的规定,和支票相同,同样将受款人作为本票出票应记载事项,但是当受款人空缺之时,该法第一百二十条第三款明示,"未载受款人者,以执票人为受款人"。但是,我国大陆地区的本票只能是银行本票,导致了无记名本票无存在的空间。银行本票的签发是由需要之人(称申请人)向银行书面申请的,该申请人与银行之间存在协议。根据《支付结算办法》的规定,首先申请人使用银行本票,应向银行填写"银行本票申请书",其中收款人的详细信息是申请书中必须填写的内容;其次,银行在签发本票之后,不是向申请人而是向收款人完成交付。所以,银行本票不可能以无记名方式而只能以记名方式签发。

---

① 为了阐述方便,下文中以无记名票据指无记名汇票和本票,不包括无记名支票。

（二）我国无记名汇票和本票制度评价

日内瓦《统一汇票本票法》对无记名票据持否定态度，该法第一条就明确地将收款人作为应记载事项。该法第二条规定，若无收款人记载，票据无效。我国《票据法》对待无记名汇票和本票几乎是同样地决绝和严格。

诚然，我国否认无记名汇票和本票的制度目的在于金融安全，却也反映出我国《票据法》严格主义的态度。在商事活动活跃、票据融资逐渐发达的时代，当票据之签发、流转已经不再拘泥于简单的支付功能时，自由主义原则是否应该被运用于我国票据制度的一定领域？即可以采用自由主义的方式选择记名或无记名票据，将选择的权利交给出票人和承兑人，法律不作禁止性规定，还商事交易以充分自由。

首先，严格主义的原则与其他发达国家或地区的做法相去甚远。各国、各地区的法律制度因为经济背景、历史传统等实际因素必然存在差别，但在很多具有共性的商事法律制度方面，无论各国还是两大法系，均呈现趋同的发展态势。票据是技术性的金融工具，各国之间本来就不应该有太多差异。我国《票据法》因长期没有修改而严重滞后，由严格主义向自由主义转变符合趋势和实际的需要。因此，关于无记名票据的规定到了不得不改的地步，是否记名应该交给当事人决定。

其次，这些禁止性规定是典型的选择安全而忽略效率的做法。有人认为，以交付方式转让票据，"票据上不必作任何记载，因而无从知道票据曾经经过什么人之手，如果付款人拒绝承兑或拒绝付款，持票人就无从行使追索权，持票人的权利得不到最后的保障。因此，实务上很少有人发行无记名汇票，也很少有人接受空白背书票据，持空白背书票据的人往往将空白背书补充完全背书然后再进行转让。"①的确，直接交付或者说单纯交付，具有很大的弊端，那就是不安全。但是，关于是否安全，如果只是涉及个体的交易，应该由当事人作出判断，而不是法律用禁止性规定替当事人判断。

再次，不背书的票据事实上没有损害谁的利益。对出票人来说，不管票据为何种类型，出票人都是票据的最后债务人，背书与否、记名与否，根本不会改变他的付款责任。所以，采用背书还是直接交付的方式转让票据，均不影响持

---

① 王小能编著：《票据法教程》（第二版），北京大学出版社 2001 年版，第 180 页。

票人对出票人的追索权,或者说不影响出票人作为最后的债务人对票据承担责任[①]。对收款人来说,收款人作为第一个享有票据权利的人,若是将票据转让出去了,其只能通过背书转让方式,而无法通过直接交付方式转让票据。除非收款人一栏空缺,由最后一个接收票据的人补记,那么收款人即为最后的持票人。在收款人记载没有空缺的情形下,由于要求行使票据权利的人与票据上记载的持票人一致,必然要通过某种方式将接收票据的人记载在票据上,这就唯有背书方式了。收款人一旦背书,就成为票据背书人,承诺对所有的后手无条件地承担票据责任。所以,后面的人是背书转让还是直接交付票据,与收款人都没有任何关系。

最后,禁止性规定难以解决现实的难题。如果票据无记名,然后在市场中不停"流转",最后一个持票人在收款人栏签上自己的姓名,承兑人是否有权拒绝付款?事实上根本行不通。因为承兑人是无条件付款之人,其只要在形式上确认来人和票据上记载之收款人为同一人,就应该付款,不能以签发之时票据收款人记载空缺、票据无效之由而拒付。当然,依照《票据法司法解释》,票据债务人若是因为票据欠缺法定必要记载事项对持票人抗辩的,人民法院应予支持。

(三)我国无记名汇票和本票制度重构

对无记名票据制度重构的主张,与无记名支票的理由相同,此处不再赘述,仅就具体制度建议展开阐述。

1. 无记名票据效力的补充条款

收款人作为汇票和本票出票的应记载事项,符合大多数国家的立法习惯。汇票和本票比支票更注重流通,相关法律规范应考虑其安全的价值倾向。若是签发票据之人将票据签发给特定的人,必然载明收款人名称。但是,若是收款人未作记载时,绝对说票据无效,不利于票据的流转,同样有违当事人自由之权利。所以建议,对无记名票据作补充规定,以推定形式赋予票据外观的法律含义。即当签发人未记载收款人时,可以理解为其将补记权利授予特定或任何持票之人,或者其原意就在于任何持票之人享有票据权利。

---

① 这里所谓责任,不是仅指票据责任,还包括当付款人或承兑人承担票据责任后,出票人根据与付款人的资金协议、与承兑人的承兑协议履行还款义务。

正如我国香港地区《香港票据条例》第七条规定,"(1)如汇票并非以持票人为收款人,则必须载明收款人姓名(名称)或以其他方法相当确实表明之",表明在没有载明收款人姓名或名称之时,当然地认为持票人就是收款人;此理念继续贯彻于同一条(3)中:"若收款人为虚构或不存在之人,则该汇票得视为以持票人为收款人"。我国台湾地区"票据法"在第二十四条对无记名汇票作了与香港地区相同的规定。而如果同样的事情发生在我国大陆地区,则该汇票被视作无效而拒绝付款。

该补充条款,对承兑人来说也是公平合理的。汇票的承兑人虽然是票据的第一债务人,是否将票据签发给明确的收款人由签发人决定,但是否愿意为无记名汇票承兑则由付款人决定。所以,当付款人在无记名汇票上作出承兑行为时,证明承兑人认同了签发人的意思,并愿意为此承担法律后果。所以,不必因为考虑承兑人的风险而否定无记名汇票。

补充条款的风险主要对于票据交付不是出于签发人自愿的情形,即前面讨论美国的交付制度时所讨论的。当票据未签发完成,收款人栏空缺(其实还可能包括金额空缺,但有签发人的真实签章的情形),票据丢失或被盗,此时因为补充条款的效力,签发人虽然构成一项抗辩,却难以对抗善意的、支付了对价的持票人。任何法律条款都不可能是完美的,唯在平衡利益之后,选择次优。而法律好在具有指引作用,当票据法对此作出明确规定时,签发票据之人当谨慎行事,在交付之前不要完成签章。票据若不签章,任何行为都为无效。

本书第五章讨论了就银行之外的主体签发本票的可能性,在此前提下,应该承认无记名本票的法律效力,对未记载收款人名称的情形作出和汇票相同的补充规定。

2. 无记名票据交付流通之明确

对无记名票据效力作出补充规定,其目的主要是当未记载收款人之票据离开签发人,并进入流通市场之后,确定持票人的票据权利。制度的确定总是被现实倒逼。在我国现有的票据制度环境下,很多票据使用的当事人凭着自身感觉当然地处理票据事务,才会出现无辜的持票人。所以,《香港票据条例》第三十一条(2)规定:"以持票人为收款人之汇票,凭交付而构成流通转让。"

票据在签发人自愿地空缺收款人时,从票据出票的理论看,签发行为并未完成,但如果签发人认为已经完成且被持票人所认同,在双方都自愿的情形下,合同应该遵从自由原则。票据法的态度即认为交付构成了流通转让。本书在阐述美国的交付制度时,已经详细分析了推定交付的要件。此处与上文中分析的原理一致。

值得注意的一个问题是,我国票据法在流通方式上只明确背书一种形式。这是否说明背书转让形式比交付转让更为安全?一般来说,票据上的签章越多,承担票据责任的人就越多,票据就越安全。理论上是这样的。但是,在实务中,持票人最信任出票人和承兑人,而后者比前者更有吸引力。如果这是一张承兑汇票,且如果是一张银行承兑汇票,后手会非常愿意持有这张票据。因为对他来说,不管背书过程中的签章真或假,只要票据在形式上合法,承兑银行就要无条件付款。所以,接收票据的人根本不会去太多关注背书签章的人。进而言之,即使关心背书人,很多时候未必能保证持票人的票据权利。持票人对背书人享有追索权。追索权的行使有两种可能:一种是付款请求权被拒或者无法实现,具体又包括票据形式欠缺、承兑人或付款人死亡、逃匿、被宣告破产或因违法被责令终止业务活动等;另一种是被拒绝承兑。而背书人的信用,对持票人来说并不了解,其完全可能无法支付票据款项。

但是对于接收了形式有问题的票据的人来说,其本身是不谨慎的,也是违背商事活动的谨慎原则的。那么,法律以什么理由保护他?票据活动是一种金融活动,任何从事金融活动的人,都符合基本的资格条件:一个聪明的人。"聪明的人"在法律上的理解应该是指那些知道法律规范且谨慎地根据法律行事的人。所有参加平等的金融交易的人,如果不是因为双方地位悬殊、需要法律对弱势群体予以特别保护之外,法律应该平等待之。平等交易之下,法律不必也不可能保护不聪明或是不谨慎之人。在我国市场经济刚刚起步阶段,票据对于大部分商人来说都是新鲜事物,票据融资的风险没有达到广为人知的程度,那么通过制度设计替没有经验的人防范风险,是完全可以理解的。但是随着票据不断被市场接受,它不再是融资领域的新事物,风险防范的义务应该还给使用者。票据在市场中的运用远远超出法律的规定。票据买卖也许为非法,但市场中票据的流转常常不背书,前后手之间甚至没有真实的交易,他们仅仅只是将票据作为一种信用工具实现从市场融资的目的。无记名票据如果在现实中存在,流转的人都愿意接收,即可以将他们确认为一种推定的流转予以肯定。

而当其中一个持票人将收款人名称填补后,票据的流通转让就转为背书转让或空白背书转让的模式。例如甲签发票据之后并未交付,收款人一栏空缺,后乙获得票据并在票据收款人栏填写自己的名字,并将票据转让给丙。丙可能采用完全背书形式,也可能采用空白背书形式,即被背书人一栏空缺,在背书签名后直接交付于丁。关于空白背书的法律效力将在下文详细探讨。

第三节 空白背书票据及流转制度

和无记名票据不同,空白背书记载了收款人,却在背书过程中,背书签章缺乏,构成了出票人—承兑人—收款人—持票人的简单票据关系。我国《票据法》规定,除了例外情形(赠与、税收和继承),票据的转让方式是背书,即否定了直接交付的效力,包括空白背书中的直接交付。那么法律为什么要否定直接交付的效力呢?假设 A 是一张汇票的持票人,他将票据背书转让给 B,但是只有背书签章,未填写被背书人名称,B 将票据用直接交付的方式转让给了 C,C 支付了对价。若是 A 与 B 之间的交易发生了纠纷,那么 A 能否对抗 C?从票据关系来看,A 和 C 之间是直接前后手的关系,A 得以原因关系对抗 C;C 和 A 却不存在实际的交易,即 C 没有对 A 支付对价,因此根据我国票据法,A 和 C 票据关系的建立是违背法律规定的。这样的僵局是由于 B 的直接交付引起的,若 B 的直接交付是有效力的,A 和 C 之间的票据关系之建立是完全有效的。本节围绕这个案例讨论空白背书票据制度。

一、空白背书票据

空白背书是指背书人在背书中未指定被背书人,而在被背书人记载处留有空白的背书。[①] 空白背书是相对于完全背书而言的。

(一) 空白背书票据的特点

1. 背书人已经完成签章

空白背书票据与无记名票据不同,它首先是一张已经完成了签发的票据,且收款人一栏记载明确。如果收款人一栏空缺,第一个背书人就难以确定为真正的持票人,其背书权利将会受到质疑。因此,无记名汇票和本票出现在签发

[①] 参见王小能编著:《票据法教程》(第二版),北京大学出版社 2001 年版,第 183 页。

环节,空白背书出现在票据转让环节。签章必然是由行为人亲自完成,因此背书签章是空白背书的前提,也是对空白背书是否有法律效力的基础。若是连背书签章都没有完成,任何受让票据的人都不可能成为持票人而享有票据权利,因为票据上记载的票据权利人为收款人,即转让票据的人;如果空白背书发生在一连串背书的某一次背书中,那么真正的票据权利人是记载在票据上的最后一个被背书人。所以,如果没有背书签章,直接将票据交付给受让人,是不会产生任何票据法上的效力的。

2. 被背书人空缺

背书的记载事项主要是背书人签章、被背书人和背书日期的出票记载。背书日期为相对必要记载事项,一般是由背书人完成,如果背书人未记载背书日期,推定为票据到期日前背书,对是否构成完全背书没有影响。所以唯有被背书人空缺,方为空白背书。空白背书造成最后实际的持票人和背书人交付转让的对象常常不为同一人。

3. 以直接交付为转让方式

空白背书票据必然以直接交付为转让。如果背书人作空白背书,而受让票据的人为最后的持票人,那么其只要在空白处填补上自己为被背书人就可以享有票据权利了;若是背书人以被背书人非自己亲自记载,且不是真正想转让票据之人,那么被背书人可以依据原因关系证明其持有票据的合理性,因此不存在过多争议。作空白背书之后,受让票据的人未填写被背书人却又继续作空白背书,即上述案例中,A 作了空白背书给 B,B 继续作空白背书给 C,最后 C 在空缺的被背书人处分别填上 B 和 C 的姓名就可以了。这样不仅形式上符合完全背书的要求,背书连续,事实上 A 和 B、B 和 C 是真实的交易票据之人,A 得以原因关系抗辩 B,而 C 的票据权利不会受到 A 的抗辩。

只有如案例中所说,当 A 空白背书给 B,而 B 直接交付给 C,然后当 A 和 C 之间是直接票据关系而 B 又置身票据关系之外时,该如何处理。所以,讨论的焦点就在于 B 直接将空白背书票据交付转让给 C 的行为产生什么法律后果。因此,直接交付是空白背书转让的方式,也只有在直接交付之后,争议才会产生并成为难题。

(二) 我国的空白背书票据制度

我国《票据法》从第二十八条到第三十二条,对空白背书作了绝对的禁止性规定。即空白背书几乎无任何存在的余地,更何况采用直接交付的转让方式。

首先,被背书人是背书行为的应记载事项,虽然法律没有明确规定被背书人的记载该由背书人、受让人、最后持票人或者是任何一个被授权(包括推定授权)的人来完成,但无论如何,被背书人一栏不得空缺,否则行为无效。

其次,从形式上否定空白背书直接交付。背书要求连续;若不是采用背书方式转让票据,则以其他合法方式取得票据的,应当举证。虽然此处"合法方式"表示不明,但根据《票据法》上下条款之间的理解,应该仅限于《票据法》所规定的合法方式,即背书之外的继承、税收、赠与方式。如果对"合法方式"作扩大解释,那就会把直接交付方式包括进去,比如案例中B和C都是支付了对价的,他们的交易从合同的角度是合法的,即他们的交易应该获得法律的支持,那么作为合法支付对价的方式——将票据直接交付给对方,同样应该获得支持。但是,票据法律关系和其他法律关系不同,正因为其和原因关系的合法与否相脱离,所以不可以将"合法方式"理解成包括合同法等其他法律在内的合法的债权转让方式。

最后,从实质上禁止空白背书票据的直接交付。背书连续在形式上其实很难判断是否有直接交付,如C填上自己的姓名,外观上判断从A到C背书连续,两者为直接前后手关系,虽然实际上B直接交付票据于C。为了防止这种情况的发生,票据法阐明"后手必须对直接前手背书的真实性负责",试问C如何对A的真实性负责?此时,A就有理由抗辩C,因为C在明知B不是背书人的情况下依然接收了票据,有违票据法的规定;C对B的信任不能构成一项抗辩,根据票据法B不是票据关系人,所以不是C的前手,C不可以将票据关系之外的人拉进票据债权债务中。

显然,我国票据法将空白票据存在的所有空间都堵住了。但值得庆幸的是,为了解决司法难题,《票据法司法解释》第四十八条规定:"背书人未记载被背书人名称即将票据交付他人的,持票人在票据被背书人栏内记载自己的名称与背书人记载具有同等法律效力。"这就肯定了空白票据的存在。但此条同样存在疑问:该补记是何人所作?"持票人"是背书人自愿以空白票据方式交付的人,即"收款人",还是任何一个占有票据的持票人?

(三)空白背书流转对主体的影响

空白背书的直接交付转让效力成为争议的焦点,是因为其中涉及比较多的主体,不像完全背书一样关系简单并容易判断权利义务。空白背书转让主要对三方主体产生影响,根据我国空白背书票据制度,对不同主体的影响可以分别加以分析。

1. 对背书人 A

A 在票据上背书,随即转让给 B,虽然其在被背书人一栏留白,但是关于承担票据责任的意思在背书签章时已经非常明确,这一点不会因为 B 是背书转让给 C 还是直接交付给 C 有任何变化。即 B 的行为如何,对 A 来说均不应该产生反言的后果。而被背书人栏处之空白,是 A 授权 B 补记的意思。至于票据权利人最终为 B 还是 C,也没有损害 A 的任何权利。一言之,A 的票据权利义务只和自己的背书相关,和 B 如何转让票据没有任何关联。

2. 对票据直接交付人 B

B 因为未在被背书人一栏补记自己的名字,因此其不是票据权利人;同时又因为其没有在票据上背书签章,故其也不是票据债务人,对 A 之后的所有票据后手均不需要承担票据责任。若是承认直接交付的效力,即承认了 B 参与票据流转,却不和任何人建立票据关系。是否承认空白背书,影响到是否强制让 B 承担票据责任。

3. 对票据最后的持票人 C

C 作为 B 转移票据占有的受让人,若是行使票据请求权或票据追索权,只要将最后的被背书栏补记自己的姓名即可。A 和 C 因此建立了直接票据关系。但是很明显,C 对 B 不享有追索权;C 和 B 之间的纠纷只能依据原因关系解决。如果空白背书为无效,则 C 的票据权利将不受保护。

经过分析,若是否定空白背书的效力,则 A 不用对 C 承担票据责任;若承认空白背书效力,A 对任何补记为收款人的持票人承担票据责任,C 也只能向 A 行使票据追索权。在否认空白背书的条件下,可能带来的后果是 B 在票据上签章,A 和 B 对 C 共同承担票据责任。无疑,否认空白背书的直接交付转让,对 A 最为有利;对 C 最为不利;对 B 产生引导性作用,即是否签章。

二、我国票据空白背书制度之疑点

上述分析空白背书直接交付对不同主体带来的不同后果,根据我国票据法分析法律后果,笔者认为有几个疑点。

（一）为何要保护 A 的权利

直接交付如果无效，即否定了 C 是正当持票人。那么当 A 主张 C 不享有票据权利的时候，A 的主张将得到支持。此时，产生了一个疑问：在 A 和 C 之间，法律为什么选择保护 A 而不是 C？两者法律地位平等，A 从 B 处取得对价，转让票据；C 对 B 支付对价并取得票据。三者之间的利益完全平衡。且正如前面分析，A 是自愿背书签章的，不管对 B 还是 C，A 的票据责任都没有变化，为何因为 B 的直接交付，使 A 是否对 C 承担票据责任却发生了变化？若是 A 和 B 就原因关系产生纠纷，完全可以通过原因关系解决。

当然，存在一个看似正当的理由：即当 A 和 B 之间存在原因关系的纠纷时，譬如 A 对 B 的产品质量不满，当 B 向 A 行使追索权时，A 可以因为原因关系而拒绝履行票据责任。若是直接交付，A 难以原因关系对抗 C，使得 A 的原因债权难以保证。但是，我们需要注意的是，通过原因关系对抗 B 的票据权利从而保护 A 的权利的愿望，即使在背书转让的状况下，更多情形下可能会完全落空。因为在票据上签章的并不止 A 一个，B 票据权利的享有不仅仅是通过对 A 的追索权。更为重要的是，若是 B 采用背书转让的方式将票据转让给 C，C 若是向 A 行使追索权，A 能否抗辩？除非票据形式有瑕疵或其他法律规定的情形，A 是无法抗辩 C 的票据权利的。那么，背书转让还是直接交付，是 B 和 C 之间的选择，为什么反而对 A 有影响呢？背书与否，不是 A 的意志可以决定的，却因为 B 的直接交付，反而使 A 受到了更多的保护，法理依据何在？

（二）B 是否承担票据责任影响了谁

从本质上看，B 和 C 之间背书转让还是直接交付转让，最大的区别是 B 是否承担票据责任。直接交付使得 B 退出了票据关系，为此付出代价的人主要是 C。因为 C 少了一个可以选择追索的人。但是，C 自愿放弃对 B 的追索，且 C 对 B 的权利放弃并没有加重票据上其他债务人的义务，法律当不加以干涉。

至于 C 后面接收票据的人，不管是 C 背书转让还是直接交付转让，同样不受影响。若为背书，B 在票据上从来没有存在过，接收票据的人默认了票据上的所有记载，包括有几个签章人；若是直接交付，其和 C 属于同一性质。

最终得出结论，B 无须承担票据责任，唯独影响了 C，但 C 自愿放弃这种保护而选择直接交付。既然 C 明知直接交付的后果，却依然愿意承担更大的风险接收票据，那么法律再以否定直接交付强调背书转让的形式，防止 C 的权利受损,是否多余?

(三)否定直接交付是否可以防止非法获得票据的可能性

仔细深究,我国《票据法》不支持直接交付,而只承认背书转让的效力,主要是为了防止票据的非法转让。

比如 A 在票据上背书之后(被背书人栏空缺)交付之前将票据丢失,B 为拾得或偷盗票据之人,为掩藏身份,其将票据直接交付转让给 C。此时,A 若公示催告,C 申报权利,A 和 C 之间的纠纷如何解决?直接交付的有效或无效,决定了票据最终归谁所有。直接交付若是有效,那么 C 的票据权利毫无争议。

相反,若在直接交付效力被否定的状况下,我国票据法又特别强调原因关系,A 和 C 之间是直接票据关系人,A 自然应以无原因关系得以对抗 C 的权利。虽然表面上看,C 获得票据,是因 A 的背书转让。但诉讼中非常容易证明 A 并没有将票据转让给 C,C 必然承认是从票据之外的第三人处直接接收票据所得。此时 A 的抗辩应该得到法律的支持。

票据法通过否定直接交付效力以防止非法获得票据的意图,仅仅到 A 的直接后手为止(票据中记载的票据关系的直接后手)。即当票据依然由 C 持有时,A 行使抗辩权,使 C 从无权转让票据人 B 处获得的票据权利不受法律保护。但是,若是 C 将票据背书转让给了 D,根据票据法的抗辩原理,A 和 D 不是直接前后手之间的关系,因此 A 不能抗辩 D。那么防止非法转让仅仅在 C 这个环节得以实现,并不具有广泛的意义。

即使对于 C 来说,作为失票人 A 票据关系的直接后手,是否在接收票据时存有过错?

第一,C 能否判断出直接转让票据之人 B 不是真正的票据权利人或是有权转让票据的人?C 所看到的事实是背书人 A,被背书人一栏空缺。那么既然 B 持有票据,在 C 看来,B 已经获得背书人 A 的授权,并完全有权在被背书人一栏补记。只不过,B 把这个补记的权利转让给了 C。通常来说,权利的转让无须经过债务人的同意,当然民法中债权转让需要通知债务人。但是票据作为书面的有价证券,其权利转让全凭票据持有人的意愿而无须通知前手。因此,B 将补记的权利让与 C,对 C 来说是完全成立的。且 A 的背书签章和被背书人栏空白,给了 C 充分信任 B 的理由。B 若是偷盗或拾捡票据,因为 A 的背书签章,使 C 误以为 B 被授权补记被背书人栏,即表见代理。那么 C 无过错,错的是 B,使

C产生错觉的还有A的签章,因此A是有过错的——未保管好票据的过失。

第二,任何人在接收票据时的注意义务是什么,即C是否有义务知道B如何从A处获得票据?受让票据的人,除了支付对价且与转让人之间具有真实的贸易关系和债权债务关系之外,还具有对票据形式的注意义务,即所有记载是否符合票据法规定,转让票据之人在形式上是否享有票据权利。如果C接收的票据所记载的持票人和票据转让人不符合,那么C就应该明白B不是真正的票据权利人,就没有理由接受票据。事实上,只要票据权利人和转让人不一致,C也不可能享有票据权利。票据的无因性特点决定了任何接收票据的人只要在形式上对票据进行审核就可以了,至于自己的前手是如何获得票据的,根本与票据权利无关。因此C没有义务调查清楚B和A之间的交易是否存在或者是否合法等等。

综上,C接收票据没有过错。法律没有理由用否定直接交付转让效力的方式剥夺C正当的票据权利。

三、票据空白背书制度存在的合理性

是否承认空白背书及转让效力,反映了法律对票据交易的态度。我国票据空白背书制度是否合理,需要考虑两个方面:一方面,强制否定空白背书的依据是否合理,另一方面,空白背书本身是否有存在的合理性。

(一)对票据交易强制干涉的无依据性

票据交易和转让属于金融活动,金融活动天生存在高风险的特征,因此当这些风险对市场交易秩序、公共利益等有严重影响时,需要法律予以强制性的规制。对市场交易或市场行为法律予以强制性规定,依笔者的看法,应该是基于以下几个方面的考量:

第一,维持市场秩序的需要。市场具有自我调节的能力,但同时市场也是具有盲目性的。政府为了对稳定市场秩序,保护自由的市场竞争,通过法律对市场行为进行微观规制,赋予市场主体强制性的义务或是必须遵守某种规则。这就是市场管理法(也有一些叫市场规制法)的产生根源。例如《反垄断法》《反不正当竞争法》等,以及《公司法》《证券法》等法律中的相关法条。

第二,对弱势群体保护的需要。市场交易中,由于交易双方存在力量对比强弱之分,正如消费者与经营者之间,信息不对称,因此法律需要对消费者予以

特别保护。保护的途径通常是赋予消费者法定权利,课以经营者强制的法定义务。金融领域更是如此,金融消费者对金融业务本身缺乏专业知识,或者是和金融业务的经营者相比,对金融业务的信息掌握更为不足。

第三,对公共利益保护的需要。商法注重对商人营利性的保护,是调整私权利的法律规范;而当私人主体之间的交易影响到公共利益时,法律当以强制规范约束私权利的自由。以我国合同有效要件之一——内容合法最为典型,即契约双方进行非法交易时,该合同在法律上当然无效,包括以合法形式掩盖非法目的的情形。

而对票据空白背书流转方式的强制性否定缺乏法律依据。即需要直面一个问题:票据流转过程中,如 B 对 C 的直接交付无效的理由是否和上述考量相契合?

1. 票据流转和市场秩序的无关联

我国《票据法》颁布和实施是在 1995 年,在当时的背景下,使用票据尤其是汇票并不经常,从维护票据市场的秩序来说,对票据流转方式作出强制性规定可以理解。但是,时至今日,票据作为金融工具早已经被接受。至于票据使用的不规范,主要是因为使用者对此并不重视。交易秩序的维持,旨在追求自由、有序的竞争秩序,而票据的流转和竞争制度毫无关联。因此从市场秩序的维度,票据流转基本不会影响竞争。

2. 票据出让方和受让方力量对比之均衡

流转中主要有票据出让方和受让方两方关系,当然因为出让方并没有背书,甚至在前手背书之时,被背书人一栏为空白,从票据票面记载看,出让方并不是持票人。因此,直接转让中导致了票据前后手为 A 和 C。而无论是 A、B 或 C,都是一般的民事主体,不存在力量明显强弱的情形。若是强制性规定必须采用背书,否定直接交付的流转方式,那么是为了保护哪一方弱者的力量?凡是持有票据、转让票据的人,均为参与绝对商事行为的人,他们被当然地理解为对票据权利和票据义务基本清楚的人。且票据为文义证券,不存在背后更多的信息,票据权利唯以票据记载为准,票据义务唯以签章为依据。

3. 票据流转和公共利益的无牵连

票据流转是出让方对私的财产权利的转让,票据权利是合法的权利,以票据上签章之人为票据义务承担之人,除此并不涉及公共群体。所以,票据流转和公共利益并无牵连。

（二）空白背书转让和票据流通的同一性

票据是流通之物，任何对票据流通构成障碍的因素，都应该从票据制度中排除出去。那么，直接交付方式是否影响票据流通？

1. 流转方式不影响流通

票据的转让是流通的表现，所谓流通，就是转让。那么所谓转让方式就是流通方式。采用背书转让方式，可以保证票据流通环节中所有参与流转的人都被记载在票据中，即票据权利人和票据债务人。而直接交付转让，包括空白背书，导致部分或全部的流转主体在票据记载中无从寻找，但票据流通的目的却丝毫不受影响。从 A 到 C，B 从票据上无迹可寻，票据却依然流通到了 C，和出票人签发票据的初衷不相违背，即票据到期日之前可以在市场中流通，流转到有理由获得票据的受让人之手。

2. 流转方式对流通风险的影响

诚然，流转方式对流通与否没有造成影响，但是不得不承认的事实是在流通风险上不同转让方式之间有很大差别。背书转让与空白背书的直接交付转让对票据权利人的区别在于：前者的票据债务人更多，当持票人的票据付款请求权不能实现时，可以对票据上签章的人（除承兑人和付款人之外）行使票据追索权。所以背书转让的票据受让人有双重保险，票据权利的内容更多，包括付款请求权和追索权，且可以追索的对象较多。而直接交付转让的票据受让人，虽然其票据权利也包括付款请求权和追索权，但追索权的对象减少。因此，背书转让的票据交易风险明显比直接交付转让的票据小。基于安全考虑，票据受让人更应该也更愿意受让背书转让的票据。

3. 流转方式和流通效率有关

安全和效率常常对立，当然二者也不是不能和谐共存。当安全被极大关注的时候，制度对效率的约束作用就清晰显示出来。因此，当背书转让方式对受让人来说是一种极安全的流通方式时，效率几乎不被考虑。不能绝对地说，背书转让的票据没有效率，但是至少可以说，直接交付转让比背书转让方式更为高效。需要说明的是，高效不是指直接交付转让中无须签章带来的迅速，因为背书签章所花去的时间不过是几分钟，对一张流通中的有价证券来说根本不值一提。

高效是指，直接交付转让的制度设计给予受让人更为简洁的选择。在支票中，受让人只需要关心出票人的信用，因为出票人的信用决定了持票人票据权利能否实现。付款人在支票之上没有签章，其不是票据债务人，因此不必关心付款人是谁，唯有出票人是信用之人，持票人才可以信任其在付款人处的账户不会余额不足。当然，对于流通性票据来说，支票的主要作用在于支付功能，不在于融资，因此流通时间短，流通意义并不明显。至于汇票，尤其是承兑汇票，直接交付转让的受让人，最关心的是承兑人的信用，若为银行承兑汇票，受让人几乎可以不用再去关心其他背书人的信用。

此外，持票人能关心的也只有承兑人和出票人是否值得信赖。票据出票之时，关于出票人的信息相对比较真实，银行承兑汇票一般都由银行负责将出票人的信用调查清楚。从背书转让形式上看，有很多背书签章，理论上是很安全，因为所有签章人都得承担票据责任；但作为持票人，除了对直接前手之外，其实根本没有精力也不可能一一去调查所有背书人的信用。如果受让人需要对所有前手调查清楚之后方才接收一张票据，又何来效率？

四、票据空白背书制度之修改

我国票据空白背书制度的不合理已经非常明显，建议对其作修改。《票据法》的法条修改主要有两处。司法解释应随之对未尽事宜作补充。

（一）对空白背书效力的承认

既然空白背书票据对流通无太大影响，背书人的权利也无特殊理由需特别保护，那么法律不如采用开放的态度。在坚持完全背书的前提下，认为被背书人是背书记载的必要内容，但至于记载的时间和记载人则可以更为自由。

我国台湾地区"票据法"承认存在空白背书票据，明确"背书人记载被背书人，并签名于汇票者，为记名背书。背书人不记载被背书人，仅签名于汇票者，为空白背书"。[①] 我国香港地区《香港票据条例》规定背书必须记名，但又将最后背书为无记名背书的视为收款人之汇票；且在票据流转的条文中，明确票据转让可以采用空白背书之形式。[②]

---

① 参见我国台湾地区"票据法"第三十一条。
② 参见我国香港地区《香港票据条例》第八条、第三十二条。

美国《统一商法典》在对票据背书进行分类时,就将空白背书作为一类。甚至《联合国国际汇票和国际本票公约》都以明确的条款承认空白票据在补齐被背书人之后可以享有票据权利。为了显示对之前的签章者的公平,该公约对补齐的权利作了约束。一般由授权补记的人补记,但当这种票据的补齐未经授权或不按照所获授权,则对补齐前后的不同票据签章者的抗辩权作了不同规定:补齐前在票据上签字的,可以缺乏授权对在成为持票人时即知道这种缺乏授权的持票人提出抗辩;补齐后在票据上签字的当事人,应按照所补齐的票据上的条件承担责任。①

我国《票据法司法解释》已经解决了司法实践中的一部分问题,当 C 能够证明自己取得票据支付了相应的对价,即使不是直接向 A 支付,若能披露 B,并提供证据,大部分法院会根据司法解释将票据权利赋予 C,而驳回 A 的抗辩。但是,司法解释不可以在我国《票据法》否定空白背书票据的前提下,肯定空白背书票据的效力。建议我国《票据法》在第二十三条和第七十六条对空白背书票据作肯定性规定。

(二)空白背书直接交付效力的推定

我国台湾地区"票据法"在明确空白背书票据的法律效力之后,对于空白背书之流转,持票人有选择权,"空白背书之汇票,得依汇票之交付转让之";也可以继续用空白背书的形式转让,或者将前面空缺之被背书人补记完整,然后以记名背书形式转让。②《联合国国际汇票和国际本票公约》明确"当前手背书是空白背书时,则仅交付该票据"。③ 美国《统一商法典》称空白背书票据,持票人只有转移票据占有即构成转让。④

对空白背书在制度上予以肯定,那么对其转让方式的规定成为必然。既然空白背书是有效的,当事人可以继续采用空白背书方式或其他方式转让票据。当持票人在被背书人栏记载自己的名字,然后再以记名背书形式转让时,这是最好的选择,可以弥补前手采用空白背书转让可能带来的票据的不安全风险,一张空白背书转化为完全背书;如果所有后手都采用空白背书方式转让票据,

---

① 参见《联合国国际汇票和国际本票公约》第十二条。
② 参见我国台湾地区"票据法"第三十二条。
③ 参见《联合国国际汇票和国际本票公约》第十三条。
④ See UCC § 3-205(b).

只要最后一个人依照背书签章将所有被背书人填写完整,就构成票据法要求的形式上的背书连续。当然,更为重要的是,空白背书可以采用直接交付方式转让,可能造成最后的持票人之前的票据占有人在票据上看不到记载。

从形式上看,不管是完全背书、空白背书,还是直接交付,最后在行使票据权利时要符合票据形式上的完全背书形式是最为简单的,因为直接交付方式流转的情形下,最后持票人,比如 C 将自己名字记载在 A 空白背书之后的被背书人一栏,票据依然是有完整的背书,形式上无可挑剔。而笔者认为,票据法立法之时必然要求实质上的背书连续,但当最后的持票人和一个个票据经过之手都选择了 A 为唯一的背书人,即 A 是唯一可以追索的背书人时,法律应该以放任态度待之。所以,承认空白背书和直接交付转让的效力,不是为了维护任何当事人的利益,而是还当事人以自由选择的权利,尊重当事人风险自担的行为自由。

(三)司法解释对持票人的明确

如果《票据法》对空白背书票据的效力予以承认,并认为直接交付为转让空白背书票据的方式;司法解释原来承担的对空白背书制度的全部责任大部分完成,余下的任务就是对直接交付的对象进一步作具体解释。当直接交付对象非法获得票据,即以欺诈、盗窃、捡拾等其他非法的理由占有票据,这构成票据债务人的一项抗辩。

对于空白背书的补记权利,《票据法司法解释》第四十八条规定:"依照票据法第二十七条和第三十条的规定,背书人未记载被背书名称即将票据交付他人的,持票人在票据被背书人栏内记载自己的名称与背书人记载具有同等法律效力。"最高法在我国司法实践的基础上还支持授权补记的形式性,即只从背书签章的真实性就可以从外观上认定任何一个支付对价的持票人均有权对被背书人进行补记。例如,一张银行承兑汇票的流通过程为:A→B→C→D→E,该票据的"被背书人"栏均为空白,E 作为持票人能否让前手 B、C、D 均进行补记?实践中银行是否认可 E 的补记行为?法院是否认可?最高法认为,汇票的流通转让必须符合《票据法》规定的形式要件,即背书必须是连续的,否则容易造成票据权利行使时的障碍,也给持票人行使追索权带来困难。所以,当持票人发现每次被背书人栏内空白,造成背书不连续时,有权要求前手补记;若是能够找到每一个背书人,E 应当要求其逐一进行补记,以保持背书转让行为的完整性、合法性。对于补记行为,本质上是一种补正行为,应当和原始背书一样,符合法律规定。而作为金融机构,对补记的被背书人效力应该认同,即承认补记行为的有效性。但作为司法机关,只对补记行为作形式审查,即是否逐一由背书人补记以推定来论,形式上完整即为有效,不管是否由背书人亲自补记。只有当事人提出实质性审查要求时,人民法院方可对有争议环节的背书行为进行实质性审查,以保护票据权利人与善意当事人的合法权益。①

相关案例也非常多,淄博市临淄春韵商贸有限公司诉青岛市商业银行股份有限公司票据付款请求权纠纷一案中,法院最终认定持票人对空白背书的被背书人补记有效,因而享有票据权利。所以,虽然《票据法》不承认空白背书的效力,但在实务中空白背书大量存在。为维护票据的效率价值及票据关系人的合法权益,我国应完善票据的相关立法,对空白背书的效力予以认定。②

第四节 以融资为目的的票据贴现制度

银行在融资中有一些错误的认识,认为融资给谁,责任就是谁的。但是由于票据的特殊性,在票据贴现融资时,银行对该张票据进行贴现,主要是对出票人和承兑人的信赖,而非主要是对贴现申请人的信赖。

例如有一张出票人和承兑人均为 A 公司的商业承兑汇票,收款人为 B 公司,票据金额 500 万元,票据到期日为 2015 年 10 月 23 日。B 公司持有该商业承兑汇票,2014 年 1 月 10 日 B 公司曾经与某银行签订融资协议,约定银行在三年内为 B 公司提供 5000 万元额度的融资,以票据承兑、票据贴现等方式进行。2014 年 6 月,银行为 B 公司签发的两张远期汇票承兑,到期日均为 2015 年 1 月 9 日,金额共 1500 万元,承兑协议约定票据到期日前 B 公司必须将到期票据款项打入银行的指定账户。2014 年 12 月,B 公司持该张 A 公司出票的商业承兑汇票申请贴现,银行和 B 公司签订票据贴现协议后,予以贴现。2015 年 1 月 9 日,B 公司签发的银行承兑汇票到期,但 B 公司未足额打入票据款项,而由银行

---

① 参见吴庆宝主编:《最高人民法院专家法官阐释民商裁判疑难问题(2013—2014 年卷)》,中国法制出版社 2013 年版,第 93 页。

② 参见《中国指导案例》编委会编:《人民法院指导案例裁判要旨汇览(金融卷)》,中国法制出版社 2013 年版,第 261—262 页。

垫付。银行怀疑 B 公司资金发生困难,要求其偿还两张银行承兑汇票的垫付款,同时要求其提前偿还贴现的 A 公司签发的商业承兑汇票。银行要求 B 公司偿还两张银行承兑汇票的垫付款,这点没有任何疑义;但是银行却没有理由要求 B 公司对未到期的商业承兑汇票承担票据责任。

一、票据贴现业务及现行票据法律规定

案例涉及票据贴现,这并不是我国票据法的一个概念。但因为票据业务的普遍存在,相关的行政法规文件对票据贴现均有规定。

(一)票据贴现业务

票据贴现业务是银行的常规业务,也是票据融资的常用手段。《支付结算办法》第九十三条规定:"符合条件的商业汇票的持票人可持未到期的商业汇票连同贴现凭证向银行申请贴现。贴现银行可持未到期的商业汇票向其他银行转贴现,也可向中国人民银行申请再贴现。"转贴现、再贴现属于票据贴现的衍生业务。

票据贴现虽无统一定义,但根据我国《支付结算办法》《票据管理实施办法》《贷款通则》和《商业汇票承兑、贴现与再贴现管理办法》,票据贴现表现出以下几个特点:

第一,申请贴现的持票人为除有权开展贴现业务的金融机构之外的自然人或商事主体,并且系合法取得票据。

第二,贴现票据系尚未到付款日,因为已经到期的票据没有贴现的必要,而是持票人直接向承兑人行使付款请求权。

第三,贴现人为有权开展贴现业务的金融机构。这一点使票据贴现不同于一般的背书转让。

第四,贴现目的是通过票据权利转让而根据贴现利率获取资金。票据贴现因此被视作金融机构向持票人融通资金的一种方式。

票据贴现是票据转贴现和再贴现的基础。

票据转贴现也是为了融通资金,基本原理和票据贴现一致,只不过转贴现申请人和转贴现人均为金融机构,因此是金融机构之间融通资金的一种方式。票据转贴现业务一方面是为了满足贴现银行对资金的需要,另一方面也是受制于我国目前票据转让制度的规定。根据票据法原理,贴现银行通过背书成为持票人，享有持票人的票据权利，还包括继续背书转让票据的权利。但是我国《票据法》明确规定，票据的取得必须具有真实的交易关系和债权债务关系。银行之业务的特殊性，银行与其他市场主体发生交易的场合并不多，发生的交易和债权债务均与银行的业务有关。另外，票据贴现是对未到期票据的融资，一般票据背书转让仅是转让权利，不涉及资金，当然对金融市场没有影响。但是若票据市场中有很多不可控的票据贴现存在，将对资金融出总额发生影响，进而影响经济。一般而言，票据一旦被贴现，由银行持有，就不可能再投入生产流通环节中，此时其更多地成为国家调控金融秩序的一个手段。① 所以，从整个金融市场的风险角度出发，即使银行与其他企业发生买卖、租赁等交易，也不可以将票据作为支付手段转让给对方。这就直接限制了银行作为持票人的票据权利转让。为了解决银行资金紧张问题，在银行间进行票据转换，既满足了银行的资金需求和自由行使票据处置权利，又使票据贴现金额在中国人民银行的监管之下，对风险控制有着积极意义。所以，票据转贴现是金融机构之间进行资金短期融通的方式，有利于加速资金流通，提高资金使用效率，增加金融机构的效益。

票据再贴现和票据转贴现，在形式上非常相似，只不过再贴现是中国人民银行的业务，不是可以经营贴现业务的金融机构。因此，票据再贴现是指金融机构为了取得资金，将未到期的已贴现的票据再以贴现的方式向中国人民银行转让的票据行为。再贴现是中央银行的一种货币政策工具，被纳入中央银行进行宏观调控的一种具体手段。再贴现不会根据申请银行的要求无限制满足，而是从宏观调控角度进行通盘考虑。2022 年 8 月中国人民银行、银保监会发布的《商业汇票承兑、贴现与再贴现管理办法》第三十三条规定："人民银行对再贴现进行监督管理。"第三十四条规定："票据市场基础设施和办理商业汇票承兑、贴现、再贴现业务的主体，应当按规定和监管需要向人民银行和银保监会报送有关业务数据。"

票据再贴现也是通过背书转让方式进行，票据到期后，中央银行向票据付款人请求付款。若付款请求权未得到满足，则可以行使票据追索权，直接从再贴现申请人在中央银行的账户中扣除相应金额。当然，这个前提是中央银行要

---

① 参见林明增：《我国票据市场的回顾与思考》，载《上海金融》2001 年第 3 期。

求再贴现申请人在票据到期前在账户中有足额的余款。

(二)票据贴现的现行票据法律规定

本节开头所设案例中的票据由 B 公司向银行贴现,贴现银行成为持票人,那么当然银行作为持票人,根据《票据法》的规定享有票据权利,票据到期后按照法律规定行使票据权利;且票据权利的行使不仅需要符合程序、顺序,同时还需要符合条件。

1. 贴现银行行使票据权利的程序

根据上述案例中的信息,结合《票据法》,可以得出银行行使票据权利程序如下:

首先,2015 年 10 月 23 日后 10 日内持贴现票据向承兑人 A 公司行使票据请求权。《票据法》第五十三条第一款第二项规定:"定日付款、出票后定期付款或者见票后定期付款的汇票,自到期日起十日内向承兑人提示付款。"所以,票据到期日为 10 月 23 日,那么其付款请求权的行使时间为到期日之后的 10 日。

其次,如果承兑人拒绝付款人,银行可以向票据上的前手(包括 B 公司)行使票据追索权。根据《票据法》第六十一条第一款:"汇票到期被拒绝付款的,持票人可以对背书人、出票人以及汇票的其他债务人行使追索权。"票据贴现通过背书方式,贴现银行已经取得了票据权利,因此可以根据票据法享有追索权,且 B 公司既为贴现申请人,又为贴现银行的前手,是票据债务人。

2. 贴现银行向贴现申请人行使票据追索权的条件

票据付款请求权和票据追索权行使是有先后顺序的,必须先行使付款请求权,才能行使票据追索权。同时,根据票据法规定,行使追索权需要提供被拒绝付款的书面证明。《票据法》第六十二条规定:"持票人行使追索权时,应当提供被拒绝承兑或者被拒绝付款的有关证明。持票人提示承兑或者提示付款被拒绝的,承兑人或者付款人必须出具拒绝证明,或者出具退票理由书。未出具拒绝证明或者退票理由书的,应当承担由此产生的民事责任。"

所以,贴现银行不可以直接向 B 公司行使追索权,必须在到期日后先向 A 公司行使付款请求权,在被拒绝付款并取得拒绝证明之后方可向 B 公司请求,要求其承担票据责任。

3. 贴现银行在票据到期日前向贴现申请人行使追索权的条件

《票据法》第六十一条第二款规定:"汇票到期日前,有下列情形之一的,持票人也可以行使追索权：(一)汇票被拒绝承兑的；(二)承兑人或者付款人死亡、逃匿的；(三)承兑人或者付款人被依法宣告破产的或者因违法被责令终止业务活动的。"

这个条款用列举的方式明确汇票到期前行使票据追索权的情形，不存在其他情况，因为法条并没有使用"等"这样的字样，也没有设置兜底条款。根据案例的情况，贴现票据已经向 A 公司承兑，除非有 A 公司死亡、逃匿、被依法宣告破产或者因违法被责令终止业务活动的情况，贴现银行方可要求 B 公司按照票据金额付款。

4. 贴现银行是否可以在票据到期日前向承兑人行使付款请求权

承兑人除了出现死亡、逃匿、被依法宣告破产或因违法被责令终止业务活动的情形，在票据到期日前，承兑人没有义务提前付款，任何持票人均无权利提前行使票据权利。当承兑人的财务出现问题时，持票人是否可以行使抗辩权，《票据法》没有规定。因为《票据法》已经用"追索权"这个票据的第二次权利弥补了付款请求权的风险，所以没有必要规定在到期日前向承兑人提前行使付款请求权。此外，贴现银行和出票人、承兑人之间没有合同存在，不可能根据《民法典》规定使得持票人可以行使抗辩权。

5. 贴现银行是否可以在票据到期日前将票据返还给贴现申请人

如果贴现银行进行贴现的票据有瑕疵，可以票据不合法为由将票据退回去。根据我国《票据法》第八条到第十四条的规定，瑕疵包括形式上的和实质上的。票据形式上的瑕疵有：票据上有伪造的签章或者变造的记载、不符合票据法规定的涂改、记载错误等情形；实质瑕疵包括贴现申请人取得票据不合法，例如欺诈、买卖、无真实交易的原因。

二、票据贴现的法律性质

票据贴现的性质，是确定票据贴现融资中权利义务的基础。

(一) 学界观点

我国《票据法》对票据贴现没有任何规定，对票据贴现作出规定的主要是中国人民银行制定的相关行政规章。

我国《贷款通则》将票据贴现视为贷款的一种，明确将其定义为贷款人以购买借款人未到期商业票据的方式发放的贷款。因此，票据贴现是一种买卖票据的行为,并列入贴现银行的贷款之中。

由于这些行政法规等规范性文件对票据贴现的性质没有明确的界定,而是看起来比较模糊,也导致了学界对该问题的争论。学界的观点主要有三种,借贷说、买卖说、票据转让行为说。

借贷说认为,贴现的本质是借贷,而票据是借贷之担保。"其真意乃借款人与银行约定将融资客票以让与担保方式,即依背书转让予银行以供担保,等票据届期时,再由融资银行以执票人身份提示领取票款抵偿债务。"[1]贴现实际上是银行贷款的一种特殊形式。之所以说贴现行为是一种特殊的贷款形式,是因为贴现人此种贷款的回收,是通过行使票据权利而实现的,即一般是通过向票据的主债务人即承兑人提示付款而实现的,而不像普通贷款那样是由贷款人返还。当然,如果贴现人取得该票据但其票据权利被否认而不能要求票据债务人承担责任,仍然有权向贴现申请人请求返还资金。另外,此种贷款形式的特殊性还在于,所有的票据债务人都对到期能够清偿款项承担连带责任,因此是一种比较安全的贷款形式。[2]

买卖说认为,票据贴现的本质是票据的买卖。票据贴现指的是"资金的需求者,将自己手中未到期的商业票据、银行承兑票据……向银行或者贴现公司要求变成现款,银行或贴现公司(融资公司)收进这些未到期的票据……按票面金额扣除贴现日以后的利息给付现款,到票据到期时再向出票人收款"[3]。票据的持票人以未到期票据向银行申请贴现时,是想要通过转让自己持有的票据来取得票据款项,银行则为取得利息收入而愿意买入票据,"票据贴现就是未到期票据的买卖"[4]。

票据转让行为说认为:"从票据法的角度来讲,贴现、转贴现、再贴现均属于票据的背书转让行为。只不过贴现、转贴现、再贴现只能将票据背书转让给银行,且持票人转让票据权利所获得的对价是现金而已。"[5]票据贴现不是银行贷款,因为"票据贴现体现了贴现银行与票据付款人(承兑人)之间的权利义务关系,贴现申请人转让票据后,成为票据关系中的义务人,只负责票据到期付款的

---

[1] 胡峰宝等:《票据工商实务与法律诉讼》,永然文化出版股份有限公司2004年版,第177页。
[2] 参见吕来明:《票据法基本制度评判》,中国法制出版社2003年版,第337页。
[3] 唐金龙主编:《新版以案说法·金融法篇》,中国人民大学出版社2005年版,第121页。
[4] 谢怀栻:《票据法概论》(增订版),法律出版社2006年版,第26页。
[5] 胡德胜、李文良:《中国票据制度研究》,北京大学出版社2005年版,第242页。

责任,这种关系主要受《票据法》的规范和约束;而银行贷款体现了贷款银行与借款人之间的民事法律关系,主要受民法和有关金融法规的规范和约束。所以从根本上说,银行贷款是银行和其他金融机构按照规定的利率贷出资金而引起的一种信用活动;而票据贴现则是一种票据转让行为"[①]。

(二) 法律性质分析的前提:票据贴现行为与原因关系的分离

票据关系之建立,一般有两个环节:首先是交易行为或债权债务行为之存在,其次是票据行为。第一个环节建立的是票据原因关系,第二个环节建立的是票据关系。同样,票据贴现包括两个环节:一是申请人和贴现银行达成借款合同或贴现协议,贴现银行支付贴现票款;二是申请人把票据背书转让给贴现银行。[②] 第一个环节等同于原因关系,第二个环节则是典型的票据行为——票据背书转让。如果从广义上定性票据贴现,则原因关系中之协议,可能是借款,可能是买卖。狭义上的票据贴现主要是第二个环节,因此是票据转让行为。所以,无论是借贷说还是买卖说,均是将票据贴现行为和票据贴现协议(企业融资行为)搞混淆了,对票据贴现缺乏二分法的认识,将票据贴现协议之性质作为第二个环节的贴现行为性质。

很多银行常常根据总的授信协议,将票据贴现的数额计入融资总额度。但是票据贴现和B公司的融资不是同一个概念。所谓融资,就是借钱。票据贴现融资是用票据借钱,所以票据贴现协议是一个融资协议,这一点没有错。在这个意义上票据贴现和票据承兑是一样的。因为票据承兑也常常作为银行对企业授信的一种方式,作为融资协议的子协议而存在。票据承兑,是付款人愿意替出票人作为第一债务人对持票人承担票据责任,所以票据承兑是承兑银行将自己作为票据债务人,以承兑的方式为出票人融资。承兑将在票据到期日时无条件支付,承兑银行可能会实际地垫付票据款项。所以,票据承兑协议是银行承诺对出票人的融资,随之有承兑行为,请求承兑不一定由出票人完成,可以在票据到期日前由任何合法持票人完成。本质上说承兑行为是票据行为,产生票据法律关系;承兑协议是一般的合同行为,是票据行为的基础关系,即承兑的原因关系。

---

① 柳慧:《票据贴现法规冲突研究》,吉林大学2007年硕士学位论文。
② 参见曹守晔等主编:《票据纠纷典型案例评析》,人民法院出版社2004年版,第70页。

票据贴现的情形大致相同,同样经历两个过程,那么分析其性质必然从两个环节进行。

（三）票据贴现行为的票据转让之本质

票据贴现在协议之后的第二个环节,通过背书来完成。借贷说和买卖说始终没有将票据贴现和票据行为相联系,忘记了背书是票据转让的典型方式这一重要原则。这显然和我国的制度规定不相符合。我国《票据管理实施办法》《支付结算办法》等均要求票据贴现进行背书。《支付结算办法》第九十三条规定:"贴现银行可持未到期的商业汇票向其他银行转贴现,也可向中国人民银行申请再贴现。贴现、转贴现、再贴现时,应作成转让背书,并提供贴现申请人与其直接前手之间的增值税发票和商品发运单据复印件。"

票据贴现背书属于票据行为,本质上是票据让与和票据权利转让。贴现协议和贴现行为的双方当事人是一致的,贴现协议虽约定贴现率等相关事项,仅是对票据贴现行为的相关非记载事项之补充,可以约束双方当事人。但即使没有贴现协议,只要票据贴现,就发生票据权利的转让效果。贴现申请人将票据贴现给银行,是因为贴现申请人是合法的持票人,其享有票据权利,银行提前支付的票据款项通过票据将来到期而收回,即银行已经是持票人,票据贴现使银行成为票据权利人,贴现申请人以票据对交换物,已经完成对价支付。即贴现银行只不过将票据上的金额在扣除贴现率之后提前支付给了持票人,在持票人将票据转让给银行之后,双方已经钱契两清。当然,贴现申请人仍然是担保人,并在票据不能实现请求权时,承担被追索的责任。

我国台湾地区的"银行办理票据承兑、保证及贴现业务办法"也要求贴现的票据必须背书,而若贴现银行要再贴现,则需要继续背书。可见,贴现、再贴现皆需通过背书完成。通过背书完成了票据贴现,使得票据成功地从持票人（贴现申请人）手里转移到了银行,银行成为持票人。所以,背书之规定明确了票据贴现的票据转让性质。

另外,《商业汇票承兑、贴现与再贴现管理办法》第五条规定,贴现"是指持票人在商业汇票到期日前,贴付一定利息将票据转让至具有贷款业务资质机构的行为。持票人持有的票据应为依法合规取得,具有真实交易关系和债权债务关系,因税收、继承、赠与依法无偿取得票据的除外。"

如果以第一个环节的契约来定性票据贴现,票据转让的独立性质就不存在了,因为交易而将票据作为支付工具的,则可以定性为交易行为或交易合同。票据无因性正是为了避免票据关系受到原因关系的影响,所以不管票据贴现协议是买卖还是借贷,都不影响票据贴现行为是票据转让行为。票据贴现之背书转让,与持票人因为交易或其他债权债务而转让票据给其他主体,在法律意义上没有区别。票据贴现和其他背书转让的区别在于其主体的特殊性,即受让人为银行。

也有学者认为我国的行政法规等对票据贴现的性质定性不明确,或者相互之间有冲突,认为除了上述提到的相关规定之外,还包括1996年6月中国人民银行发布的《贷款通则》在第二章"贷款种类"的第九条对票据贴现作出了规定,"票据贴现,系指贷款人以购买借款人未到期商业票据的方式发放的贷款",认为这些法规及文件"一方面将票据贴现归为贷款种类之一,一方面又认为贴现是贷款人的购买票据的行为,性质界定十分模糊"①。笔者认为这些规范之间的矛盾主要是针对票据贴现的第一个环节——票据贴现协议是贷款合同还是票据买卖合同。票据的性质对票据贴现之转让没有任何影响,如果认为票据贴现协议是票据买卖,正如股票买卖在法律上的实质是股权转让行为,那么同样票据买卖表现在票据法律意义上可以是票据转让,是典型的票据行为,目的就在于通过票据权利之转让实现融资需求。

(四)票据贴现原因关系的融资性质

票据贴现的第一个环节即原因关系到底是什么性质的,我国对这个问题的认识在不断的发展中。1996年6月中国人民银行公布的《贷款通则》对票据贴现性质的描述虽不甚清楚,但其明确将票据贴现归类到贷款中,表明银行予以贴现的对价支付对银行来说属于贷款;但其又说该贷款是因为买卖票据,确实值得斟酌。我国台湾地区的"银行办理票据承兑、保证及贴现业务办法"规定,"票据贴现,系指银行以折扣方式,预收利息而购入未到期票据之谓",是把票据贴现明确列入买卖合同。

1. 是贷款还是买卖

所谓贷款,通俗地讲就是借钱。从表面上看,确实票据贴现协议和贷款一样都是由银行提供可用资金并收取一定利息作为资金利用的回报的。根据我

---

① 参见王蓉:《论我国票据贴现的法律完善》,中国政法大学2011年硕士学位论文。

国《民法典》第六百六十七条"借款合同是借款人向贷款人借款,到期返还借款并支付利息的合同"的规定以及第六百七十条的规定,体现出借款合同的特点有:(1)还款义务由借款人承担,即贷款人的还款请求权对象是借款人。(2)借款人的义务包括到期返还借款并支付利息。(3)借款的利息不得预先在本金中扣除。

票据贴现明显不符合贷款合同的特点:(1)贴现银行的权利行使对象首先是承兑人。虽然票据贴现协议是由持票人和银行签订,但其约定的内容主要为转让票据权利。(2)贴现申请人即持票人的义务仅是提供相关贴现资料和对银行完成贴现背书,贴现申请人并不负有到期返还其取得的贴现款项的义务。(3)贴现背书完成时,银行已经根据贴现率扣除了贴现费用。贴现费用不能等同于利息,且这样做并非贴现银行违规操作贷款合同。票据贴现协议如果属于贷款合同,那么交付的票据是什么?如果是担保物,根据我国《民法典》的相关规定,票据如果作为担保物,则为权利质押;又根据《票据法》的规定,票据质押需要质押背书,有形式要件,表明该票据为质押。显然票据贴现背书不等同于票据质押,银行是持票人,而不是质权人,只要到期就可以行使票据权利。而票据质押权则必然是在出质人的主合同债务未履行的情况下。前面已经说过,票据贴现之贴现申请人不需要将贴现资金还给贴现银行,不存在任何主合同。

2. 票据贴现协议是否为买卖合同

《民法典》第五百九十五条规定:"买卖合同是出卖人转移标的物的所有权于买受人,买受人支付价款的合同。"除此之外,结合我国《民法典》关于默示担保等规定,可以将买卖合同的主要特点归纳为以下几点:(1)买卖之标的物为物的所有权;(2)买方支付相当于出卖标的物相当价值的价格;(3)出卖方对出卖物的质量承担默示担保责任。贴现申请人和贴现银行之间达成了关于转让票据的契约,该契约和买卖合同有很多部分之重合:(1)买卖票据虽不是以出卖票据所有权为主要目的,但因为票据为有价证券,合法持票人拥有其全部的权利,作为持票人的财产,票据具有独立的交易价值,其本身可以作为买卖的标的物。(2)贴现金额可以视作价格,因此要除去票据因为未到期而应该扣除的价值——依贴现率计算。所以有学者认为,"从形式上看,确实是贴现人审查合格后扣除相应的利息及费用向贴现申请人支付贴现款,贴现申请人将票据背书转让给贴现人,符合买卖合同的特征"①。买卖标的物也不是票据本身,而应该为票据权利;涉及权利证券的交易,法律中更多用转让来定义,鲜有买卖之说,比如股权转让、专利权转让等。当然,认为买卖和转让在性质上有不同,不过是咬文嚼字,没有意义。但是,和买卖不同的是,贴现人在票据贴现以后,却依票据行为成为票据债务人,即使票据本身在物的表现上没有瑕疵,一旦承兑人破产或其他无法承担票据责任的情形出现,贴现人作为贴现银行或其他持票人之前手要承担票据责任。在这一关键点上,票据贴现协议不能简单地说是票据买卖。所以,涉及票据,用买卖定义,失之偏颇,除非转让票据之人是直接交付票据而未在票据上签章。

2001年7月24日,中国人民银行发布《关于切实加强商业汇票承兑、贴现和再贴现业务管理的通知》,其中将票据承兑和票据贴现视作票据融资,并且规定对票据贴现和转贴现业务实行单独考核,"票据融资"不再计入金融机构的存贷比例考核。这个规定不仅从实际上修正了《商业汇票承兑、贴现与再贴现管理暂行办法》第二十二条将贴现纳入信贷总量以存贷比例考核的规定,同时也提出了一个新的概念,那就是票据融资。2004年4月,中国人民银行和中国银监会联合发布修订后的《贷款通则(征求意见稿)》,没有将票据贴现列入贷款种类。2004年6月,中国工商银行制定的《中国工商银行票据营业部商业汇票买入业务办理标准》更是首次将票据资产区别于信贷资产进行专门管理。

票据融资,是票据的应有之义。但凡依赖票据融到资金的,既不是买卖,也不是借贷,当然地属于票据交易的特殊契约。实务中,正如前面案例中所说到的银行,它和企业已经签订过总的《融资协议》,票据贴现是协议项下的内容。因此,票据贴现协议事实上是总授信融资协议的一个分协议,属于总的融资协议的一部分,当然票据贴现协议属于融资协议,是一种融资行为。对银行来说,显然属于一种投资,根据贴现率计算出来的贴现费用就是银行对贴现申请人授信的收益;而对于企业来说,以一张有价值的证券提前拿到现金,就是融资。所以融资关系的性质显而易见。当然,借贷是融资之一种。融资的范围比借贷要来得更多,前文提到票据承兑协议也是一种融资行为,还包括出具保单等模式,因此不能将融资等同于借贷。

---

① 关键:《论票据贴现的法律性质》,载《中国商界》2010年第9期。

日本判例中,1973 年最高裁判所第一次将票据贴现定为买卖之性质①,但是日本评说却认为最高裁判所认定的票据贴现事实不见得是买卖票据性质。②因为日本的《汇票本票法》《支票法》以及《商法》中均没有票据贴现的概念,也无任何相关规定。最高裁判所将票据贴现概括为"持票人将未到期的票据背书转让给金融机构,金融机构向其支付扣除贴现费后票据金额的交易",实务中票据贴现又存在着各种具体情形,很难明确为买卖。因此有学者认为,对票据贴现到底是买卖还是借贷这样的问题,不能一概而论,只能视具体情形而定。③

笔者认同这种观点,而代之以融资关系显得更为客观。

三、票据贴现银行的审查义务

票据贴现协议签订后,在票据贴现背书之前,贴现银行是否需要对贴现票据予以审查?

(一)法律法规的规定

我国《票据法》没有对票据贴现作出任何规定,那么自然也没有提到相关义务。

《商业汇票承兑、贴现与再贴现管理办法》第十四条规定:"商业汇票的贴现人应为在中华人民共和国境内依法设立的、具有贷款业务资质的法人及其分支机构。申请贴现的商业汇票持票人应为自然人、在中华人民共和国境内依法设立的法人及其分支机构和非法人组织。"第十五条规定:"申请贴现的持票人取得贴现票据应依法合规,与出票人或前手之间具有真实交易关系和债权债务关系,因税收、继承、赠与依法无偿取得票据的除外。"第十六条规定:"持票人申请贴现,须提交贴现申请、持票人背书的未到期商业汇票以及能够反映真实交易关系和债权债务关系的材料。"

《票据管理实施办法》第十条对贴现银行规定了审查义务,即要求银行审查持票人与出票人、前手之间具有真实的交易关系和债权债务关系。

---

① 日本最高裁判所 1973 年 4 月 12 日判决,载《金融·商事判例》第 373 号,1973 年,第 6 页。转引自张凝、[日]末永敏和:《日本票据法原理与实务》,中国法制出版社 2012 年版,第 140 页。
② 参见[日]铃木竹雄:《手形法·小切手法(新版)》,前田庸补订,有斐阁 1992 年版,第 277 页。转引自张凝、[日]末永敏和:《日本票据法原理与实务》,中国法制出版社 2012 年版,第 141 页。
③ 参见张凝、[日]末永敏和:《日本票据法原理与实务》,中国法制出版社 2012 年版,第 141 页。

《支付结算办法》也对票据贴现的条件给予明确规定,主要有三个条件:(1)持票人必须在银行开立存款账户;(2)持票人与前手、出票人之间具有真实的交易关系和债权债务关系;(3)持票人提供与其直接前手之间的增值税发票和商品发运单据复印件。

上述文字不管如何表达,甚至是有些条件表面上是对贴现申请人的要求,但反过来也是贴现银行的审查义务,都要求银行审查真实的原因关系以及相关资料,如果银行工作人员违反这些规定而予以贴现的,将根据两个规范承担行政责任或刑事责任。

(二)学界观点

对贴现银行的票据审查义务,不仅是学界观点不一,人民法院在审理票据贴现纠纷时对这一问题所持的态度也不尽相同,主要有无义务说、有义务说和区分说。

主张无义务说的法院认为,贴现银行如果仅仅是违反了没有审查增值税专用发票及交易合同等中国人民银行所制定的规章,而没有违反《票据法》的规定,就不会影响到贴现银行成为持票人,行使票据权利。[1] 在中国工商银行上海市虹口支行诉上海天益工贸公司等票据纠纷案[2]中,被告在贴现时提供了虚假的交易合同给原告,上海市第二中级人民法院就认为,原告在办理贴现、取得票据时无须对增值税发票真伪及交易合同有无进行实质审查,原告对贴现申请人及保证人资信等情况的调查,目的在于保证其交易安全,而非履行法定审查义务,其工作人员出具了与事实不符的调查报告的行为,并不构成票据法意义上的重大过失,即取得票据形式要件不全,或知道其前手票据权利存在瑕疵。因此最终认定中国工商银行上海市虹口支行享有票据权利,判令被告支付追索款项。在日本的相关实务和判例中,基本认为贴现银行不负实质审查的义务,甚至连我国规定的贴现申请人应该在贴现银行开立账户这样的条件也被否定。他们认为若申请人未在贴现银行开立账户,申请人有必要和贴现银行缔结银行交易约定,贴现银行会调查申请人的信用;而是否予以贴现取决于银行的判断,因此银行会从自身出发去调查承兑人、申请人的信用,最后决定是否给予贴现。

---

[1] 参见柳慧:《票据贴现法规冲突研究》,吉林大学2007年硕士学位论文。
[2] 《中国工商银行上海市虹口支行与上海天益工贸公司、上海界龙浦东彩印公司、上海第二羊毛衫厂票据纠纷案》,http://www.110.com/panli/panli_41404.html,2015年1月27日最后访问。

因此,是否进行实质审查,完全是贴现银行自身的事情,不是法定义务。[1]

而有义务说却认为贴现银行在进行贴现时,没有进行增值税发票的审查,虽然支付了对价,但是违反了中国人民银行的金融监管规章,属于取得票据存在重大过失,主观上具有过错,所以不但不享有票据权利,无权请求付款,而且还可能因此受到中国人民银行给予的行政处罚。[2] 主张有义务说的法院在实务中作出与主张无义务说的法院截然相反的判决。在石狮市百汇针织服装有限公司诉中国银行武汉市阳逻开发区支行票据纠纷案中,福州省石狮市人民法院(一审)和泉州市中级人民法院(二审)均认为被告在贴现申请人贴现时,没有发现申请人提供的增值税发票为虚假,违反了金融监管规章,是恶意贴现的行为,甚至是与申请人串通贴现的恶意行为,因而被告不享有票据权利。[3]

区分说主要是围绕着审查基础材料时银行是否恶意而决定是否享有票据权利,认为对于贴现银行是否享有贴现票据的票据权利,要区分两种具体情形分别讨论:一种情形是贴现银行故意违反贴现条件办理贴现,即贴现银行明知贴现申请人是采用欺诈、偷盗、胁迫等手段取得票据而无商品交易单证的复印件就为其办理了贴现,这种情况下贴现银行属于出于恶意,不能享有票据权利。如果贴现银行明知贴现申请人是帮助前手套取银行资金而仍然为其办理贴现的,贴现申请人属于主观上具有恶意而不享有票据权利,贴现银行明知这种情形同样构成恶意取得,依法不享有票据权利。第二种情形是贴现银行不知道贴现申请人是以欺诈、偷盗或者胁迫等手段取得票据,在主观上是善意,并对贴现票据尽到了普通审查义务,但由于贴现申请人按规定所提供的单证伪造得很逼真,贴现银行未能认出而为其办理了贴现手续。这时贴现银行主观上无恶意也无重大过失,并且在支付了相当的对价后以背书转让方式从无权利的贴现申请人手中取得票据,可以依票据的善意取得制度依法取得贴现票据的票据权利。[4]

事实上区分说可以纳入无义务说中,因为恶意的欺诈当然地无法享有票据权利,但若无恶意,银行便没有义务审查真伪,只在形式上审查即可。

---

[1] 参见张凝、〔日〕末永敏和:《日本票据法原理与实务》,中国法制出版社 2012 年版,第 139 页。
[2] 参见姜玉梅等:《汇票贴现中的法律问题研究——由一起汇票贴现纠纷引发的思考》,载《海南金融》2004 年第 4 期。
[3] 参见金赛波、冯守尊编著:《票据法案例精选》,法律出版社 2008 年版,第 246—255 页。
[4] 参见李良:《票据贴现的法律风险》,载《金融纵横》2003 年第 7 期。

(三) 贴现银行无实质审查义务

笔者赞同无义务说,当然对于恶意情况下的银行责任自然不能免除。因为若让银行对贴现申请人与其前手的原因关系进行实质审查,则"从票据法的角度来说,一是在《票据法》之外增加了有关银行的法律义务;二是如果有关银行不审查真实性,条件有无并没有大的区别;三是如果要求有关银行审查真实性,则有悖于票据的无因性原理。"①

票据贴现行为必须通过背书完成,意味着行为必须符合背书的相关规定。《票据法》在规定背书行为时,并没有要求被背书人审查背书人取得票据的真实性,而仅是要求被背书人对直接前手背书之真实性负责。任何一个被背书人均无法律义务对前手取得票据的真实性负责。

当然,贴现银行从自身利益出发必然会对票据进行审查,包括对票据出票人和票据承兑的审查,因为票据贴现依赖的主要不是贴现申请人的信用,而是对票据本身的信赖。票据贴现的实质已经分析过了,从上述分析中已经可以看出,作为本质上受让票据的贴现银行,在对票据进行贴现之时,应该首先考量的是票据出票人和承兑人的信用,即票据本身的信用所在,而不是和贴现申请人之间是否有融资协议。反过来说,融资协议是对融资人的信任,信任其必定到期归还债务。但是,因为票据权利实现的顺序,必定等到票据请求权实现未果才可以向贴现申请人实行票据追索权。所以,是否同意将具体的票据贴现作为融资协议的一个子项目,主要是对票据本身的信赖。正因为如此,案例中当融资银行认为 B 公司的资金有问题时,也不可以要求贴现的票据提前到期。因为 B 公司的资金和 A 公司并没有任何关系,A 公司没有任何法律上的义务提前支付票据款项。换句话说,银行也不必因为担心 B 公司的资金问题而担心票据。这张商业承兑汇票的主要风险在于 A 公司的经营状况,这在贴现时银行应该已经调查清楚,否则接收一张来源不明、出票人信用不明的票据,和银行自身的票据经营的专业身份不相符合。银行在贴现时有对 A 公司进行资信调查的自觉,有对票据审查的谨慎意识,若未尽到这些注意事项,则自己承担后果。

因此笔者认为,中国人民银行从审慎的角度,为了银行自身的风险而要求工作人员认真审查持票人取得票据的合法性问题,显然是可以理解的,也是必

---

① 胡德胜、李文良:《中国票据制度研究》,北京大学出版社 2005 年版,第 243 页。

要的。但是,若是从法律义务的角度,没有理由赋予银行这样的法律义务。从票据法分析,任何受让票据的人都仅需关心持票人与自己的原因关系为真实,而无须过问其票据取得的来源。这也是票据安全性的一个表现。票据在形式上若是符合法律规定,受让人就因此成为正当持票人,除非有其他合法的理由存在。

四、票据贴现银行的权利

贴现银行取得票据之后成为正当持票人,因此享有票据权利。但是,此处所说的权利不仅仅包括票据权利,还包括其他民事权利,以保障贴现银行的利益不受损害。

（一）贴现银行权利救济不能的表现

前面已经分析过,根据我国《票据法》的规定,票据权利的行使必须根据法律规定的条件,按照先付款请求权再追索权的顺序行使,且贴现银行不得在票据到期日前行使票据权利。

但是可以假设一下,案例中假如 B 公司的确发生财务困难,贴现银行根据票据法票据权利实现先后的规定,无法作出任何防止风险发生的行为。只有等票据到期后先向 A 公司行使票据请求权,而票据到期后,A 公司根本无力支付票据金额;此时银行再向 B 公司行使追索权,B 公司或者财务恶化,或者已经破产。这对贴现银行显然是不公平的,其实对任何持票人来说,这种情况都会存在,也可以看出目前我国法律根本没有考虑这种情况下持票人的权利救济。

在一般债务中,我国《民法典》规定了不安抗辩权、同时履行抗辩权,但是票据持票人已经支付了对价,即先行履行了义务,却不能对承兑人有不安履行抗辩权。通过背书转让的票据持票人,是否可以根据原因关系,向自己的直接前手根据原因关系履行抗辩权,要求把票据还给前手？对这一点票据法没有规定。同样,票据贴现中,贴现银行可否履行不安抗辩权,将贴现票据返还贴现申请人或者要求贴现人提供其他担保？

虽然票据追索权是第二顺序的票据权利,但这是一个实体权利无疑,且必须具有实际的可行性才是对票据持票人的权利保护,否则这个权利就可能等同于虚设。当票据贴现银行发现贴现申请人的财务状况恶化,票据却未到期,根据法律又无计可施。当票据到期时,如果案例中 A 公司同样无法到期承担票据责任,贴现银行本来按照票据法规定可以对 B 公司行使追索权,可是此时 B 公司根本无力支付,那么贴现银行的追索权仅成了理论上的权利,实际上并无任何价值。而如果在 B 公司财务状况发生问题时,法律允许贴现银行做点什么的话,贴现银行的处境就不会这么被动。

如果是一般的票据背书转让,受让人可以根据原因关系要求其前手履行原因债务。前面已经分析过,诚然从票据法理上说,票据贴现融资主要是对出票人或承兑人的信赖,而不是对贴现申请人的信赖。不过需要指出的是,现实中,银行一般将票据贴现作为对企业的总授信合同项下的一个分项目,对授信双方来说,都非常清楚一点:票据贴现是出于对贴现申请人的信任,而出票人以及承兑人的信用全部由申请人担保。贴现申请人为这张票据的出票和承兑作了保证,当然不是对票据的保证,而是对票据的债务的民事保证。票据贴现本质上是票据转让,只不过银行作为特殊的商事主体,是经营业务的金融机构,它无法像其他商事主体一样和票据持票人进行真实的贸易交易,也就不是通常意义上的票据背书转让。所以,根据我国票据法律制度,如果在票据到期日前出现了贴现银行的票据权利无法实现的危机,贴现银行无法先行保护自己的权利。这是我国票据法律制度一个很大的缺憾。

(二) 贴现银行票据退回请求权

尽管根据票据法律制度贴现银行无法保护自己的权利,但是正因为票据贴现包括两个环节,那么根据贴现的第一个环节即贴现协议之约定,贴现银行是否可以享有票据退回请求权?

1. 票据退回请求权的性质

票据退回请求权,也有将其称为票据买回请求权的。有人认为在将票据贴现作为消费借贷行为的场合,买回请求权只不过是基于消费借贷契约的贷款返还请求。这里所说的"买回"不同于民法中不动产买卖中的买回,民法中规定的买回是卖主的请求,与之相对的票据贴现中的"买回",是作为买主的贴现银行的请求。[①] 不过,票据买回请求权一般是由秉持票据贴现为买卖说的学者提出的,而关于贴现票据的买回请求权性质问题又有不同视角:(1) 担保责任说认为,买回请求权的特约是债权卖主的担保责任,卖主的瑕疵担保责任,以特约明

---

① 参见王冰:《票据贴现法律问题研究》,吉林大学 2005 年硕士学位论文。

确。(2) 解除买卖契约说认为，买卖双方由于买回特约，保留了买卖票据契约的解除权。(3) 有学说将此理解为在发生一定事由的场合，根据银行一方的意思表示完成的预约再买卖契约，即票据买回再买卖说。(4) 还有学说把票据被买回的性质理解为票据外抽象担保的无名契约上的请求权，银行在发生一定事由时，当然向委托人请求支付票据票面金额的抽象请求权。①

但因为本书坚持票据贴现分为两个环节，票据买回请求权显然不是票据权利，是根据票据贴现协议即融资协议约定而得出的权利；且票据贴现协议是一份根据票据融资的合同，而非买卖票据，所以关于票据买回请求权的说法并不科学，而主张以票据退回请求权称之。

票据退回请求权是根据票据贴现协议的约定，贴现银行是将票据退回给贴现申请人，申请人将贴现的金额加上相应的贴现率退回给银行。贴现银行实质上是不愿意再等待票据权利，要求返还的金额是银行已经支付的对价，票据一旦返还，贴现银行不再是票据权利人，融资合同也不复存在。所以，票据退回请求权是合同的解除权。

2. 票据退回请求权的正当性

票据退回请求权的正当性理由有三：

首先，合同法上的正当性。票据法所指的原因关系一般是合同关系，银行对某一公司的总的融资或授信协议以及票据贴现申请协议构成贴现的基础关系，既然这样，贴现银行有权凭基础关系要求申请人履行合同义务，承担合同责任。我国《民法典》第五百六十二条规定，在当事人协商一致的情况下，可以解除合同；只要约定的解除合同的事由发生，解除权人可以解除合同。当然，如果双方在协议中约定当贴现申请人的财务出现问题时，贴现银行对申请人的担保能力表示担心，可以要求申请人提供担保或其他方式保证贴现银行的权利，也是可行的。但票据退回请求权的约定也是一种选择，在合同法理论上并没有任何障碍。同时，《民法典》第五百六十三条还就法定解除权的条件作了详细规定。因此，票据退回请求权既可以是约定的，也可以是法定的。

其次，票据法上的正当性。票据背书转让中，若是持票人发现该票据存在风险，同样可以根据原因关系要求返回票据，行使原因关系之权利。所以，笔者

---

① 参见〔日〕小桥一郎：《商法论集Ⅱ商行为·手形Ⅰ》，成文堂 1983 年版，第 129 页；转引自王冰：《票据贴现法律问题研究》，吉林大学 2005 年硕士学位论文。

建议,将票据贴现和票据背书在本质上等同,贴现银行的权利和票据持票人的权利等同,不是仅享有票据权利,而是享有所有相关的权利,包括票据权利之外的其他权利。当贴现申请人出现财务问题时,贴现银行根据原因关系中约定享有的退回请求权,将贴现票据退回给贴现申请人,是正当的。

最后,权利自身的正当性。任何权利都以不损害他人正当权利为前提。票据退回请求权仅发生在贴现银行和贴现申请人之间,对其他第三人利益和公共利益并无侵犯的可能。票据退回请求权行使之后的后果,仅是恢复到了票据贴现之前的状态,对票据关系中的其他人均无影响。当然,因为贴现协议一般是银行事先拟定的格式条款,贴现申请人又急于融资,关于协议中约定的退回请求权之条件通常无意思自治的余地。概言之,贴现银行会利用有利地位强势地逼迫贴现申请人同意这些条件。但是,对贴现银行来说,贴现之意义是为了利益之交易,那么交易风险之防范是可以理解的,何况该风险防范的条件不是关于贴现率,除非迫不得已,银行并没有将票据退回申请人的必要。

3. 票据退回请求权的行使条件

由于日本判例和通说对票据贴现的性质认定为买卖,因此赋予贴现银行的权利称为贴现票据回购请求权。按照日本《银行交易约定书范本》第六条的规定,贴现票据回购请求权分为当然发生和基于银行意思表示而发生两种场合。第六条第一款规定了当然发生的场合,主要是在承兑人(或出票人)和贴现申请人出现破产、启动公司再建程序、票价交易所交易停止处分等情况之一或全部时,或者是承兑人(或出票人)于到期日拒绝付款时,贴现银行就当然地产生票据退回请求权。此时贴现银行无须对贴现申请人通知或催告,申请人应该当然地承担以票据金额购回贴现票据的义务。第六条第二款则规定了基于银行意思表示而发生的场合,即发生了第一款以外的应保全债权的事由时,贴现申请人基于银行的请求产生回购义务。

在日本票据贴现实践中,贴现银行与贴现申请人之间通常会在贴现的协议中约定,在一定条件下请求贴现申请人买回贴现票据的买回请求权,这种权利对于保护贴现银行,促进票据贴现业务发展具有积极作用。[①] 我国商业银行的票据贴现实务中也有类似的做法。如在贴现的商业承兑汇票到期,汇票因各种

---

① 参见王冰:《票据贴现法律问题研究》,吉林大学 2005 年硕士学位论文。

原因遭到退票时,或者贴现申请人或承兑人将要或已丧失付款能力时,银行即将已贴现的票据退回申请贴现的企业,同时从贴现企业的账户中将票据款划回,如果申请贴现企业的银行存款账户余额不足,银行将作为逾期贷款处理。但是,该做法是银行依贷款业务规则所为,不仅缺乏法律上的权源依据,而且没有相对统一的通用规则。笔者认为应该在法律中确定贴现银行与贴现申请人之间约定的退回请求权有效,对于协议条款之效力,贴现申请人有权通过诉讼等方式主张部分条款无效,以防止银行强势地位的滥用。

关于票据退回请求权当然发生的场合,日本的做法对我国设定票据退回请求权的条件有一定的借鉴意义。我国《民法典》第五百六十三条第一款对当然解除合同的条件作了规定,主要包括:(1)因不可抗力致使不能实现合同目的;(2)在履行期限届满之前,当事人一方明确表示或者以自己的行为表明不履行主要债务;(3)当事人一方迟延履行主要债务,经催告后在合理期限内仍未履行;(4)当事人一方迟延履行债务或者有其他违约行为致使不能实现合同目的;(5)法律规定的其他情形。

除了双方当事人约定的条件成就之外,结合票据自身的特征,我国的票据退回请求权法定条件主要可以有以下几个:

(1)由于票据本身或贴现申请人的原因导致票据权利有瑕疵。这一个条件既包括票据形式上的瑕疵,也包括因为其他原因导致的票据权利行使不能。形式上的瑕疵主要是指票据有伪造、变造、欠缺必要记载事项等情况。其他原因包括贴现银行发现申请人是欺诈或恶意取得票据,或者是票据在贴现时已经被除权判决,而贴现银行并未知晓的情形。除权判决之情形,导致票据权利已经通过判决归于其他第三人,票据价值不复存在。无论是贴现票据因欠缺形式要件而无效,还是欠缺权利保全手续使票据债务消灭的情况,贴现银行都将丧失应有的票据权利。贴现银行既不能向票据上记载的承兑人或付款人主张付款请求权,也不能向票据上记载的任一背书人主张追索权。上述情况导致贴现银行作为票据取得对价而支付的票据贴现金额无法获得相应的报酬,该风险又由于是贴现申请人带来的,所以贴现银行当然要把票据权利有瑕疵的票据退回给申请人。赋予贴现银行退回票据请求权,显然给贴现银行利益的救济提供了新的途径,解决了由于票据权利行使不能带来的僵局。如果贴现申请人与贴现银行之间在特定条件下解除贴现协议的特别约定使得贴现银行可以径直依照约定将票据退回给申请人,则贴现银行变得更容易接受贴现申请。

（2）票据第一债务人信用恶化的情形。因为票据贴现主要是依赖票据承兑人或出票人①的信用,票据权利之付款请求权总是向承兑人或出票人行使,所以对贴现银行来说,若是承兑人或出票人的信用恶化,则付款请求权可能落空。对贴现银行来说,此时票据权利已经不完整,唯剩下追索权而已。却又由于票据并未到期,贴现银行唯有等待票据到期,按照程序提示付款,取得有关证明,方能行使追索权。明知票据权利不完整,依然要求其等待票据到期再行使追索权,显然是不公平的。票据权利不完整之票据,退回给贴现申请人,此时贴现行可以不必履行像票据追索权那样的权利保全手续,包括须在法定期限内持有效票据进行提示,并取得有关的证明。② 这无疑使贴现银行在保护自身权益上,更具有主动性和简便性。我国《票据法》第六十一条第二款规定,当票据虽未到期,却出现了拒绝承兑、承兑人或者付款人死亡、逃匿;承兑人或者付款人被依法宣告破产或者因违法被责令终止业务活动的情况时,持票人可以提前行使票据追索权。一方面说明当付款请求权必然在到期时落空时,提前行使追索权是合理的。另一方面,追索权之提前行使,和票据退回请求权性质不同,前者是基于票据关系的票据权利行使,后者是基于贴现协议的请求权,但它们在实际意义上均有利于保障贴现银行的利益。但是,我国对于票据到期前行使追索权的条件过于单一,排除了其他信用恶化的情形。

（3）贴现申请人信用恶化的情形。在贴现申请人财务状况恶化等可能失去信用、丧失偿付能力的场合,若一定等到票据到期,贴现银行对申请人基于票据的追索权可能无法实现。所以,在票据到期前,根据贴现协议的约定银行享有票据退回请求权,有利于银行保障自身权利。虽然票据贴现主要基于对出票人或承兑人的信赖,但毕竟提出贴现申请的是票据持票人,银行当然也会考虑持票人的信用,在各方风险评估之外方可诺以贴现。银行实务中的一般做法,对贴现申请人在一定期限内给予一定额度的授信,说明贴现协议签订时,银行对于贴现申请人的信用是信赖的。那么当作为信赖之基础的信用发生危机时,银行应该有权解除合同,即退回票据。

---

① 理论和实务均说明,进行票据贴现的通常是承兑汇票和本票,承兑汇票之第一债务人为承兑人,本票之第一债务人则为出票人。

② 参见赵新华:《票据法》,人民法院出版社1999年版,第300页。

4. 票据退回请求权的行使

票据退回请求权的行使主要是时间和内容两个方面。

权利行使之时间,主要是票据到期前,退回请求权条件出现后[①]。因为票据若是到期,则必然可以按照票据法律之规定,行使票据权利。但是如果贴现协议中约定票据到期后由于一定原因而导致贴现银行有票据退回请求权,应该予以支持。尽管无论是票据到期前还是到期后,从理论层面看,行使票据权利比行使票据退回请求权更有利于贴现银行。因为票据权利的行使对象,既包括承兑人,又包括所有在票据上签章的人,权利请求的对象较多;票据退回请求权只能向贴现申请人提出。当然,实务中由于具体情况的不同,两种权利是否有优劣实难区分,退回请求权是否行使取决于银行的态度,优劣标准也必然掌握在银行手中。不过,票据到期之后的退回请求权约定却不得与票据法的基本原理相冲突。在票据被拒付的场合,行使票据退回请求权还是行使票据追索权,无论对贴现银行还是贴现申请人,在利益分配上是一致的。若是没有任何情况发生,票据到期后,贴现银行单纯地想把票据退回给贴现申请人也未尝不可。此时只要在票据上再作背书,就构成回头背书。这对贴现银行的利益满足是一致的,对贴现申请人也是一样的。

银行票据退回请求权的行使,主要是向贴现申请人退回票据并请求其退回相当金额,该相当金额应该是票据金额扣除未到票据日期的时间部分的贴现费用。若是票据到期日之后的退回请求权,则是票据金额加上迟延支付的利息以及其他合法费用。

五、票据贴现、转贴现具体业务效力评析

在票据融资日益发达的今天,票据贴现除了传统模式之外,创新不断,但是很多业务却存在着极大风险,值得商榷。

(一) 票据贴现创新业务的效力

围绕着票据贴现,实务中创新业务很多,包括买方付息票据贴现、放弃追索权的票据贴现、代理贴现。

[①] 当然发生的场合以法定的条件出现为准,约定发生的场合则以约定的条件成就时间为标准。但是贴现申请人可以条件未出现抗辩。

1. 买方付息的票据贴现

买方付息的票据贴现,又称为协议付息,是中国民生银行首创的票据贴现业务。① 例如某小企业甲向某大型企业乙签订购销合同,作为购货方的甲没有足够的资金支付货款,供货方乙又不愿意接受甲开具的商业承兑汇票。若以甲公司商业承兑汇票背书转让,信用低,转让难;若是以该汇票进行贴现,乙公司必然支付贴现利息。甲公司为了让乙公司接受其商业承兑汇票,遂与乙公司协议,愿意支付乙公司票据贴现之利息。

这种票据贴现形式,理论上并无缺漏。因为甲公司规模小,直接从银行贷款有困难,且替乙公司所付贴现利息,相比贷款成本更低;对乙公司来说,无任何损失,相反直接拿到了货款;对贴现银行来说,促成了一笔业务,赚取了贴现利息。这份协议看起来是三赢,且不损害任何人的利益。

但是买方付息容易忽略的是票据本身之风险。甲公司的商业承兑汇票与其公司效益、信用直接相关,乙公司对甲公司的承兑汇票并不信任,因此在买方不付息的场合是不愿意接受票据的。而买方付息之后,乙公司的风险降低的部分仅为贴现利息部分,它对甲公司之不信赖并未因此而改变。一旦票据到期,甲公司无力支付票据款项,乙公司就要对银行承担票据责任。

2. 放弃追索权的票据贴现

放弃追索权的票据贴现,是指当贴现申请人将未到期的票据背书转让给贴现银行,如果持票人获得票据有真实交易关系,票据一旦发生风险,银行放弃对贴现申请人即直接前手的追索权。权利是否行使的选择权本就在于权利行使人自己,所以银行放弃票据追索权从法理上分析是可行的,法律不得强制干涉并声称其无效。但是放弃追索权的票据贴现对银行有何益处,不得不让人深思。银行作为资金融出方,在票据贴现中,与贴现申请人相比处于强势地位。那么银行放弃追索权之选择是出于什么目的? 放弃追索权,对银行来说有一定风险,尤其是商业承兑汇票;在银行承兑汇票的场合,贴现银行只要确认银行承兑真实存在,票据到期后基本可以保证其付款请求权实现,所以放弃追索权也未尝不可,但不会带来额外的利益。所以,贴现银行选择放弃追索权,最大的原因是银行之间的竞争。该竞争是否得到支持,要结合其他法律。比如银行这样

---

① 参见徐星发编著:《商业银行票据经营》(第二版),中国人民大学出版社 2013 年版,第 206 页。

做,首先是否违反相关竞争法律制度;其次,是否侵犯银行利益和股东利益,国有银行是否侵犯国家利益;等等。

3. 代理贴现

代理贴现又称票据包买,例如甲公司一直向乙公司购买货物,且以商业承兑汇票结算,乙公司通常在拿到汇票之后向当地银行申请贴现;因为甲、乙为异地公司,甲公司所在地的一家银行为了做成乙公司的贴现义务,遂联系甲公司,要求甲公司联络与甲公司有关联的当地丙公司作为乙公司的票据贴现代理人。甲、乙、丙达成三方协议:约定甲方出票并指定丙方为乙的申请贴现代理人,贴现金额归乙公司;丙方代理贴现时需在票据和贴现凭证上注明代理关系等。这种做法,获得中国人民银行的支持。中国民生银行曾经在2003年向中国人民银行发出请示,中国人民银行在其银发〔2003〕96号正式批复中批准了代理贴现。

代理贴现的做法完全符合《票据法》的规定。因为贴现票据的持票人载明为乙公司,而乙公司又由于异地的缘故,为了提高贴现效力,选择在甲公司所在地由丙公司代理贴现,从目的来看合情合理。代理贴现行为是票据代理行为。根据我国《票据法》,代理有严格的形式要件:载明代理人和被代理人名字、有代理字样。实质要件是被代理人对代理人的委托。所以,代理贴现符合法律对票据代理的规定,没有任何问题。

如果说在代理贴现中,甲、乙、丙签订代理贴现协议,但甲公司交付给丙公司的票据已经记载了丙公司为收款人,向银行贴现时以自己的名义,最后将贴现回的资金交付给乙公司。这种模式就不是票据代理,因为丙公司是以自己的名义贴现的,且甲公司和丙公司之间并无交易存在。这是以票据之名行借贷之实,逃避监管,为违规操作。

(二) 自承自贴和回头背书票据贴现的效力

1. 自承自贴的法律效力

自承自贴是指票据承兑行和票据贴现行为同一主体的情形。在票据法意义上,没有规定票据不能背书转让给承兑人。若是背书转让给了承兑人,在承兑人为银行时,银行就成为持票人。所以,持票人向承兑银行申请贴现,也并没有任何问题。对银行来说既没有什么损失,也没有多得的利益。因为作为承兑人,其到期必然要付款,风险来自承兑申请人;作为贴现银行,已经赚取了贴现利息,票据权利是否能够实现,取决于出票人。所以,无论是承兑人还是贴现银行,银行的风险均来自出票人,而不会有丝毫改变。

当然,从监管角度看,银行容易把自己贴现的票据形成的资金滞留在自己的账面上,因此中国人民银行对完全的自承自贴业务是不允许的。但是笔者觉得这个没太有必要。

2. 回头背书的票据贴现

回头背书的票据贴现主要指的是,通过回头背书,票据债务人成为票据持票人,然后申请票据贴现,出现票据债务人、持票人、贴现申请人重合的情况。

当回头背书到出票人时,即出票人又成了贴现申请人。有人认为,对于出票人又成了贴现申请人的票据不应受理,因为出票时他已经享受了承兑行的信用,如果又要申请贴现,则是希望再享受贴现行的信用,即一家企业同一项经济活动不能享用两次信用。① 笔者并不赞成这种说法。例如,甲出票,通过多次背书,票据再次回到甲手中。从贴现银行自身风险防范的角度,完全可以拒绝甲的贴现申请,尤其是在商业承兑汇票的场合,甲完全是用一张自己签发自己承兑的汇票向银行套现;另外在票据由甲签发给乙,乙又回头背书给甲的情形下,风险也会比较大,因为对于甲、乙之间的交易到底是履行了还是没有履行,调查成本较高。但是,从法理上,并不存在甲遭受被拒绝贴现的必然。尤其是在以下两种情形下:第一,该票据为其他银行的承兑汇票。在其他银行为其承兑的时候,如果贴现银行调查清楚承兑之真实性,那么票据付款请求权不会轻易落空,对贴现银行来说并没有太大风险。第二,该票据是经过多次流转,回头背书给了甲,且甲与直接前手之间存在真实的交易。当票据多次流转,意味着票据上签章的人除了承兑人、出票人之外还有其他主体,票据追索权实现的风险极小。

当回头背书转让给了收款人或其他票据背书人,一般都认为其申请票据贴现没有太大风险。例如甲签发给乙,乙转让给丙,丙到丁,丁又回头背书给乙。对乙来说,当他在转让给丙时就可以改而选择向银行申请贴现,现在再次成为票据持票人。票据在几经背书之后,除了增加了丙、丁两个票据背书人即票据债务人之外,没有任何改变;而由于票据债务人增加,反而降低了贴现银行的风

---

① 参见徐星发编著:《商业银行票据经营》(第二版),中国人民大学出版社2013年版,第217页。

险,那么接受这样票据的贴现申请,是很自然的事情。

所以,笔者反对直接否定回头背书票据贴现的效力,而改由贴现银行决定。贴现与否,本来就是由银行决定的。

(三)票据转贴现创新业务

票据转贴现在实务中有两种形式:买断式转贴现和回购式转贴现。前者是常规性的票据转贴现。

1. 买断式转贴现

买断式转贴现,是指银行将其所持有的已经贴现但尚未到期的商业承兑汇票背书后转让给其他银行,票据权利人通过背书转换为转贴现银行。

该业务通过背书转让,在银行间进行融资,符合票据转贴现之特点,形式上具备转贴现的要求。银行一般通过票据的风险评估控制自己买断的票据总量。买断式转贴现基本上是传统转贴现的转换,效力上无可争议。

2. 回购式再贴现

回购式转贴现,是指票据贴现银行将其持有的已经贴现的票据以不改变票据权利人的方式向转贴现银行申请贴现,转贴现银行按票面金额以双方的回购期限和价格扣除回购利息后向贴现银行给付资金,回购到期后贴现银行按票据金额向再贴现银行购回票据的融资行为。例如甲银行有一张贴现票据,其为了满足资金需要,与乙银行之间达成转贴现协议,约定票据无须背书转让给乙银行,相反依然由甲银行占有保管,乙银行根据票据金额扣除转贴现率后给付甲银行资金,票据到期后甲银行将上述资金偿还给乙银行,转贴现协议约定事项终结。

票据转贴现与票据贴现在表现形式和本质特征上大抵相同,不过是主体上稍有出入,转贴现的双方主体均为有权经营票据贴现业务的金融机构。以票据回购作为票据转贴现之一种,却不复票据转贴现的所有特征,是变相地利用票据作为媒介进行的资金拆借。票据贴现为票据背书转让行为,而票据回购方式中,甲银行既不在票据上背书,也不交付票据给乙银行。约定的到期回购仅是金钱之返还,不关涉票据之返还。票据回购也不是票据质押。根据我国《票据法》第三十五条第二款规定,票据质押有必要的形式要件,即:持票人须在票据上背书记载"质押"字样。而票据回购在票据上不作任何记载,也不交付票据,与票据质押无任何关联。所以,票据回购协议实质上就是资金拆借协议,以票据作担保,需要资金的一方是资金融入方,即融资方,另一方是资金融出方,即出资方。

当然,在甲、乙银行看来,票据回购协议约定到期不回购,票据权利由乙银行行使,从合同条款效力分析,也未尝不可;从交易效率看,也值得推荐,因为双方交易灵活简便,给银行带来了效益,既满足了一方的资金需要,也解决了另一方的资金输出、加速资金流动的问题。

票据回购中,存有出资方权利无法得到票据法保护的显著缺陷。因为票据回购一般采用不背书不交付的方式,出资方并不享有票据权利,双方之间的权利义务唯根据协议来实现。一旦出现融资方违约,出资方根本无法通过票据法保护自己的权利。如果在协议中约定票据交付给出资方,但由于票据回购的前提是到期融资方将赎回票据,因此票据肯定不会背书,所以即使交付也仅证明出资银行占有票据,却不是票据权利人,不可能凭票在票据到期时行使票据付款请求权。出资方唯一的保护权利依据是《票据回购协议》,主张的是一般债权。人们选择票据融资的原因是票据权利比一般债权更有保障,其行使的凭票性和无因性。票据回购却完全不能利用票据权利保护之优势,但对出资方的权利保护不是笔者反对票据回购的理由。因为对出资方来说,其选择票据回购,意不在票据权利,仅为资金拆借,所以法律并无保护之必要。

笔者反对之理由主要是从票据市场系统性角度考量,票据回购天生有诸多风险。其一,无资质主体参与票据贴现业务。是否可以经营票据贴现业务、参与银行间同业拆借,必须经过监管部门的批准,实务中一些银行的分支机构无权独立参与同业拆借。票据回购让这些分支机构避开监管约束,以创新交易方式的借口参与到这些业务中。其二,规避监管。由于票据回购不以票据转贴现的常规方式进行,因此不采取金融市场集中竞价的交易方式,致使中国人民银行无法通过现有规则对其进行监管。其三,容易引发商业银行的经营风险。这些不具备同业拆借市场资格的金融机构从自身短期利益出发从事变相的资金拆借,操作不规范;虽协议上约定以票据作为担保,但因为回购票据无须交付,出资方对票据的保证不可控,很容易出现一张票据签订多个回购协议。故,在商业银行自身内控机制不完善的背景下,更容易引发经营风险。其四,对金融市场系统性风险的影响。因为该活动游离在中央银行的监管之外,规避了中央银行的限额管理和市场监管,必然使票据回购不纳入票据转贴现总额计算,其交易完全交给市场,风险处于不可控的境地,金融风险隐患明显,系统性风险增大。

综上,在票据回购不纳入统一监管范畴前,笔者不赞成该业务。

后 记

  本书是国家社会科学基金项目"融资性票据法律问题研究"(项目编号：12BFX096)的结题成果。确立本课题是在 2012 年，完成书稿时已经是 2016 年了。

  2012 年至 2016 年写作期间，笔者充满激情，觉得融资性票据作为票据市场的工具，无论从法理还是市场需要来看，均应该存在，且觉得《票据法》应该立刻修改，承认其合法地位。2015 年笔者和北京大学出版社取得联系后，继续安心写作，并于 2016 年 10 月完成书稿、结题。本以为书稿在结题之后可以顺利出版，但是，票据市场迎来了寒冬。票据空转等非法行为大量存在，我国对票据的监管收紧，长三角地区宽松的民间票据"贴现"不再被认定为有效。监管层打击民间"贴现"机构。2016 年 12 月，虽上海票据交易所设立，标志着进入全国统一的票据交易市场时代，但由于其刚刚起步，交易规则仍在建设中。实务和司法中，融资性票据签发因无真实交易背景而被否定其效力，以 2017 年票据"通谋虚伪表示"第一案为例(本书第一章有详细阐述)。那么，无论是考虑到票据实务还是司法态度，本书都不再适合出版。至此，本书的出版事宜被搁置。

  这几年笔者一直关注上海票据交易所，关注票据实务，关注江西财经大学九银票据研究院——其对票据创新的实务努力和理论研究从来没有停过。虽然票据法律的研究在如火如荼的金融创新中始终不温不火，甚至被冷落，但笔者一直在思考：融资性票据具有如此大的风险，到底是其发行不具有真实交易背景导致的，还是其他原因所致？如果一家企业融资，比如发行债券，是诚信地为了企业经营，同样存在失败的可能。2021 年是不良资产处置实务特别多的一年，我们理性地发现，失败是正常的，破产是一个代表给债务人东山再起的机会的中性词；甚至个人，因为诚实而不信，从而被纳入"破产"的主体。那么诚信的经营人，发行一张票据，不管是为融资还是为交易支付，终归是为了经营，两者之间又有何异？票据的风险不在于发行时是否有真实交易，而在于不诚信的发行人！所以，即使有真实交易为发行基础，也会出现大量票据不按期付款或永远不付款的现象。对于不诚信的人来说，如若为了欺骗而来，法律再如何防范，都于事无补。比如已经清零的P2P，不是P2P模式不对，而是有人利用这个工具非法集资或欺骗或恶意挪用等。所以，工具本身无错，错的是不当使用工具的人。不能因为有人可能不当使用，就否定了工具本身。这个理念一再得到笔者的肯定，一再被坚持。一个观点坚持了十年，至少对自己来说，是负责的。所以，自2021年下半年开始，笔者继续修改书稿并决定将其出版。

确立本课题时，融资性票据并没有被广泛认识。课题完成之时（确切地说，本课题的研究仅告一个段落），融资性票据无论在实务界还是理论界都已经不再是一个新的概念。融资性票据已经被鲜活的实践不断论证其存在之合理性，而《票据法》对融资性票据的不容忍终究只有一个结果：唯商事实践是推动商事法律发展的内在动因。因此，如何在《票据法》修改中，确定融资性票据的发行、流转等制度，在未来的研究中必然进一步深入。本书仅是一个开始，对融资性票据制度进行系统性理论研究，起到抛砖引玉的作用。

赵意奋

2022年3月29日